Hans-Joachim Schmutzler

Fröbel und Montessori

Hans-Joachim Schmutzler

Fröbel und Montessori

Zwei geniale Erzieher –
Was sie unterscheidet, was sie verbindet

Herder Freiburg · Basel · Wien

Fotonachweis

Einbandfoto: Hartmut W. Schmidt, Freiburg

Teil: Früherziehung in der Fröbel-Pädagogik
S. 11: Friedrich Fröbel, Zeichnung von Rohrbach, Blatt 4706 Corpus Imaginum, Franz Hanfstängl, München
Mutter- und Koselieder: S. 36–39, 46, 49–51, 55, 56, 64, 67–70, aus: Kommt, laßt uns unsern Kindern leben – Friedrich Fröbels Mutter- und Koselieder, hrsg. von der Stiftung Thüringen in Verbindung mit der Bundeslandsmannschaft Thüringen e. V., Mitteldeutsche Verlagsges., Halle an der Saale 1982
Fröbel-Gaben: S. 42–45, 77–81, aus: Friedrich Fröbels gesammelte päd. Schriften I–III, hrsg. von W. Lange, Biblio Verlag, Osnabrück, hier Bd. II
Garten für Kinder: S. 85, aus: Dieter Hoof, Handbuch der Spieltheorie Fröbels, Verlag Westermann 1977

Teil: Früherziehung in der Montessori-Pädagogik
S. 91, Maria Montessori, Herder-Archiv
Montessori-Material: S. 118, 120, 121, 151, 179, aus: Die Montessori-Kollektion, Fa. Nienhuis, Holland. Deutscher Lieferant: Lehrmittelhaus Riedel GmbH, Unter den Linden 15, D-7410 Reutlingen
Aktionsfotos: S. 112–113, Christine Kleinen, Köln

Herstellung: Freiburger Graphische Betriebe 1991
ISBN 3-451-22178-0

Einleitung: Fröbel und Montessori – mehr Gemeinsames als Trennendes

Bei einer vergleichenden Gegenüberstellung dieser beiden pädagogischen Konzepte gibt es bereits in den anthropologisch-pädagogischen Grundauffassungen vom Menschen und seiner Erziehung mehr Gemeinsames als Trennendes.

Beide Pädagogen sahen das Menschenkind als weltoffenes, auf Erziehung und die spontan-aktive Auseinandersetzung mit der Kultur und Zivilisation angewiesenes Wesen. In diesem Prozeß eignet sich das Kind die Welt an, wie es gleichzeitig so seine für das Leben erforderlichen Fähigkeiten entwickelt.

Der Mensch ist in beider Pädagogen Auffassung angelegt auf die Entwicklung von Bewußtsein und Freiheit, Selbstbestimmung und Verantwortung für sich und die Welt.

Einheit der Entwicklung und des Lebens

Gemeinsam ist beiden Pädagogen auch die Idee der „Einheit" von Mensch und Menschheit, Mensch und Natur bzw. Kosmos.

Wo Montessori von der „Einzigen Nation" spricht, heißt es bei Fröbel „ganze Menschheit", und beide Pädagogen sprechen von der Einheit und Ganzheitlichkeit der individuellen Entwicklung.

Das Kind entwickelt sich nicht nur als eine „Einheit", es soll auch zur Einheit mit seiner Umgebung und der Welt erzogen werden. Bei Fröbel heißt dies „Lebenseinigung" und bei Montessori sinngleich „Anpassung". Bei beiden ist dies verbunden mit der Entwicklung und Bildung des Bewußtseins, d.h. bei Montessori „Unabhängigkeit des Körpers und des Geistes" und bei Fröbel Bildung des „Lebensbewußtseins" und Befähigung zum „Gebrauch des Lebens" (II, 107).

Erziehung und Entwicklung fußen bei Fröbel wie bei Montessori auf der angeborenen Fähigkeit zur Selbsttätigkeit bzw. Selbsterziehung, zu Selbst- und Welterkenntnis und Selbst- und Weltgestaltung eines am Ende unabhängigen oder mündigen Individuums.

Dieses ist die Bedingung, der Weg und Zweck der Erziehung.

Eine Grundvoraussetzung eines jeden Erziehungsprozesses ist die unbedingte Liebe zum Kind und seine seelische Annahme und Aufnahme in die Welt, d.h. zunächst in die Familie. Daher ist die Einstellung des Erziehers zum Kinde, dem hilflosen und schwachen Wesen, in beider Pädagogen Auffassung entscheidend für das Gelingen des Erziehungsauftrages.

Erzieherrolle

Jeder Erziehungsakt beginnt bei der angeborenen Aktivität (Montessori) bzw. beim angeborenen Tätigkeits- oder Bildungstrieb (Fröbel). Wie die Entwicklung als „Einheit" den ganzen Menschen erfaßt, so muß auch die Erziehung alle Dimensionen der Entwicklung und des Lebens ansprechen und das Kind mit dem Leben „einen" – ein Ausdruck, den beide Pädagogen gebrauchen. Der Erzieher hat für diesen Prozeß „Wege und Mittel" (Fröbel) zu geben und bei Montessori „der psychischen Entwicklung von Geburt an zu helfen", „Mittel zur Entwicklung" zu geben und „Diener" der Entwicklung des Kindes zur Unabhängigkeit vom Erwachsenen zu sein.

Gewisse unterschiedliche Akzente zeigen sich in der Praxis, z.B. bei den Spielmaterialien: Bei Montessori liegt der Schwerpunkt bei den 3–6jährigen in der pädagogischen Gestaltung der vorbereitenden Umgebung, in der systematischen Spielanleitung und in der kontinuierlichen Beobachtung des Kindes, um immer wieder neue fördernde und entwicklungsmäßige Angebote zu geben.

In diesem Entwicklungsalter und früher ist es auch bei Fröbel so, daß er das Kind zum Tätigsein anregt und anleitet, aber der Erzieher bleibt als „Spielführer" unmittelbar im Spiel. Er ermöglicht damit dem Kinde im Sinne Bubers einen engen Dialog, und er lernt es auf diese Weise kennen, wie er umgekehrt sich im Spiel mit dem Kinde selbst kennenlernt, weil sich im Spiel auch sein eigenes Verhalten widerspiegelt. Das kann bedeuten, daß er sein eigenes Verhalten korrigieren und sich neu auf das Kind einstellen muß.

Die Gefahr liegt bei Montessori in einer zu starken Lockerung des pädagogischen Bezugs und bei Fröbel in der Gängelung und Einschränkung der Gestaltungs- und Handlungsfreiheit des Kindes, und sie kann – je nach der Erzieherqualität – eine beachtliche Gefahr für das Kind sein. Das wird bei Montessori dadurch gemindert, indem sie stärker auf die im Material liegende Spielführung baut und so die Selbststeuerung und -bestimmung des Kindes stimuliert. Verstärkt wird diese indirekte Erziehung und Steuerung durch die nach

Fach- und Lernbereichen strukturierte vorbereitende Umgebung, durch den systematischen und kontinuierlichen Aufbau der Entwicklungsmaterialien, wie sie bei Fröbel nicht gegeben ist, und sich daher eine Synthese von Fröbel und Montessori geradezu aufdrängt.

Spiel

Beide Pädagogen haben in ihren Grundauffassungen Gemeinsamkeiten: Wenn Montessori sagt: „Das Kind spielt nicht: es arbeitet", meint sie dasselbe wie Fröbel, der sagt: „Die Arbeit beim Erwachsenen ist beim Kinde Spiel" und hat deshalb „hohen Ernst und tiefe Bedeutung" (D 366).

Die Rolle des Spiels in der Erziehung ist zwar unterschiedlich akzentuiert, doch im wesentlichen ähnlich: Beide Pädagogen wollen und fördern das Spiel – auch das sog. freie Spiel, beide wollen aber auch die systematische und gezielte Spielerziehung und -führung zur Entwicklung der Spielfähigkeit und damit eine unabhängige Handlungsfähigkeit des Kindes ermöglichen. Spielfähigkeit in ihrer Vollendung ist immer ein Kultur- und Erziehungsphänomen.

Didaktisch und medial gesehen zeigen sich allerdings Unterschiede, die eine Synthese erfordern: Bei Montessori fehlt es z.B. an einem Konzept der Sing-, Kreis- und Bewegungsspiele, wie sie von Fröbel in umfassender Weise entwickelt wurden. Auch fehlen die Baukästen, die aber in der Montessori-Praxis immer schon einbezogen wurden – schließlich kannte Montessori die Fröbel-Pädagogik, denn seine Pädagogik war schon damals in Italien verbreitet (vgl. Schröder, Th. F. C., 1987), und erste Bestrebungen einer Synthese zeigten sich sehr früh.

Stellung des Materials im Erziehungsprozeß

Gerade hinsichtlich des Materials gibt es bei Fröbel und Montessori beachtliche Gründe für eine Synthese: Die Montessori-Materialien und -Übungen sind primär lernprozeßorientiert und auf die Stimulation, Übung und Bewußtwerdung psychisch-geistiger und sensomotorischer Grundfunktionen ausgerichtet. Diese werden zwar auch von Fröbel aktiviert und entwickelt, doch bei ihm ist das Material entschiedener auf objektivierende Darstellung, auf äußeres Erzeugnis bzw. ein Produkt hin orientiert. Dementsprechend ist es vielseitiger und gestaltungsfähiger nach Maßgabe der Lebens-, Schönheits- und Erkenntnisformen. Dies gilt auch für die vielfältigen von Fröbel entwickelten Beschäftigungsmittel (Kneten, Flechten, Falten usw.). Dagegen sind die Fröbel-Materialien für die Sinneserziehung ergänzungsbedürftig im Sinne Montessoris und insofern ist hier eine Synthese dringend geboten.

Dies gilt auch und insbesondere für die Materialien Montessoris für die sprachliche und mathematische Bildung, die im Gegensatz zu Fröbel wesentlich systematischer und konsequenter ausgebildet sind.

Arbeitsfähigkeit und Arbeitserziehung

Beiden Pädagogen ist gemeinsam, daß sie eine konsequente Entwicklung und Erziehung der Arbeitsfähigkeit und -haltung anstreben. Sie ist nicht nur die Voraussetzung für den erfolgreichen Schulbesuch, sondern auch die Notwendigkeit, um den bei beiden Pädagogen festgestellten metaphysischen Auftrag der Mitwirkung an der Schöpfung zu realisieren.

Beiden Pädagogen ist gemeinsam, daß das Wesen der Arbeit nicht primär im Besitzstreben liegt, das nach Fröbel den Menschen nur unglücklich und unzufrieden macht und bei Montessori als ein Zeichen eines „kranken Menschen" in einer „entarteten Gesellschaft" gilt (Ksa 259).

Phantasiebildung

In diesem vieldiskutierten Zusammenhang ist auch auf Unterschiede und Gemeinsamkeiten hinzuweisen. Beide Pädagogen sahen eine unabdingbare Notwendigkeit in der nur indirekt möglichen Phantasieerziehung. Sie geschieht durch entsprechend gestaltete vielfältig verwendbare Materialien und ihre pädagogischen Prinzipien, insbesondere der Darstellungs- und Gestaltungsfreiheit und auf der Grundlage geschulter Sinne und exakt funktionierender sensomotorischer Fertigkeiten.

Phantasiebildung ist also bei beiden Pädagogen harmonische Persönlichkeits- und Geistes-, Sach- und Fertigkeitsbildung.

Beide Pädagogen wollten eine – wie Montessori sagt – „integriert wirkende Persönlichkeit“ (Kindheit, 63f.) und keine „Zersplitterung“ (Montessori) oder „Spaltung“ der Persönlichkeit (Fröbel) durch eine ungebildete und leere Phantasie. Denn beide Pädagogen kannten auch die Gefahren einer ungebildeten Phantasie: Was Montessori mit den „Deviationen“ hinsichtlich der ungebildeten Phantasie meint, sagt in ähnlichem Sinne Fröbel für die Notwendigkeit der Phantasiebildung durch kindgemäße Tätigkeit und Sachbegegnung: Einem Kind einen angemessenen Gegenstand zum Handeln geben, bedeutet, seinen Geist „befreien von dem nach innen qualvoll, nach außen hin vernichtenden und zerstörenden, mindestens verwirrenden, gehalt- und gestaltlosen, leeren wie maßlosen Einbildungs- und Phantasieleben“ (II, 263). Eindeutiger kann die Übereinstimmung gar nicht sein, auch wenn die Realisierungen der Phantasieerziehung unterschiedliche Akzente aufweisen. Bei Montessori geschieht dies wesentlich indirekt durch die sensomotorischen Entwicklungsmaterialien, aber mit weniger Gestaltungs- und Darstellungsmöglichkeiten als bei Fröbel durch sein Spielgaben- und Beschäftigungssystem sowie die Bewegungs- und Darstellungsspiele. Hier ist eine Synthese unbedingt erforderlich – ein Problem, das Montessori zu Ende ihres Lebens durchaus erkannte.

Die Erziehung 0- bis 3jähriger

Beide Pädagogen haben lange vor der heutigen modernen Kleinkindforschung die pädagogische Bedeutung der Früherziehung, die Phase des Unbewußten für die Persönlichkeitsentwicklung und die gar nicht zu überschätzende Rolle der Eltern, insbesondere ihrer Liebe und Zärtlichkeit für die Entwicklung von Selbst- und Weltvertrauen – Urvertrauen – erkannt. Nicht minder bedeutsam waren ihre Erkenntnisse über die Bedeutung der frühen sensomotorischen Förderung. Was aber bei Montessori überwiegend theoretisch blieb, hat Fröbel in seinen Mutter- und Koseliedern auf eine so umfassende Weise didaktisch-methodisch realisiert, daß es bis heute keine Früherziehungslehre gibt, die nicht alle von Fröbels Grundgedanken enthält. Manche bleiben sogar hinter Fröbel zurück. Kein Bereich ist bei Fröbel unberücksichtigt geblieben. Insofern ist hier eine Fröbel-Montessori-Synthese unabweisbar.

Der Übergang zur Schule

Gemeinsames und Trennendes verbindet auch Fröbel und Montessoris Verhältnis zu Kindergarten und Schule. Beide Pädagogen sahen die Notwendigkeit der pädagogischen Kontinuität zwischen Kindergarten und Schule. Unbestreitbar perfekt gelöst ist bei Montessori der Übergang vom Kindergarten(-haus): Kinderhaus und Primarstufe sowie die weiterführenden allgemeinbildenden Schulen sollten eine Einheit sein, insofern liegt hier eine neuartige Gesamtschulkonzeption vor. So können Vorschulkinder bei Montessori – wenn sie dies wollen – lesen, schreiben und rechnen lernen, wie umgekehrt schulpflichtige, aber nicht schulfähige Kinder noch mit Kinderhaus-Materialien arbeiten und in das Kinderhaus gehen. Die Frage des Schulkindergartens wäre damit eigentlich gelöst, der ja die Aufgabe hat, gerade diese partiell oder gänzlich zurückgebliebenen Kinder zu fördern.

Fröbel hat dieses Problem (dargelegt in einem Brief 1852) ebenfalls erkannt und für diese Kinder die sog. „Vermittlungsschule" entwikkelt, d.h., die „Vermittlungsschule steht verbindend in der Mitte zwischen dem Kindergarten und der eigentlichen Lern- oder Begriffsschule, das Wesen beider in einer gewissen Beziehung teilend, d.h. von der Sachanschauung zum Begriff übergehend" (II, 503). Fröbel begründet in seinen weiteren Ausführungen dazu dieses Bindeglied zwischen Kindergarten und Schule wesentlich von der Entwicklungs- und speziell Denkpsychologie her: Hinführung zu Abstraktion, zur Mathematik, Erschließung aller Sachgebiete (Sprache, Musik, Pflanzen- und Erdkunde usw.) und zu wissenschaftlich-systematischen Bildung in der „Lern-, Denk- und Lehrschule" oder „Unterrichtsschule" (a.a.O. 509).

Dadurch, daß Fröbel diese „Vermittlungsschule" von der individuellen Entwicklung und nicht vom Lebensalter der Kinder abhängig macht, trifft er sich wieder mit Montessori und mit der modernen Diskussion über die Kooperation zwischen dem Elementar- und Primarbereich, die bis heute nicht zu Lösungen der Probleme geführt hat, die Fröbel und Montessori erkannten und für die sie seit 150 Jahren pragmatische Vorschläge machten oder – im Falle Montessoris – realisierten. Gäbe es eine solche pädagogische Kontinuität zwischen Elementar- und Primarbereich, würden psychosoziale Anpassungsprobleme der Kinder in der Schule geringer, Schulversagen gemindert, hätten Frühentwickler größere Bildungschancen und entwicklungsverzögerte Kinder größere, vor allem zeitlich längere Chancen für die Förderung der allgemeinen Schulfähigkeit.

Früherziehung in der Fröbel-Pädagogik

Friedrich Fröbel (1782 – 1852)

Einleitung

Fröbel entwickelte eine erstaunlich moderne Sicht des Menschenkindes. Lange vor Freud sah Fröbel die psychische Menschenentwicklung vom Unbewußten zum Bewußtsein hin strebend, wobei der unbewußten Entwicklungsphase eine grundlegende Bedeutung für die zukünftige Entwicklung der Persönlichkeitsstruktur und der Lebenseinstellungen zukommt. Insbesondere erkannte er, daß die frühen Interaktionsprozesse zwischen Mutter bzw. Eltern und Kind für die Entwicklung des Lernens und die gesamte Persönlichkeitsentwicklung des Kindes genau so entscheidend sind wie für die Bildung des mütterlichen bzw. elterlichen Bewußtseins.

Ebenso sah Fröbel lange vor Portmans Theorie der „physiologischen Frühgeburt" des Menschen in der angeborenen Hilflosigkeit des Kindes nicht nur ein Risiko für die Menschenentwicklung, sondern eine zentrale Bedingung für die Bildbarkeit und die Grundlage für die Angewiesenheit des Menschen auf Erziehung.

Zu den bedeutendsten Einsichten Fröbels zählt seine Beobachtung, daß sich das Kind durch einen angeborenen Tätigkeits- und Bildungstrieb nicht nur seine Persönlichkeit selbsttätig aufbaut, sondern hierin der entscheidende Ansatzpunkt für die frühe Erziehung des Kindes liegt. Fröbel hat unter diesen Perspektiven eine Früherziehung, d. h. eine Spielpädagogik mit entsprechenden Spielmaterialien entwickelt, die bei der Sensomotorik und Selbsttätigkeit ansetzen und somit die Gesamtpersönlichkeit des Kindes herausfordern und somit fördern. Hierin liegt Fröbels große Bedeutung auch für die Früherziehung behinderter und entwicklungsverzögerter Kinder, für die es bis heute keine umfassende Früherziehungskonzeption gibt.

A. Anthropologische Grundlagen

1. Zur pädagogischen Anthropologie Fröbels

Mensch als Sonderwesen

Aufgrund der angeborenen „Unbehilflichkeit“ (II, 21) ist der Mensch in der Sicht Fröbels ein *„Sonderwesen“* (II, 334) und somit ein auf Erziehung angewiesenes, bildbares und zu Bewußtsein und Vernunft hinstrebendes Wesen.

Der Mensch strebt danach, sich und sein Leben „zur lebendigen Erkenntnis, zur klaren Einsicht zu bringen und es mit Selbstbestimmung und Freiheit im eigenen Leben auszuüben“ (Me, 7f.). Der Mensch ist nach Fröbel fähig, die Gesetze und die Einheit der „physischen wie psychischen Welt“ zu erkennen und mit Bewußtsein und Vernunft anzuwenden (vgl. D, 26).

Streben nach Bewußtsein und Lebenseinigung

So strebt schon das kleine Kind dahin, „mit steigendem Bewußtsein zum endlich klaren Bewußtsein seines Lebens nach Grund, Bedingung und Ziel“ zu gelangen (II, 152).

Die höchste Form dieses Strebens erreicht das Kind in der *„Lebenseinigung“*, d.h. die personale „Übereinstimmung mit der Natur-, Lebens- und Weltentwicklung“ des bewußt handelnden Menschen (I, 1, 225).

Mensch = Natur- und Kulturwesen

Die anthropologische Voraussetzung dazu ist die Tatsache, daß das Kind sowohl den Naturgesetzen der biologischen Entwicklung als auch den historisch-sozialen Gesetzen der Menschenentwicklung unterliegt. Der Mensch und das Kind müssen folglich „geschichtlich sein“ (I, 1, 238) und demnach immer nach Maßgabe seiner historisch-sozialen Situation erforscht, erkannt und dementsprechend erzogen werden. Fröbel umschreibt und erklärt diesen Zusammenhang von naturhafter, sozialer und historischer Entwicklung und Bedingtheit des Menschen mit dem Begriff „Gesetz der Sphäre, d.h. der Einheit von Kosmos und Natur, Menschheit und Geschichte sowie der Einheit von physischer und psychisch geistiger und sozialer Welt (vgl. D, 25ff.).

Fröbel sieht daher das Kind als ein individuelles „Gliedganzes" der Menschheit: „In jedem Menschen als Glied der Menschheit ... liegt und ist die ganze Menschheit, aber in jedem auf eine ganz eigene, eigentümliche, persönliche in sich einzige Weise dargestellt und ausgeprägt, und so soll in jedem einzelnen Menschen auf diese ganz eigentümliche, einzige Weise" das individuelle Kind begriffen und erzogen werden (I, 2, 13). Erst unter dieser Bedingung kann das Kind später sein Leben in „Selbstbestimmung und Freiheit" (Me, 8) und in Übereinstimmung mit den Gesetzen der Natur und des Menschenlebens ausüben und damit zur „Lebenseinigung" gelangen.

Lebenseinigung ist daher ein „umfassendes Lebens- und Erziehungsprinzip" (Hoffmann 1964, 36). Nur so kann das Kind pädagogisch verantwortlich zum Bewußtsein seines Lebens und zur Entwicklung der dazu erforderlichen Fähigkeiten für das Leben in seiner Zeit ermöglicht werden.

Ahnung

Für die Entwicklung dieses Lebensbewußtseins bringt das Kind eine psychisch-geistige Fähigkeit mit, die Fröbel mit *„Ahnung"* umschreibt. Sie ist die angeborene Fähigkeit zur Bildung des Bewußtseins und die Grundlage zur Selbst- und Welterkenntnis. Diese angeborene psychische Fähigkeit ermöglicht es dem Menschen, Sinn und geistige Gehalte zu erfassen, die Erkenntnis der Beziehungen zwischen sich und der Welt zu bilden, die objektiven Gesetze der Dinge und der Beziehungen der Dinge untereinander zu verstehen und später anzuwenden. Ahnung ermöglicht aber auch die eigenen Gefühle und Wahrnehmungen als sinnhaft bzw. bedeutungsvoll zu erfassen, zu verstehen und sich zunehmend bewußt zu machen. Ahnung ist also eine Voraussetzung der eigentümlich menschlichen und sozialen, seelischen und geistigen Existenz. Sie ist die lebenseinigende, erkenntnis- und bewußtseinsbildende psychische Kraft, die den sinnhaften Zusammenhang zwischen Mensch, Natur und Gott und daher das Lebensbewußtsein ermöglicht.

2. *Wesensmomente des Tätigkeitstriebes*

Die für die Erziehung entscheidende anthropogene Grundlage ist der *angeborene Tätigkeits- und Bildungstrieb* im Kinde, der durch folgende Wesensmomente gekennzeichnet ist.

Lebensenergie

Erstes Wesensmoment des Tätigkeitstriebes ist eine angeborene Lebensenergie oder Kraft, die, wie Fröbel sagt, „im Sein an sich bedingt" ist, und die auch die Menschenentwicklung vorantreibt (Me, 261). Diese Kraft strebt nach Maßgabe von Gesetzmäßigkeiten zur Formung und Gestaltung, Darstellung, Differenzierung und Entwicklung der Person. Als Sinnbild für das Wesen dieser Kraft benutzt Fröbel gern das Samenkorn eines Baumes, aus dem sich Wurzeln, Stamm und Äste usw. nach bestimmten Gesetzmäßigkeiten differenziert entwickeln und dennoch eine in sich geschlossene Einheit darstellen.

Ganzheitlich-weltgerichtete Dynamik

Zweites Wesensmoment des Tätigkeitstriebes ist seine ganzheitlich-weltgerichtete Dynamik, die die gesamte Person des Kindes, d. h. Gefühl, Motorik und Sinne, Intelligenz usw. umfaßt, beansprucht und entwickelt.

So kann das Kind nur über die Weltbegegnung und Auseinandersetzung mit der Umwelt seine individuellen Fähigkeiten entwickeln und dementsprechend sein individuelles Selbst- und Weltbewußtsein aufbauen. Das Kind benötigt also nach Fröbel die Begegnung mit Personen und Dingen, d. h., es benötigt die Weltbegegnung, ohne die es sich selbst nicht entwickeln kann. Daher dürfen nach Fröbel Kinder „von früh an nie zu lang ohne Gegenstand zur Tätigkeit … sich selbst überlassen bleiben" (Me, 34). Folglich ist die plan- und entwicklungsgemäße Ermöglichung von Selbsttätigkeit eine Erziehungsaufgabe von der ersten Lebensstunde an. Das Kind zu selbsttätiger Bewegung anzuregen, ist nach Fröbel eine „Bedingung zum Bewußtwerden" (zit. nach Rinke, 72). Ein erster Fortschritt der Selbsttätigkeit ist die Trennung von Ich und Nicht-Ich in den ersten

Lebensmonaten, der verstärkt wird durch die liebevolle und persönliche mütterliche Ansprache des Kindes. Hier nimmt Fröbel die Entwicklungstheorie für die Bildung des Objektbewußtseins von Spitz vorweg.

Lebensbewußtsein

In einer immer expansiveren Lerntätigkeit und zunehmenden Bewußtseins durch Tätigkeit vollzieht sich der Aufbau von *Selbst- und Welterkenntnis* und damit die Entwicklung eines differenzierten, einheitlichen und geordneten *„Lebensbewußtseins"* (Hoffmann 1964, 136). Gleichzeitig aber entwickelt das Kind durch diese ganzheitliche Tätigkeit die lebensnotwendigen psychisch-geistigen und sensomotorischen Funktionen sowie grundlegende Lebenseinstellungen.

Risiken des Unbewußten

Weil sich das Kind die Welt und Familie, in die es hineingeboren wird, nicht aussuchen kann, liegen hier nach Fröbel in der Phase des Unbewußten große Risiken für das Kind. Fröbel bezeichnet in seiner eigentümlichen Sprachsymbolik den Säugling als „Äugling" und nennt seine Psyche „nur aneignendes Auge", um dieses totale Ausgeliefertsein des sich noch unbewußten Kindes gegenüber den Lebensbedingungen zu umschreiben. Fröbel erkannte – weit vor Freud – also die Bedeutung des Unbewußten für die psychische Entwicklung und die Gefahr früher und schlechter Lebenseinflüsse. „Denn leider", so Fröbel, „überwindet der Mensch oft kaum durch sein Leben das in seiner Kindheit Eingesaugte" (Me, 22). Dasselbe gilt umgekehrt, wenn dem Kinde in dieser Phase grundlegende Sozial-, Sprach- und positive Welterfahrungen vorenthalten werden. So spricht man heute von sensorischer und sozialer Deprivation, wenn dem Kinde entwicklungsnotwendige Lernanreize vorenthalten werden.

Sensumotorik

Ein drittes Wesensmoment des Tätigkeitstriebes ist die sensumotorische Wirksamkeit. Fröbel spricht hier von den Fähigkeiten des Empfangens oder Wahrnehmens und des Selbstempfindens (I, 2, 385) und dem Bedürfnis, zu schaffen und zu gestalten (II, 6), oder wie Fröbel an anderer Stelle sagt: Ein Bedürfnis nach „Freitätigkeit" und „Selbstbeschäftigung" (II, 21). Fröbel nimmt auch mit dieser Erkenntnis die Forschungsergebnisse Piagets vorweg, wonach die erste Intelligenzstufe als sensumotorische Intelligenz hervortritt und grundlegend für alle weiteren ist. Fröbel fordert daher eine Erziehung zur „gesetzmäßigen und stetigen Ausbildung des Leibes und seiner Glieder, wie seiner Sinneswerkzeuge als Organ, Werkzeug des Geistes ..." (I, 1, 442), ohne die sich der Tätigkeits- und Bildungstrieb nicht realisieren, optimal entfalten und so das Kind zur „Unabhängigkeit" gelangen kann (I, 1, 278). Hier trifft sich Fröbel mit der modernen Früherziehung behinderter und entwicklungsverzögerter Kinder, die bei diesen grundlegenden sensumotorischen Übungen ansetzt.

Unbehilflichkeit und Wille

Ein viertes Wesensmoment des Tätigkeits- und Bildungstriebes ist sein Nichtfestgelegtsein bzw. die „Unbehilflichkeit" des Kindes einerseits und die Fähigkeit bzw. Notwendigkeit, einen „eigenen Willen" zu entwickeln (II, 21). Fröbel sieht in dieser anthropogenen Schwäche des Menschenkindes ein „Zeichen seiner Würde" und gegenüber den Tieren einen „Vorzug" des Menschen, weil er in seinem Verhalten nicht festgelegt ist (II, 19).

Fröbel sieht in diesem Nichtfestgelegtsein des Tätigkeits- und Bildungstriebes die Bedingung dafür, daß das Kind erzogen werden und eine eigene Sittlichkeit erwerben kann und muß: „Der Mensch muß fehlen (irren, Verf.) können, um gut und tüchtig, um tugendhaft zu sein" (Me, 72). Aus dieser Unbehilflichkeit entwickelt sich also nach Fröbel die Notwendigkeit, eine eigene Sittlichkeit bzw. Verantwortlichkeit zu entwickeln. Aus dieser gleichen Unbehilflichkeit entwickelt sich nach Fröbel auch die Notwendigkeit der Motivationsausbildung bzw. „Kraftsteigerung" durch das Überwinden von entwicklungsnotwendigen „Hindernissen", weil sich nur so die Fähigkeit des „Sich-helfen-Könnens aus sich selbst" entwickelt, d. h. Tätigkeit ist ein sich selbst verstärkender Prozeß (II, 19). Er führt beim Kinde aber nur dann zum Erfolg, wenn er pädagogisch geführt wird und „äußere Verstärkung erhält" (II, 20).

Ganzheitlichkeit und Entwicklungsstufen

Ein fünftes Wesensmerkmal des Tätigkeitstriebes ist eine ganzheitliche Entwicklung nach Entwicklungsstufen und die Möglichkeit der Entwickelbarkeit, d.h., der Tätigkeitstrieb selbst ist nicht festgelegt, sondern bildbar.

So sind „alle Erscheinungen des Geistes und des Lebens und alle Pflege derselben ... an bestimmte ... Entwicklungsstufen geknüpft" (I, 1, 271), auf denen das Kind immer „ganz Mensch zu sein" fähig ist und dementsprechend ganzheitlich erfaßt, entwickelt und erzogen werden soll (I, 1, 517).

In dieser stetig „fortlaufenden Entwicklung" (Me 24) sieht Fröbel folgende Stufen: „Säugling – Kind – Knabe/Mädchen – Jüngling/Jungfrau – Mann/Frau – Greis/Matrone" (Me, 24). Fröbel sieht in dieser Stufigkeit weniger biologisch klar trennbare Lebensabschnitte, sondern eher psychologisch gesehen qualitativ besondere Phasen lernspezifischer „Reizbarkeit" bzw. Phasen besonderer „Empfänglichkeiten und Erregbarkeiten" (MKL, 90) für neue Lern- und Bildungsprozesse sowie für das Erlangen höherer Stufen von Fertigkeiten und des Lebensbewußtseins. So ergeben sich aus einem dialektischen Prozeß von „Trieb und Reiz" (II, 334), also durch Reifen, Erziehung und Lernen, die Voraussetzungen für einen neuen Entwicklungsschritt des Kindes.

Dieser Prozeß vollzieht sich nach Fröbel als ein „in sich fortschreitendes" Ganzes (I, 1, 271). Dies bedeutet, „daß die kräftige und vollständige Entwicklung und Ausbildung jeder folgenden Stufe auf der kräftigen, vollständigen und eigentümlichen Entwicklungen aller und jeder einzelnen vorhergehenden Entwicklungsstufen beruhe" (Me, 25f.). Auch hier gibt es eine gewisse Ähnlichkeit mit Piagets Auffassung, der behauptet, daß die Abfolge von Entwicklungsstufen einer gewissen Notwendigkeit folgt, weil die niedrigeren Stufen Voraussetzung für die höheren seien und Elemente aus den niedrigeren Stufen in die höheren Stufen integriert werden.

Geistigkeit

Ein sechstes Wesensmerkmal des Tätigkeitstriebes ist seine Geistigkeit bzw., daß sich kognitive Funktionen aus der Tätigkeit heraus in Verbindung mit der Sensumotorik entwickeln. Geistige Grundfunktionen sind nach Fröbel „Bemerken, Kennen, Erkennen, Berichtigen, Vergleichen" (I, 1, 221) sowie „Zerlegen" (Analyse) und „Vereinigen" (Synthese), die das Kind durch Tätigkeit entwickelt und perfektioniert (II, 6). So kann nach Fröbel der Mensch nur „vernünftig" werden durch „Tun und Arbeiten" (vgl. I, 1, 221). Das Erreichen einer neuen Bewußtseins-, Erkenntnis- und Fertigkeitsstufe vollzieht sich nach Fröbel in einem dialektischen Prozeß, der in Verbindung mit der Ahnungskraft und der Tätigkeit ermöglicht wird. Diesen dialektischen Prozeß kennzeichnen drei wechselwirkende Akte: (1) Innerliches bzw. Gedachtes oder Gefühltes äußerlich machen, (2) Äußerliches bzw. Wahrnehmungen aus der Außenwelt innerlich zu machen und (3) für beides eine Einheit schaffen. Die Ahnung ist dabei die geistige Kraft, die den Menschen zur Sinnaufnahme und -gestaltung befähigt und eine geistige „Verknüpfung" in innerer Einigung „ermöglicht" (Hoffmann 1964, 101). Diese innere synthetisch-geistige Einheit ist z.B. eine neue Vorstellung, ein neuer Begriff, eine neue Bewußtseins-, Denk- oder auch Könnensstufe. Diese wiederum bildet den Ausgangs- oder Wendepunkt für einen neuen Lern- und Entwicklungsschritt, also das Äußerlichmachen des Inneren usw. Entscheidend ist dabei für Fröbel, daß die „innere Einheit" zu immer höherer Objektivität des umfassenden Lebensbewußtseins führen muß. So reicht die innere Einheit also von einer diffusen Ahnung eines Sinngehaltes über komplexe und undifferenzierte Sinnbilder und Symbole bis hin zur begrifflichen, „mathematisch" und „logisch" genauen Erkenntnis bzw. umfassenden Theorie (Rinke 1935, 130). Weiter ist entscheidend, daß die vom Kinde geschaffene „innere Einheit" bzw. Vorstellung, Begriff, Theorie dem Kinde selbst „Wahrheit, Sicherheit, Gewißheit" geben und die lebenspraktische „Anwendung" bzw. Lebensbewährung ermöglichen muß (a.a.O.).

So muß das Kind mit pädagogischer Hilfe die Möglichkeit haben, seine „inneren Einheiten", also Vorstellungen, Begriffe usw. dreifach zu überprüfen:

a) „an der eigenen Tat" bzw. durch Selbsttätigkeit, Darstellungs- und Handlungsmöglichkeiten,

b) „an der fremden Tat", d.h. durch Vergleich und Erprobung bzw. Auseinandersetzung im Sozialkontakt der Familie, im Kindergarten usw. und

c) „an der Tat der Natur", d.h. z.B. Erprobung im naturwissenschaftlichen Experiment, im Vergleich mit den Naturgesetzen, sofern es sich bei den „inneren Einheiten" um naturwissenschaftliche Vorstellungen handelt (a.a.O.).

So entwickeln sich nach Fröbel nicht nur sämtliche humanen Fertigkeiten (Sprache, Intelligenz, Sozialverhalten, Bewegung, Gefühlsleben usw.), sondern eben auch in wechselseitiger Bedingtheit Selbsterkenntnis, Welterkenntnis und das übergeordnete, umfassende und einheitliche Lebensbewußtsein als ein lebenslanger Prozeß zwischen Stufen des Bewußtseins und der äußeren Überprüfung durch die Tat. Konsequenterweise ist das 7. Wesensmoment des Tätigkeitstriebes das Darstellungs- und Gestaltungsbedürfnis des Kindes. Fröbel spricht deshalb vom „schaffenden Bildungstriebe“ (II, 6) und seiner schöpferischen Kraft, durch die der Mensch zum „Schöpfer seiner selbst“ wird (Me 8).

Kreativität, Darstellung und Spiel

Besonders im „freitätig gewählten“ Spiel bzw. durch Spielfreiheit offenbart sich nach Fröbel die schöpferisch-kreative Potenz des Tätigkeits- und Bildungstriebes. Hierin zeigt sich seine besondere Bedeutung für den personalen Selbstaufbau des Kindes, d. h. die Kraft, die das Kind befähigt, Gefühle und Ideen, Vorstellungen und Begriffe auszudrücken, anschaulich und anfaßbar zu machen, oder anders gesagt: Geistiges zu objektivieren, zu versinnlichen und zu materialisieren, um nur einige Richtungen von Gestaltung und Kreativität zu nennen. Dies geschieht nach Fröbel z. B. durch verschiedene Materialien: Sand und Knete, Klötze, durch Bewegung und Sprache und in besonderer Weise durch die von Fröbel entwickelten systematisch aufbauenden Spielgaben. Solche Darstellungen benötigt das Kind nicht nur, um sein Innerliches äußerlich darzustellen, sondern auch und vor allem, um sich sein Inneres, seine Gefühle und Vorstellungen bewußt zu machen, sich also quasi in der Darstellung selbst zu spiegeln bzw. sein Inneres am Darstellungsobjekt zu reflektieren und zu objektivieren. Die Kinderpsychologin Nelly Wolffheim betont bei Fröbel vor allem das kindliche Darstellungsbedürfnis aus psychoanalytischer und spieldiagnostischer Sicht. Denn nach Fröbel sind alle Darstellungen und Äußerungen des Kindes auch ein Ausdruck des Unbewußten und somit symbolisch bzw. ein sinnbildlicher Ausdruck seines Seelenlebens. In diesem Sinne heißt es bei Fröbel, die „Äußerungen und die Art derselben drücken bestimmte Zustände und Entwicklungsstufen des inneren Lebens und Strebens des Menschengeistes, drücken Eigenschaften und Formen des Menschenwesens an sich aus“, d. h., seine Gefühle und Ängste, Vorstellungen von sich und der Welt werden so im Spiel dargestellt (I, 380). Die moderne psychomotorische Therapie knüpft an dieser Darstellungsfähigkeit und -freude des Kindes an.

Gemüt, Sinne und Leib

Achtes Wesensmoment des Tätigkeits- und Bildungstriebes ist die Einheit von Gemüts-, Sinnes- und Leibesbildung. Neben einer frühen Erziehung zur „Freimachung der Sprech-, Sinnen- und Gliederwerkzeuge" (Hoffmann 1944, 30) bewirkt nach Fröbel diese umfassende Frühförderung auch, daß das Kind durch den zunehmenden Erwerb von Fertigkeiten und Können auch Vertrauen, Zuversicht und Selbstsicherheit, also Selbst- und Weltvertrauen entwickelt. Fröbel umschreibt diesen Komplex mit „Gemüt". Gemütsbildung nennt Fröbel eine „Quellforderung" (II, 127) an den Erzieher, dem ein „Quellbedürfnis" des Kindes (I, 1, 224) entspricht.

Diese Gemütsbildung muß nach Fröbel schon auf der „unbewußten" Stufe des Kindes und „mit der größten Sorgfalt" erfolgen, damit das Kind nach Fröbel „Zutrauen zu sich, Zutrauen zu anderen und Zutrauen anderer zu ihm" entwickeln kann. So entstehen über die Tätigkeit die sozialemotionalen Grundlagen für den Aufbau einer positiven Lernhaltung und Weltoffenheit und damit die Voraussetzung für die soziale und personale Integration des Kindes.

Sozialität

Damit verbunden ist das neunte Wesensmoment des Tätigkeits- und Bildungstriebes, d.h. seine sozialerzieherische Komponente und die Tätigkeit als Bedingung für die Sozialwerdung des Menschen. Der Tätigkeitstrieb ist seinem Wesen nach auf Erziehung und somit auf „Gemeinsamkeit" und „gemeinsames Werk" hin ausgerichtet. Er ist – wie Fröbel sagt – ein „Geselligkeitstrieb" (I, 1, 280).

Es liegt in seinem „beachtenden" Wesen (II, 6), daß das Kind durch den Tätigkeitstrieb nachahmt und Gewohnheiten bildet, d.h. Denk- und Gefühlshaltungen, Einstellungen zu bestimmten Lebensbereichen und auch lebenspraktische Automatismen entwickelt. Aber auch Sprache, Sozialverhalten, Bewegungsfertigkeiten werden so entwickelt. Auf diese Weise vollzieht sich nach Fröbel die Anpassung des Kindes an seine Umgebung, Familie und Gesellschaft, denn das Kind drängt nach Fröbel spontan und spielerisch dazu, mit seinen Umgebungen „gleichsam zu verwachsen und eins zu werden" (II, 21). So bedeutet Nachahmung durch Tätigkeit nicht nur Anpassung oder Sozialisation, sondern auch die Gewinnung psychisch-geistiger Freiheit, weil wichtige Grundfertigkeiten so unbewußt erworben und beherrscht werden, denn „indem das Kind sich in äußere Umgebungen, Verhältnisse und Anforderungen fügt, (kann es seiner) inneren Tätigkeit mehr Spielraum verschaffen" (a.a.O.).

Nachahmungslernen ist also ein schnelles und grundlegendes Lernen und daher eine sehr beachtenswerte Tätigkeit im Hinblick auf vorbildliches Erzieherverhalten, das vom Kinde nachahmend aufgenommen wird. Umgekehrt gesehen ist die kindliche Nachahmung auch ein diagnostisches und nach Fröbel wichtiges Hilfsmittel, weil in dem, was und wie ein Kind nachahmt, für den Erzieher nach Fröbel „die wichtigsten Fingerzeige" liegen, die dem Erzieher die „wichtigsten Aufschlüsse" zum Verstehen und zur richtigen Behandlung des Kindes geben können" (II, 22).

Somit kann der Tätigkeits- und Bildungstrieb des Kindes als das zentrale Phänomen – „Mittelpunkt alles Lebens" – angesehen werden, durch das sich die kindliche Selbstentwicklung vollzieht und von dem sich „sämtliche Erscheinungen (des) ganzen zukünftigen Lebens" (II, 23) ableiten lassen. Der Tätigkeits- und Bildungstrieb ist aber auch die zentrale Kraft, „an der alles anknüpfen und aus derselben ... alles hervorgehen (muß), was zur wahrhaft menschlichen Entwicklung des Kindes, zu dessen allseitig genügender Erziehung geschehen soll" (II, 19).

3. Fröbels Sicht der Frühentwicklung (0 bis 6 Jahre)

Menschliche Entwicklung ist – im Gegensatz zur tierischen – nach Fröbel ein Prozeß der Werdung von „Lebensbewußtsein" durch den Tätigkeits- und Bildungstrieb.

Ähnlich wie Freud sieht Fröbel die Entwicklung vom Unbewußtsein zum Bewußtsein von sich und der Welt hin voranschreitend. Fröbel schreibt: „Im Kinde liegt, in ihm wirkt ein Streben des Bewußtwerdens, wirkt ein unbewußtes Bewußtsein: ein Empfinden des Seins" (I, 2, 389).

Tätigkeit als personaler Selbstaufbau

Dieser Prozeß des personalen Selbstaufbaus und der Bewußtwerdung ist gebunden an alle Formen der Selbsttätigkeit, und er nimmt seinen Ausgangspunkt bei der Wahrnehmungs- und Bewegungsaktivität des Säuglings:

„Also von der Körper-, Glieder- und Sinnen-Erstarkung und Entwicklung zum Gebrauch derselben, zum Gewahren der Dinge, zur Wahrnehmung, vom Beachten zum Betrachten und Anschauen, von dem Kennen und der Kenntnis des einzelnen zum Verknüpfen durch das Auffinden des Gemeinsamen, vom so gesunden Körper-, Sinnen- und Gliederleben zum gesunden Geistesleben emporsteigend, von der mit Denken geeinten Sacherfahrung zum reinen Denken; also vom gesunden kräftigen Gefühl zum sinnigen Gemüt, vom äußern Anschauen zum innern Begreifen, von der äußeren Zusammenstellung zum inneren Vergleichen und Urteil, von der äußeren Verknüpfung zum inneren Schluß; so vom äußeren Verstehen zum innern Verständnis, zur Entwicklung und Ausbildung des Verstandes; von der äußeren Auffassung der Erscheinung zum innern Vernehmen ihres Grundes, ihrer Ursache zur Entwicklung und Ausbildung der Leben erfassenden Vernunft; so erscheint ihm, so gestaltet sich ihm später am Ziel seiner Erziehung in seinem Innern das durchsichtige und klare Seelengebilde jedes Wesens als einzelnes, wie zuförderst seiner selbst sowie des Ganzen, von dem es ein Glied ist, als in sich eine Idee" (MKL, 91).

Damit ist Fröbels Theorie der frühen Kindesentwicklung – wie wir heute sagen – anthropologisch umfassend angelegt. Sie reicht von der Sensumotorik bis hin zum abstrakt-begrifflichen Denken und umfaßt den Menschen sowohl in seiner Individualität als auch Sozialität. Damit erklärt sich Fröbel die Individualentwicklung einerseits aus der Menschheitsentwicklung und andererseits aus der Naturentwicklung, die den Menschen in der Entwicklung seiner Leiblichkeit ja wesentlich bestimmt. Danach unterliegt die Individualentwicklung des Kindes den „individualisierten kosmischen Gesetzen" (Lück 1929, 68), d.h. den Naturgesetzen, wie z.B. der biologischen Organreifung einerseits und andererseits den „Entwicklungsgesetzen des Lebens" (II, 51), soweit es die innere bzw. psychisch-geistige und soziale Entwicklung betrifft. Fröbel schreibt: „Die Beobachtung der Selbst- und Einzelentwicklung des Menschengeschlechtes ... zeigt, daß in der Entwicklung des inneren Lebens des einzelnen Menschen sich die geistige Entwicklungsgeschichte des Menschengeschlechtes wiederholt ausspricht, und das gesamte Menschengeschlecht in seiner Gesamtheit als EIN Mensch angeschaut, und in ihm die notwendigen Entwicklungsstufen des Einzelmenschen nachgewiesen werden kann" (Me, 95).

Entwicklung = kulturangewiesen

Fröbel betont und erörtert vor allem die kulturabhängige „innere" psychische Geschichtlichkeit der Menschenentwicklung, d.h., der Mensch ist ein auf Geschichte und Kultur, Tradition, Gemeinschaft und Sprache hin angelegtes und ein auf Erziehung angewiesenes Wesen. Verstehen und erziehen kann man den Menschen also nur dann richtig, wenn er vor dem Hintergrund der Menschenentwicklung in ihrer Geschichtlichkeit anthropologisch umfassend betrachtet wird. „Darum soll und muß das Kind, der junge Mensch, gleich von seinem Erscheinen auf der Erde, gleich von seiner Geburt an, seinem Wesen nach aufgefaßt, richtig behandelt und in den freien, allseitigen Gebrauch seiner Kraft gesetzt werden" (Me, 20).

Der Entwicklungsgang des Kindes verläuft also von der ersten sensumotorischen Tätigkeit bis hin zur begrifflich klaren Idee als Erzeugnis des „Lebensbewußtseins".

4. *Entwicklungsstufen als Bewußtseins- und Bildungsgrade*

Jede Entwicklungsstufe bildet „Culminationspunkte" von „Bildungs-" und „Bewußtseinsgraden" in einer sog. „Dignitätenreihe" der Entwicklung. Dies bedeutet, jede Entwicklungsstufe erschließt neue Lern- und Bildungsmöglichkeiten und bereitet so die nächste Stufe vor. Danach sind „alle Erscheinungen des Geistes und Lebens ... an bestimmte Entwicklungsstufen geknüpft" (I, 1, 271). Pädagogisch entscheidend ist dabei, daß „jede Fortentwicklung schon in der Vorentwicklung gegründet" ist (II, 323).

Frühe Erziehung erfordert also eine pädagogische, didaktisch-methodische Kontinuität.

Die Entwicklungsstufe des Lebensbewußtseins, die Entfaltung aller Fähigkeiten und ihre Differenzierung lassen sich wie folgt schematisch darstellen (Niethammer):

Entwicklungspsychologischer Aufbau von Fröbels Erziehungstheorie

STUFE	ALTER	VERHALTEN →	GRAPH. DARSTELLUNG
I	0;0 – 0;3	Schlummervierteljahr Unbewußte Ganzheit Mutter-Kind-Einheit „Dunkle Anschauung“	
II	0;4 – 1;0	Subjekt-Objekt-Trennung „Bestimmte Anschauung“	
III	1;0 – 6;0	Unbewußte Veräußerlichung des Inneren/ Differenzierung (Sprache, Zahl, Ton, Farbe, Rhythmus, Melodie) „Klare Vorstellungen“	
IV	6;0 – 10;0	Bewußtmachen des Inneren „Klare Vorstellungen“	
V	10;0 – 14;0	Erkennen des Inneren hinter dem Äußeren	
VI	14;0 – 24;0	Erkennen des Inneren im Inneren Selbstreflexion „Deutliche Begriffe“	

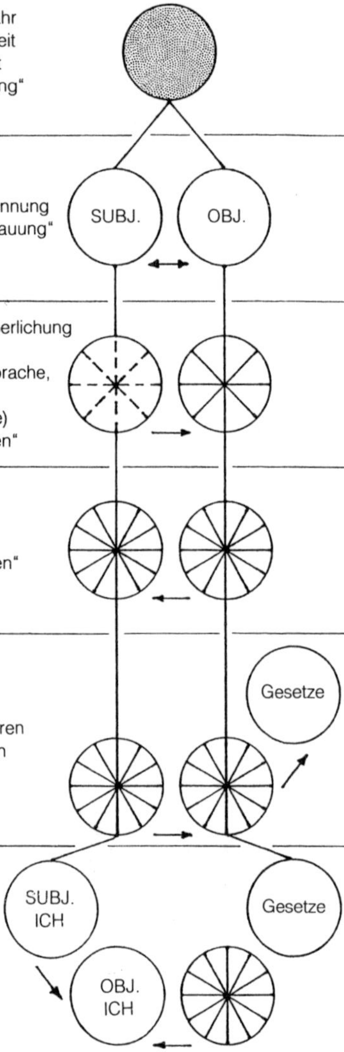

Erläuterung des Schemas: Auf der ersten Stufe lebt das Kind noch in einer unbewußten Einheit von Subjekt und Objekt. Diese Trennung ist zwar keimhaft angelegt, aber noch nicht vollzogen. Auf der zweiten Stufe ist das Kind bereits in der Lage, zwischen sich und dem Gegenstand bzw. zwischen Ich und Nicht-Ich bewußt zu unterscheiden, d. h., es wird offener für die Sachbegegnung mit der Welt, den Menschen und Tieren, Steinen, Pflanzen usw. So lernt das Kind die Mannigfaltigkeit der Natur und des Lebens – vor allem das für jedes Soziale symbolische und repräsentative Familienleben und die nähere Arbeitswelt als die „zweite Natur" des Menschen kennen. Diese Mannigfaltigkeit wird dem Kinde durch die pädagogisch vermittelnde Mutter sinnbildlich-anschaulich und vor allem im Spiel nahegebracht.

Das Kind erzeugt im Spiel und in der Nachahmung in seinem Innern ein bis zum Begriff bzw. zur Idee des Lebensbewußtseins führendes Sinnbild der ihm vorgestellten Realität und Lebensbeziehungen. Auf der letzten Stufe werden die Einzelheiten zu bewußten und zusammenhängenden Sinneinheiten bzw. Ideen ausgestaltet und auf einen klaren Begriff gebracht.

5. Charakterisierung der Altersstufe von 0 bis 6 Jahren

Das Kind bis zu seinem 6. Lebensjahr betrachtet Fröbel als eine Entwicklungsstufe, die er in eine Säuglingsstufe (0 bis 1 Jahr) und in eine Kindesstufe (1 bis 6 Jahre) unterteilt. Dieser Abschnitt von 0–6 Jahren ist wesentlich durch die Entwicklung der Sensumotorik und das Spiel in Verbindung mit Sprache und Bewegung sowie durch seinen Gestaltungs- und Darstellungsdrang bestimmt.

Grundlegephase: 0 – 1

Fröbel beschreibt dies so: „Mit der entwickelten Sinnen-, Körper- und Gliedertätigkeit, wo das Kind nun anfängt, Innerliches selbsttätig äußerlich darzustellen, hört die Säuglingsstufe der Menschenentwicklung auf, und es beginnt die Stufe des Kindes. Bis zu dieser Stufe ist das Innere des Menschen noch eine ungegliederte, mannigfaltigkeitslose Einheit. Mit der eintretenden Sprache beginnt Äußerung und Darstellung des Inneren, des Innern des Menschen, beginnt Gliederung, nach Mittel und Zweck verknüpfte Mannigfaltigkeit im Innern des Menschen; es gliedert, es bricht sich das Innere des Menschen und strebt, sich äußerlich kundzutun, zu verkündigen; er, der Mensch, strebt mit eigener selbsttätiger Kraft sein Innerliches äußerlich am Festen und durch Festes außer sich darzustellen und zu gestalten, und diese selbsttätige, selbständige Entwicklung des Menschen, diese selbsttätige Darstellung des Innern durch eigene Kraft am Festen liegt auch ganz in dem diese Stufe der menschlichen Entwicklung bezeichnenden Wort Kind ... ausgedrückt“ (Me, 35). Der pädagogisch entscheidende Schritt des Kindes bzw. der frühzeitige pädagogische Ansatzpunkt ist also dann gegeben, wenn das Kind Ansätze von Darstellungen gibt, z.B. durch Bewegung, Laute und Worte, oder wenn das Kind z.B. etwas anstößt oder angreift. Hier liegen nach Fröbel die ersten Ansatzpunkte für die Erziehung, die er durch die Mutter- und Koselieder sowie durch seine Spielgaben – z.B. den Ball – uns exemplarisch vorführt. Sobald das Kind dieses Minimum an Bewegung und Darstellungsfähigkeit entwickelt hat, beginnt nun auf dieser Stufe die „eigentliche Erziehung des Menschen durch verminderte körperliche, aber erhöhte Geistespflege und Geisteshut“ (Me, 35).

Aufbauphase

Das Kind lernt nun Sprechen und Malen, Singen und Zählen, Rhythmus und Melodie, Form und Farbe unterscheiden sowie seine innere und äußere Welt zu unterscheiden bzw. zu differenzieren (vgl. Me, 51). Es braucht nun Gelegenheit zur umfassenden Welterfahrung durch Selbsttätigkeit. So ist jedes „Kleinste ... ihm eine neue Entdeckung“ (Me, 45), und so braucht es nun auch zunehmend die Begegnung mit der näheren Natur und dem Leben in und außerhalb der Familie. Besonders ab ca. 3 Jahren sucht das Kind immer spontaner und benötigt zunehmend diesen Realitätskontakt. So stellt Fröbel fest: „Jedes Geschäft und jedes Gewerbe, jeder Beruf des Vaters reicht, einen Anfangspunkt zur Aneignung aller menschlichen Erkenntnis“, und durch bloßes Dabeisein schon entwickelt es „lauter Einsichten und Erkenntnisse, welche das spätere Schul- und Unterrichtsleben nur mit großen Kosten und Schwierigkeiten oft gar nicht zu geben imstande ist“ (Me 54). Darüber hinaus verlangt das Kind nun nach vielerlei Materialien und Dingen. Es will ihre Eigenschaften und Funktionsweisen erkennen und gebrauchen lernen, vor allem aber will es „des Dinges Inneres erkennen“, was Eltern nach Fröbel oft so mißdeuten, weil Kinder in alles beißen, es zerrupfen oder zerstören (vgl. Me 45). Vor allem aber braucht es in diesem Entwicklungsstadium eine systematische pädagogische Hilfe, d.h. ein „erklärendes, belebendes Wort“ und eine gezielte Anleitung zur Selbsttätigkeit sowie Materialien und Handlungsmöglichkeiten zur

Darstellung der inneren Bilder und Vorstellungen (Me, 46). Es nimmt nun zunehmend die „Mannigfaltigkeit" der Umwelt und den „Zustand der ihn umgebenden Menschen zunehmend bewußter auf und verlangt nach Ordnung seiner Vorstellungen" (Me, 22).

Daher ist die pädagogische Qualität der ersten Lebenserfahrung des Kindes „für dessen Gegenwart und Zukunft" lebensentscheidend (Me 22). Fröbel fordert daher für die frühe Entwicklungsstufe von den Erziehern, „daß der Mensch auf dieser Stufe nichts Krankes, Niederes, Gemeines, nichts Zweideutiges, ja Schlechtes einsauge; rein soll darum der Blick, der Gesichtsausdruck der Umgebenden, fest und sicher, Vertrauen erweckend und Vertrauen nährend, rein und klar soll jede Umgebung selbst sein; reine Luft, klares Licht, reiner Raum, so dürftig er auch sonst immer nur sein möge. Denn leider überwindet der Mensch oft kaum durch sein Leben das in seiner Kindheit Eingesaugte, die Eindrücke seiner Jugend, weil eben sein ganzes Wesen wie ein großes Auge dafür geöffnet, ihnen hin- und preisgegeben war.

Oft die härtesten Kämpfe des Mannes und Mentschen mit sich selbst und selbst seine späteren widrigsten und drückendsten Schicksale haben in dieser Stufe der Entwicklung ihren Grund, darum ist die Säuglingspflege so wichtig" (Me, 22).

Kennzeichnend für die erste Entwicklungsphase der Säuglingsstufe ist weiter die Entwicklung der Sinnes-, Körper- und Gliedertätigkeit (vgl. Me, 34) bis hin zum aufrechten Gang und zum ersten Wort als Anfang des Ich- und Gegenstandsbewußtseins sowie des Raum- und Zeitbewußtseins.

Fröbel betrachtet diese Entwicklungsbereiche überwiegend unter Reifungsaspekten, also „rein um des Gebrauchs und der Anwendung (und der) Übung" willen, nicht aber schon, um etwas Geistiges oder Innerliches darzustellen (Me, 33).

Freiheit und Anleitung

Dennoch brauchen die Kinder nach Fröbel schon auf dieser Stufe neben der elterlichen liebevollen Zuwendung vor allem die Ermöglichung und die Anleitung von „Freitätigkeit" des Kindes, d. h. Anleitung, sich zu pflegen, seine Sinne zu gebrauchen usw. Daher fordert Fröbel, daß die Kinder „von früh an nie zu lang ohne Gegenstand zur Tätigkeit ... und sich selbst überlassen bleiben" (Me, 34).

Lächeln

Ein weiteres Kennzeichen der frühen Entwicklung und der erwachenden Geistigkeit ist das erste und das soziale Lächeln, „der Ausdruck des Sich-können-Verständlichmachens einem anderen zweiten Menschenwesen und das Können-Verstandenwerden von einem anderen" (Me, 22f.).

So ist das Lächeln für Fröbel nicht nur ein Zeichen seiner „leiblichen Selbst- oder vielmehr Eigengefühle, sondern auch ... noch höheren Gemeingefühle zuerst unter Mutter und Kind, dann unter Vater und Geschwistern ..." (Me, 23). Schließlich ist das Lächeln der erste Ausdruck des Sozialen, oder wie Fröbel sagt, das „erste Gefühl des Gemeinsamen, der Gesamtheit" des sozialen Lebens und damit der erste „Keim ... der Religiosität", die nach Fröbel schon „früh in dem Menschen gepflegt, gestärkt, genährt, später zum Bewußtsein erhoben, geläutert werden muß" (Me, 23).

Der Übergang zwischen der Säuglings- und Kindesstufe wird von Fröbel wesentlich durch den Sprachbeginn gezogen, wie die Kindheit als Ganzes vor allem durch den Spiel- und Sprachaufbau gekennzeichnet ist.

Es ist das erste Wort, durch das Kind und die Umwelt sowohl getrennt als auch auf einer neuen Bewußtseinsstufe geeint werden. So ist es nach Fröbel das erste Wort, durch das sich ein einzelner Gegenstand im Chaos der mannigfaltigen Wahrnehmungen heraushebt und dem Kinde zum Bewußtsein bringt: „Jeder Gegenstand, jede Sache, jedes Ding wurde gleichsam für das Kind erst durch das Wort; das Wort selbst schuf gleichsam die Sache für das Kind" (Me, 56). Somit ist die Sprache eine Bedingung der Subjekt-Objekt-Trennung, wie umgekehrt die Sprache das Kind mit der Umwelt einigt, indem sie ihm hilft, die wahrgenommene Welt sich sprachlich-geistig anzueignen bzw. sich sprachlich in die Welt einzubringen, also auch auf diese Weise Innerliches, d.h. Vorstellungen von der Welt, äußerlich zu machen und sprachlich darzustellen.

Das Kindesalter: 1 bis 6

Das 1- bis 6jährige Kind betrachtet Fröbel als einen einheitlichen Entwicklungsabschnitt, der wesentlich durch sein Spiel in Verbindung mit Sprache und Bewegung sowie seinen Gestaltungs- und Darstellungsdrang bestimmt ist: „Mit dieser Stufe der am Äußerlichen und durch Äußerliches Sichtbarmachung des Innern und des Suchens und Strebens nach Einigung beider, nach der beides verknüpfenden Einheit, beginnt die eigentliche Erziehung des Menschen", sagt Fröbel (Me, 34f.). Somit ist der Dialog mit dem Kinde etwa beim gemeinsamen Spielen oder durch die Teilhabe des Kindes an den häuslichen Verrichtungen eine wichtige Form der Sprachvermittlung. Zunehmend bedeutender wird in diesem Alter das Darstellen mit Hilfe diverser Materialien: Zeichnen und Bauen, Falten und Kneten usw. sind für das Kind Hilfen, seine inneren Vorstellungen und Gefühle selbst darzustellen oder etwa am Bauwerk und somit an äußeren Produkten seine inneren Vorstellungen zu überprüfen und folglich immer realistischer zu gestalten.

Pädagogisch entscheidend ist für Fröbel, dem Kinde nun für alle seine Sinne, Intelligenz, Sprache usw. Materialien bereitzustellen, d.h., ihm Medien zu geben, durch die es zur Darstellung seiner Vorstellungen und Gefühle gelangen kann. Wichtig ist hier für Fröbel der Grundsatz des Gleichgewichtes zwischen selbsttätiger Erkundung und Entdeckung und von außen herangetragener Belehrung. Daher die Regel Fröbels: „Beantwortet ihm auch durchs Wort nicht viel mehr, als es ohne ein Wort sich selbst beantworten könnte", und „gebt ihnen die Bedingungen, die Antworten aus dem Kreise ihrer Einsicht selbst zu geben" (Me, 54).

Indirekte Erziehung

Fröbel hält darum auch die direkte Belehrung oder Unterrichtung für nachrangig gegenüber der indirekten Erziehung, d.h., Eltern sollen zwar „Kinder früh zum Nachdenken ... führen" (Me, 56f.), aber dem Kinde vor allem indirekt durch die „Natur- und Lebens-" bzw. „Sachanschauung" (Me, 56) und direkte Erfahrung in der nächsten Umgebung selbsttätiges Lernen ermöglichen. Die nun notwendige Lebens-, Natur- und Sachanschauung verknüpft sich nun zunehmend mit dem Wort: „Darum soll das Kind auf dieser Stufe wie alles recht und richtig anschauen, so auch recht und richtig, bestimmt und rein bezeichnen, sowohl die Sachen und Gegenstände selbst, als auch ihrem Wesen und ihren Eigenschaften nach. Es soll richtig bezeichnen die Verhältnisse der Gegenstände sowohl im Raume und zur Zeit, als auch unter und zu sich, jedes mit seinem richtigen Namen, Worte, und jedes Wort in sich klar und rein nach seinen Bestandteilen: Ton, Laut und Schluß" (Me, 35). Auf diese Weise gelangt das Kind sowohl zu einer klaren geistigen Ordnung als auch in Verbindung mit der Sacherfahrung zu einem systematischen Sprachaufbau.

Spielfähigkeit

Neben der Sprachentwicklung zählt Fröbel die Entwicklung der Spiel- und Darstellungsfähigkeit zu den entscheidenden Leistungen dieser Phase:

„Spielen, Spiel ist die höchste Stufe der Kindesentwicklung, der Menschenentwicklung dieser Zeit; denn es ist freitätige Darstellung des Innern, die Darstellung des Innern auf Notwendigkeit und Bedürfnis des Innern selbst ... Spiel ist das reinste geistige Erzeugnis des Menschen auf dieser Stufe, und es ist zugleich das Vorbild und Nachbild des gesamten Menschenlebens, des Innern, geheimen Naturlebens im Menschen und in allen Dingen; es gebiert darum Freude, Freiheit, Zufriedenheit, Ruhe in sich und außer sich, Frieden mit der Welt. Die Quellen des Guten ruhen in ihm, gehen von ihm hervor; ein Kind, welches tüchtig, selbsttätig still, ausdauernd, ausdauernd bis zur körperlichen Ermüdung spielt, wird gewiß auch ein tüchtiger, stiller ausdauernder, Fremd- und Eigenwohl mit Aufopferung befördernder Mensch“ (Me, 36).

6. Spiel

Spiel als Natur- und Erziehungsphänomen

Das Spiel dieses Alters betrachtet Fröbel als ein Phänomen des naturhaft angelegten Tätigkeits- und Bildungstriebes, denn die „Tätigkeit des Kindes ist sein Spiel“ (Hoffmann 1944, 22), das sich erst durch die pädagogische „Vorführung von Weg und Mittel“ (Me, 8) zur „höchsten Stufe der Kindesentwicklung entfaltet“ (Me, 36). Der Tätigkeits- bzw. Spieltrieb erfordert nach Fröbel systematische „Weckung und Erregung“ (II, 335), und das Kind muß daher ebenso systematisch „geführt und beschäftigt“ werden (Hoffmann 1944, 28). Folglich ist jede systematische Erziehung immer auch eine systematische Bildung der „Spielfähigkeit“ (Me, 271). So greifen im Spiel daher „Selbsterziehung“ (a.a.O.) und Fremderziehung durch andere ineinander und erschließen so das Kind für die Welt, wie umgekehrt die Welt sich dem Kinde erschließt: „Das Spiel, recht erkannt und recht gepflegt, öffnet dem Kinde den Blick für die Welten, für die es erzogen werden sollte“ (Spiel I, 17). Systematische Spielpflege ist also nach Fröbel immer auch eine basal-elementare Bildung des Kindes.

Spiel und Bildung der Darstellungsfähigkeit

Wie schon betont, ist die Darstellungsfähigkeit ein Hauptmerkmal dieser Entwicklungsstufe und eine Hauptfunktion des Spieles. Sie ist aber auch ein Grundbedürfnis des Kindes auf dieser Stufe, denn „will der Mensch sich wahrhaft erkennen, muß er sich außer sich selbst darstellen, sich gleichsam sich selbst gegenüber setzen“ (vgl. D, 176ff.), denn nur so kann er Innerliches äußerlich machen und umgekehrt und damit zur Selbst- und Welterkenntnis gelangen.

„Darum ist das Spiel wichtig für das Kind, es lehrt dasselbe sich selbst, seine Innenwelt in allseitiger Richtung und Beziehung, in Hinsicht seiner Kräfte, Anlagen, Neigungen, wie seine Hoffnungen, Wünsche usw. kennen; es vermittelt ihm die Annäherung und Kenntnis der ihm als getrennt, als fern und fremd gegenüberstehenden Außenwelt. Das Spiel lehrt das Kind in der Außenwelt die Mittel zur Darstellung seiner Innenwelt kennen und sich aneignen, wie es im Spiel seine Anlagen entwickelt und seine Kräfte steigert“ (Spiel I, 17).

Spontanes Spiel und Spielerziehung

Das 1- bis 6jährige Kind entwickelt im spontanen freien Spiel und durch systematische Spielerziehung seine humanen Grundfertigkeiten wie Sprache, Intelligenz, Sozialität und sämtliche Fertigkeiten.

Durch innerliches und äußerliches Handeln entwickelt das Kind so sein Selbst- und Weltbild, oder wie Fröbel sagt: „Selbsterkenntnis – so Einheits- und Allerkenntnis“ (Spiel I, 18). Gleichzeitig gelangt es auf diese Weise „zur allseitigen Glieder-, Sinnen- und Körperentwicklung bis zur allseitigen Entwicklung des Geistes und Gemüts“ (Spiel I, 18).

Erst wenn diese humanen Grundlagen und -fertigkeiten im Spiel und durch Spielerziehung entwickelt sind, ist das Kind mit ca. 6 Jahren fähig zum systematischen Lernen im schulischen Unterricht (vgl. Me, 58).

B. Praxis: Bildungsbereiche, Didaktik, Methodik und Medien

1. Früherziehung als Erziehung des Tätigkeits- und Bildungstriebes

Für Fröbel ist die Erziehung des Tätigkeits- und Bildungstriebes das Kernstück der Früherziehung.

Die pädagogische Grundform der Früherziehung ist eine planmäßig-systematische und ganzheitlich angelegte Spielpädagogik.

Diese Spielpädagogik orientiert sich einerseits an den anthropologischen Wesensmerkmalen des Tätigkeits- und Bildungstriebes und andererseits an dem umgebenden Leben, d. h. der Gesellschaft und Wirtschaft, Kunst, Religion und Wissenschaft usw. sowie der Natur als der Lebensgrundlage des Menschen.

Ziel der Spielpädagogik ist nach Fröbel die „Lebenseinigung" und das „Lebensbewußtsein" und die gesetzmäßige sowie systematische Entwicklung der dafür erforderlichen leiblichen, psychisch-geistigen und sozialen Kräfte und Fertigkeiten. Harmonische oder, wie Fröbel sagt, „allseitige" Entwicklung ist für die Früherziehung ein wichtiger Grundsatz der Spielpädagogik. Sie soll ein „allseitig harmonisch tätiges Leben bewirken" (Lück 1929, 29), das bedeutet, den Tätigkeitstrieb des Kindes nach „festem Gesetz ... gleichmäßig nach allen Seiten" zu entwickeln und zu bilden (Hoffmann 1944, 25).

Dies bedeutet eine „gesetzmäßige und stetige Ausbildung des Leibes, des Körpers und seiner Glieder, wie seiner Sinne und Sinneswerkzeuge als Organ, Werkzeug des Geistes, fordert die Kräftigung und Erstarkung des Leibes" (I, 1, 442).

Nach Fröbel erfordert dieser Grundsatz der Ganzheitlichkeit die harmonische Entwicklung des Kindes und eine „allseitige, umfassende, seiner Natur und seinem Wesen angemessene Ausbildung", d. h., hier spricht Fröbel das Prinzip der individuellen Erziehung an (I, 1, 243). So kann das Kind nur dann zu Freiheit, Selbstbestimmung und Unabhängigkeit gelangen, wo durch eine solche Erziehung ein „gebildeter Geist durch einen gebildeten Körper mit Bewußtsein wirkt" (I, 1, 273).

Systematische Spielpädagogik bedeutet daher für Fröbel die planmäßig-systematische Entwicklung nicht nur der Spielfähigkeit, sondern auch die Förderung und Bildung aller Fertigkeiten und Funktionen des Kindes.

2. *Körperbildung*

Die Ganzheitlichkeit der Entwicklung des Tätigkeits- und Bildungstriebes bedingt, daß eine eindeutige Trennung der Entwicklungsbereiche von Körper und Sinnen, Geist und Gefühl, Sozialverhalten usw. nur theoretisch möglich ist. Sie stehen nach modernen Auffassungen in engster Wechselwirkung und vollziehen sich nach eigenen Gesetzlichkeiten. Diese Wechselwirkung zeigt sich z.B. im Verhältnis von Sozialverhalten und Sinnesfunktionen. Hellbrügge schreibt dazu: „Die Entwicklung des Sozialverhaltens ist entscheidend abhängig von der Entwicklung der Sinnesfunktionen während der ersten Lebenszeit“ (Fortschritte der Sozialpädiatrie 2, 1978, 51). Dasselbe gilt auch für die Entwicklung der Grundformen des Denkens und der vorsprachlichen wie sprachlichen Kommunikation.

Fröbel berücksichtigt in seiner Früherziehung bereits diese durch die moderne Forschung erkannten Zusammenhänge. Dementsprechend enthalten die ersten Spiele in den Mutter- und Koseliedern Anleitungen zum rechten Körperkontakt zwischen Mutter und Kind und somit zu einer emotionalen Harmonie zwischen beiden. Gleichzeitig schließen diese Spiellieder grundlegende Übungen zur Grob- und Feinmotorik, des Blickkontaktes und der Augen-Hand-Koordination ein. Ein Beispiel dafür ist das Spiellied „Strampelbein“ (Seite 36 bis 39).

Greifen – Begreifen

Parallel zu solchen Übungen werden die sechs farbigen Wollbälle eingesetzt, denen dann Kugel, Walze und Würfel folgen. In erstaunlich moderner Weise setzt hier Fröbel beim angeborenen Greifreflex an. So gibt er dem Kinde zuerst die weichen Bälle „zum Umspannen, zum Begreifen, endlich zum selbst- und freitätigen Behandeln“ (Spiel I, 23). Hier ist bereits keimhaft ein Anfang der Erziehung zur Arbeit angelegt. Auf dieser ersten Tätigkeitsstufe sollen sich vor allem des Kindes „Finger-, Hand- und Armmuskeln stärken, wie sich ihm so früh Finger, Hände und Arme entwickeln und aus-

Strampfelbein.

„Wenn Kindchen zur Lust Arm' und Beine bewegt,
In der Mutter die Spiellust mit dem Kinde sich regt.
Vom Schöpfer ist ihr dieß zur Weisung gegeben:
Schon früh im Kinde
Gewandt, gelinde
Durch Aeuß'res zu pflegen sein inneres Leben;
Durch Scherze und Spiele und sinniges Necken
Gefühle, Empfindung und Ahnen zu wecken."

Flugs gieb mir das Strampfelbein,
Wollen schlagen aus Mohn und Lein
Oel für's Lämpchen zierlich, klein,
Daß es brenne hell und rein,
Wenn Mutterlieb' in langer Nacht
Für's liebe, kleine Kindchen wacht.

Strampfelbein.

(Tafel 7.)

Leben, sinnig pflegende Mutter! ist der Mittelpunkt all' Deines Gefühles, Deiner Empfindungen und Gedanken; Leben ist der Mittel- und Beziehungspunkt all' Deines Wirkens, Schaffens und Thuns; darum ist auch Dein Fühlen und Wirken, Dein Denken und Thun stets ein so innig einiges, und alle und jede Lebenserscheinung Deines geliebten Kindes regt beide in inniger Einigung an und auf. Nichts giebt Dir darum mehr Freude, als die Erscheinung und Beachtung der ruhigen und kräftigen, selbst im Verhältniß zur Kraft, mächtigen und gewaltigen Lebenserscheinungen in Deinem Kinde, sobald sie nur natur- und lebensgesetzig sind; und wo sie, Dir so entgegen treten, fühlst Du Dich, wenn Dich nicht Vorurtheil, Gewohnheit und Mißkenntniß davon abhalten, sogleich aufgefordert, das sich regende Leben Deines Kindleins auch unmittelbar zu pflegen, zu warten, es pflegend erstarken zu machen, es zu entwickeln, zu üben, zu bilden, so es Deinem Kinde zunächst mindestens zur Selbstgewahrung zu bringen.

Dein Kind liegt auf seinem durch und durch reinlichen Kissen vor Dir im stärkenden Luftbad, nachdem ein klares Wasserbad es schon gekräftigt hat; im wohligen Gefühle der Gesundheit seines ganzen Körpers liegt es vor Dir, schlägt mit den Aermchen wie es mit den Beinchen strampfelt. Einen Gegenstand sucht es für selbige, das fühlest Du, woran und wodurch es seine Kraft messen, so wie, sie steigernd, sich ihrer erfreuen könne. Was Du in des Kindes Thun als Bedürfniß, gleichsam als Wunsch liesest, dem kommt Deine Mutterliebe pflegend entgegen; Deine Hände oder Deine Brust, gegen die es abwechselnd seine Beinchen stemmt, gegen die es tritt, strampfelt, werden ihm für diese wie Kraftmesser, so Kraftstärker. Du folgst dem Bewegungsgesetz seiner Kraftäußerung. Doch nicht nur äußeres, leibliches Leben willst Du so pflegen, auch sein inneres, sein Gefühls-, Empfindungs-, sein Seelenleben; nicht nur seine Kraft soll es durch die Deine gewahren, sondern auch Deine Liebe, die Gesinnungen, mit welchen Du alles dieß thust, gleichsam fühlen; so kommt zum Thun und Worte der melodische Ton. Wie seine erwachenden und wachsenden Kräfte für Dich gleichsam das Oel zur Pflege Deiner Liebe, Deiner Liebesflamme sind; dieß möchtest Du Deinen Kindlein wohl jetzt schon fühlen, mindestens später erkennend machen. Das Nachtlämpchen, was, während Deine Liebe fürs Kindlein in all' den vergangenen Nächten wachte, neben Dir stand, giebt Dir die Veranlassung und das Bild dazu. Gesetzmäßige Kraftentwickelung und angemessener Kraftgebrauch brachte aus den ölgebenden Gewächsen — aus Rübsaat oder Raps, Lein oder Mohn, oder wie sie sonst heißen und in verschiedenen Gegenden in Anwendung kommen mögen — für das Lämpchen des Wachens nährendes Oel hervor: so soll das Kindlein später fühlen, daß aus der harmonischen Entwickelung und aus der angemessenen Anwendung und dem Gebrauche all' seiner Kräfte ihm Pflege Deiner Mutterliebe hervorgehe Die Oelmühle zur Linken, wo im gesicherten Ort ein Mohn- und ein Leinkörnchen Raum gefunden haben, Wurzeln zu schlagen und hervor zu wachsen, sollen Dir, bis sich einmal Gelegenheit findet mit ihm eine solche Mühle in der Wirklichkeit zu sehen, Mittel an die Hand geben, Deinem Kinde bei heraufentwickelten Verständniß dazu, dieß in Beziehung auf Oel und Mohn zu zeigen. Dieß ist nun geschehen.

Was der Knabe, das Mädchen sahen, führt jedes auf seine Weise aus. Die gleichsam uns liebende, all' wirkende Kraft in der Natur, wenn auch den Kindern nicht einsichtig, doch ahnen und fühlen zu machen, hat die Mutter ihre Kindleins-Schaar in's nahgelegene Bergthal geführt. Dort oben am Bergquell hat nun der Knabe seiner Oelstampfmühle einen Platz gesucht, daß vom Wasser getrieben sie munter sich bewege. Sein jüngerer Bruder hockt staunend dabei, die blendende Sonne sich vom Gesichte haltend, daß sie ihn nicht hindere, das Werk des Bruders zu bewundern. Die älteste Schwester sucht kürzer zum Ziele zu gelangen: mit ihren gesunden Füßen wadet sie in dem klaren Bach, in welchem sie knetend den feinen Sand zu einem gestaltbaren Teig zu formen sucht. Von ihren Lieben umgeben, sitzt die Mutter darüber sinnend: „wie aus gleicher Kinder- und Kindheitpflege doch so verschiedenes Kinderleben sich gestalte." Im Spiegel der kindlichen Spiele sieht sie das spätere Leben aller drei, vom Wasser und dessen Kraft gefesselten, Kinder. Der älteste, so ahnet sie, wird einst des Lebens Kraft zu seinem Ziele leiten, mittelbar durch seinen Geist, daß er gebrauchen lerne, was dazu führe; das Mädchen wird unmittelbar durch ihr eignes Leben und Thun zu ihrem Ziele kommen, festhaltend dasselbe im eigenen Gemüth und hingegeben mit eigener Kraft; erreichen wird es der jüngere Knabe, indem er das Wesen der Kraft und die Gesetze ihres Wirkens zu erforschen sucht. Wie im Innern ein jedes ihrer spielenden Kinder ein reiches Leben in der Gegenwart lebt, so lebt die Mutter es wie in Gegenwart und Zukunft so auch in Vergangenheit. Denn auf die Frage: — wo will Sie hin, liebe Frau? hat die mit dem Korbe vorübergehende, nun schon etwas den Berg herauf gegangene, Frau geantwortet: „Hinauf zum reichen Müller, ich will sehen, ob ich für das, was ich ihm bringe, etwas Oel bekomme; denn mein Kindchen ist so krank und da muß ich die ganze Nacht bei ihm wachen. Auch bedarf ich Brot; denn ich kann nun nichts verdienen und doch will das arme Kindchen ja auch essen." — Durch diese Antwort ist der Mutter ihr Strampfelbeinspiel aus der Vergangenheit vor die Seele getreten und mit Hinblick auf ihre Kindlein und im Denken an sich, fragt sie: — Wird der Kinder einstiges Leben der Mutter Liebe dankend lohnen? —

bilden werden, zunächst zum rechten Ergreifen, zum richtigen Behandeln auch anderer Dinge" (Spiel I, 23). Den gleichen Zweck, aber schon in differenzierterer Weise, verfolgt Fröbel mit der zweiten Gabe, Kugel und Würfel bzw. Walze und Kegel. Das Kind erfühlt allein schon durch die Gegensätzlichkeit der Gaben den so angesprochenen Tastsinn, die Polarität von weichem Ball und harter Kugel, von der allseitig runden Kugel und dem eckigen und flächigen Würfel. Sie repräsentieren nicht nur „das mehr Feste, das fest Gestaltete, Besondere, gleichsam zum Anfangs- und Ausgangspunkte, wie zum Stoffe für die künftigen Erzeugnisse und Gestaltungen seines schaffenden Tätigkeitstriebes im Spiele und durch das Spiel" (Spiel II, 13), sondern sie werden auch dem Bewegungsdrange des Kindes gerecht, wie sie die Aufmerksamkeit und die Beobachtungsfähigkeit beanspruchen und die Körperträgheit des Kindes überwinden helfen.

Sinnes- und Bewegungskoordination

Außerdem befriedigen die ersten Gaben das Bedürfnis des Kindes nach ruhigem, stillem und mußevollem Umgang mit den Dingen. Im Verfolgen der rollenden Kugel auf dem Tisch oder Fußboden muß das Kind Auge, Ohr und Körper koordinieren, um erneut in den Besitz der Kugel zu gelangen. In gleicher Weise wird das Kind durch eine Übung beansprucht, bei der vom mitspielenden Erwachsenen die Kugel in einem Teller zur Rotation gebracht wird und das Kind sowohl in bezug auf die Sinne als auch auf seine Aufmerksamkeit und Konzentration aktiviert wird. Das gleiche Ziel verfolgt Fröbel mit der am Faden schwingenden Kugel bzw. mit einem schwingenden Würfel. Somit sind die Übergänge von Körperbildung zur Sinnenbildung und von da aus zur Geistesbildung durchaus fließend (Seite 42 bis 45).

3. Sinnesbildung

Gemäß der harmonischen Entwicklung und Erziehung ist die Sinnesbildung eine vorrangige und fundamentale Erziehungsaufgabe.

Sie muß bereits im frühesten Kindesalter einsetzen, weil sich im Prozeß der „Freimachung seines Geistes" wesentlich „früher der Gebrauch der Sinne als der seiner Glieder freimacht“ (II, 88). Fröbel ist sich der Probleme einer frühen Sinnesbildung, die immer zugleich auch Seelen- und Geistesbildung ist, durchaus bewußt. Schon in seinen Koseliedern sagt er zur Mutter: „Schwer, sehr schwer ... möchte es anzugehen sein, wo die rein leibliche Einwirkung auf die Sinne aufhört und die rein geistige beginnt. Eben wegen dieser innigen Verschmelzung und dieses Ineinanderfließens des Physischen und Psychischen, des Leiblichen und Geistigen, des Materiellen und Spirituellen, des Vitalen und Intellektuellen, des Instinktes und des Moralischen, wegen dieses, man möchte sagen Wurzelns des Höheren im Niedern ist ... die Ausbildung der Sinne ... recht erwogen, eigentlich nur ein doppelseitiger, in sich aber einiger“, also komplementärer Prozeß der frühen Bildung (Seidel, 1883, 173).

Auch nach neueren Forschungen hat das Kind bereits nach der Geburt alle Sinne verfügbar, auch wenn sie – wie z.B. das Auge – noch nicht voll ausgereift sind und sich erst an die Umgebung lernend anpassen müssen. Dieser Prozeß ist aber spätestens im zweiten Lebensjahr abgeschlossen.

Beispielhaft sind Fröbels Anregungen zur bewußten Sinnesbildung im frühesten Kindesalter in den Mutter- und Koseliedern, wo das Kind zum bewußten Gebrauch, zum Bewußtsein seines Geruchs- und Geschmackssinnes in Form von Spielliedern angeregt werden soll. Mehr indirekt sollte auch der Gehörsinn geschult werden durch deutliches Sprechen beim Spiel und Singen. Der bei Fröbel obligatorische Musik- und Gesangsunterricht setzt später die Ausbildung des Gehörs systematisch fort. Der Tastsinn wird frühzeitig durch den Ball und die sich daran anschließenden Gaben sowie durch Fingerspiele in den Koseliedern entwickelt und gepflegt (Seite 42 bis 46).

Sinnes- und Geistesbildung

Von ganz besonderer Bedeutung ist bei Fröbel die Entwicklung des Sehsinnes als Vermittler zwischen der Innen- und Außenwelt, zwischen der Innenwelt und der höheren Geisteswelt zu sehen.

Die Funktion des Auges ermöglicht nach Fröbel den Schritt vom inneren Bild der Anschauung, zur Abstraktion und später zum Begriff. Daher ist die Ausbildung und Pflege des kindlichen Gesichtssinnes „der wahre Mittelpunkt seiner Seelenbildung, und wieder der Quell- und Keimpunkt all seiner Geistes- und Lebensbildung“ (Seidel, 1883, 173). Sinneserziehung ist bei Fröbel aber auch – ganz im

1.
Hin , her.
2.
Hin, her.
3.
Hinüber.
7.
Tipp, tapp, tapp.
8.
Hopp in die Höhe.
9.
Spring, spring, spring.
13.
Rund um, rund um!
14.
Links um.
15.
Rechts um.
19.
Jmmer tiefer.
20.
Rrr, kreis rund.
21.
Jmmer schneller.
25.
Fort ist der Ball.
26.
Da ist der Ball.
27.
Fang den Ball.

1.

4.
Herüber.
5.
Hinauf, herauf.
6.
Hinab, herab.
10.
Hoppüber.
11
Roll, roll, roll.
12.
Komm zurück.
16.
Jmmer enger.
17.
Jmmer weiter.
18.
Jmmer höher.
22
Zieh, zieh, zieh.
23.
Bauz, da fällt der Ball.
24.
Pim, paum.
28.
Halt den Ball.
29.
Tief hinein gesenkt.
30.
Such den Ball.

1.

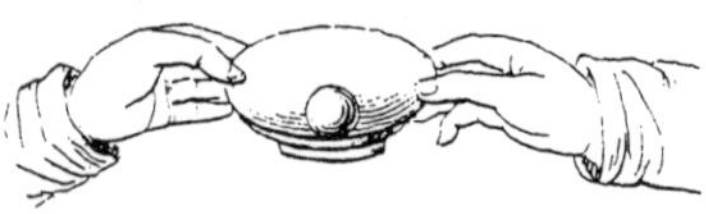

Rund um, rund um, das ist meine Freude.
Rund um kehr' ich mich, freue mich;
Freue dich auch wie ich.

2.

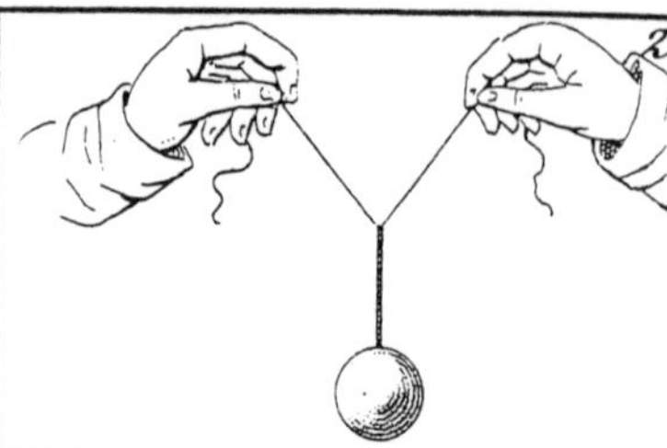

Wie ich mich auch kehr u. wende,
Die Kugel zeig' ich ohn' Ende.

3.

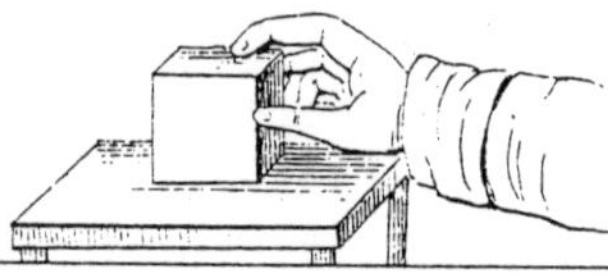

Da steh' nun fest,
Steh fest, steh fest!

4.

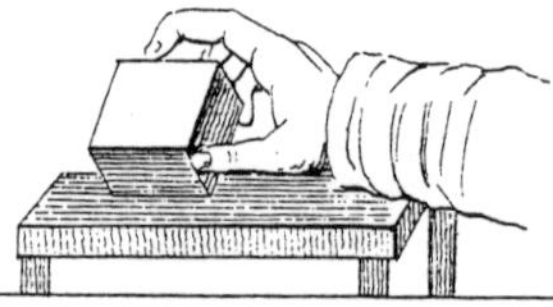

Er wanket hin, er wanket her;
Zu stehen so wird ihm zu schwer.

5.

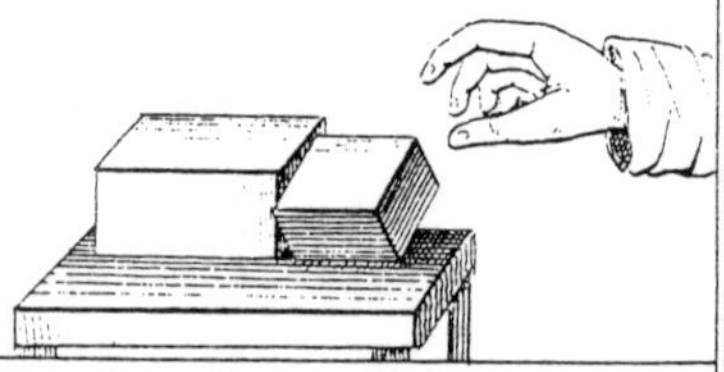

Er steht auf einem Fuſs.—
Warum er es wohl muſs?—

6.

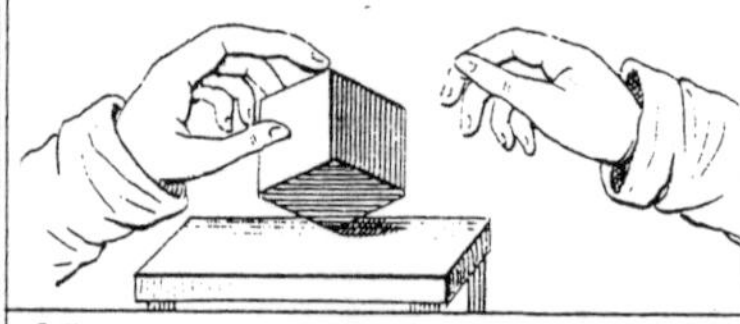

Schau nur, wie ich leicht mich dreh',
Wenn auf einem Bein ich steh'.

7.

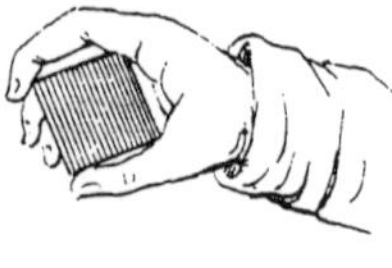

Eine siehst du nur allein;
Wo mögen wohl die andern sein?

8.

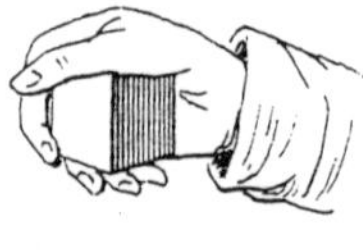

Zwei nur laſsen sich hier sehen,
Wie mag's mit den andern stehen?

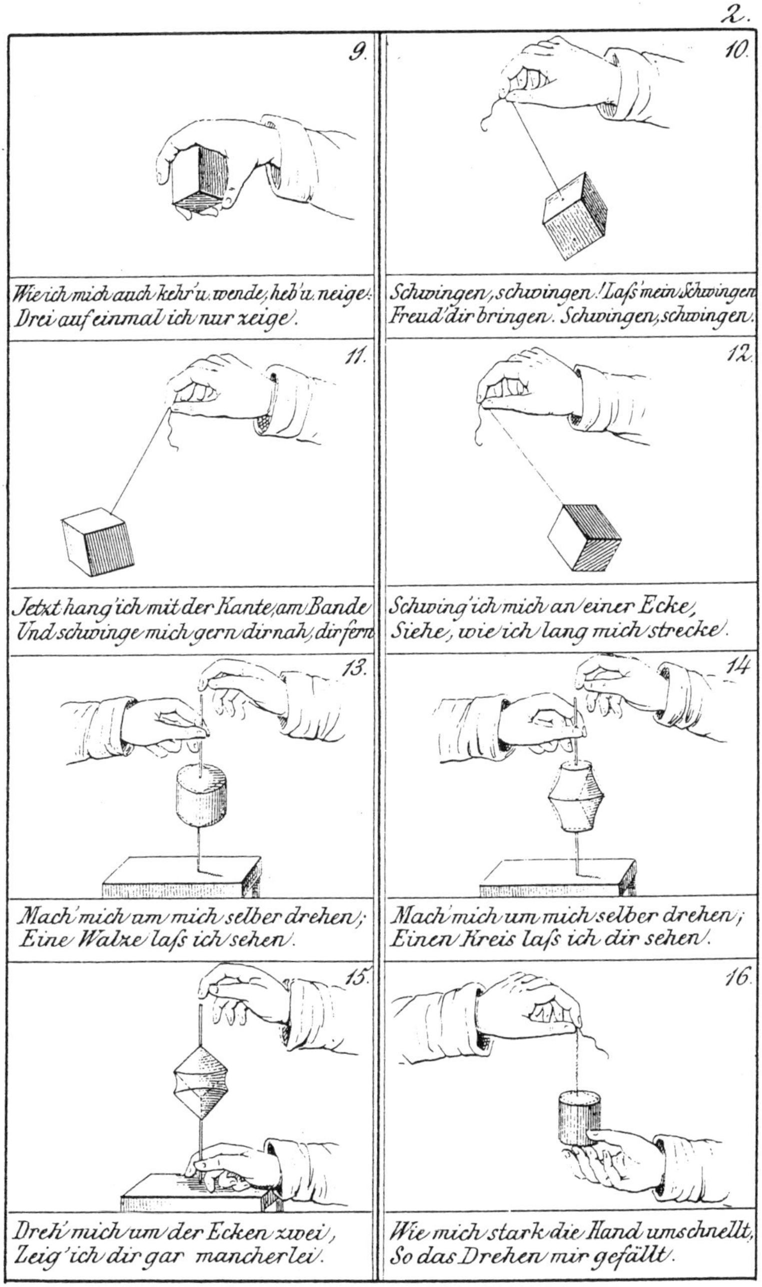
2.
9.
Wie ich mich auch kehr' u. wende, heb' u. neige:
Drei auf einmal ich nur zeige.
10.
Schwingen, schwingen! Laß' mein Schwingen
Freud' dir bringen. Schwingen, schwingen!
11.
Jetzt hang' ich mit der Kante am Bande
Und schwinge mich gern dir nah, dir fern
12.
Schwing' ich mich an einer Ecke,
Siehe, wie ich lang mich strecke.
13.
Mach' mich um mich selber drehen;
Eine Walze laß ich sehen.
14
Mach' mich um mich selber drehen;
Einen Kreis laß ich dir sehen.
15.
Dreh' mich um der Ecken zwei,
Zeig' ich dir gar mancherlei.
16.
Wie mich stark die Hand umschnellt,
So das Drehen mir gefällt.

Das Däumchen ein Pfläumchen.

„Lehr' Dein Kind früh seine Glieder kennen,
Lehr es sie deutlich auch benennen;
Doch noch mehr, lehr recht es sie gebrauchen,
Daß, was es einst macht, auch möge taugen."

Dieß ist das runde **Däumchen**,
Es sieht aus wie Pfläumchen.
Dieß **Fingerchen** gerade **zeigt**,
Doch aber auch gar schön sich neigt.
Dieß **Fingerchen** das größte ist,
Obgleich es nur zu **mittelst** ist.
Dieß **Fingerchen** trägt s Ringelein,
Drum ist es auch wie **Gold** so rein.
Dieß **Fingerchen** das **kleinste** ist,
Die Fingerzahl gar fein beschließt.
Und wie verschieden nun auch ihre Gaben sind,
So sind sie einig doch beisammen, liebes Kind.

Sinne von Freud – Seelenbildung, weil „in dem Sehsinn recht eigentlich die Seele, das eigentlich Sehende des Menschenwesens, oder vielmehr dessen Wesen als ein sehendes und Seele“ liegt (Seidel 1883, 173). Die Pflege des Auges ist daher immer zugleich auch eine Ahnungs- bzw. Phantasiepflege, und daher darf es nicht gleichgültig sein, welche Bilder oder Gegenstände bzw. soziale Situationen dem Kinde vor Augen geführt werden.

Früh soll auch die Farbunterscheidung geübt werden. So lernt das Kind durch den weichen Ball die Grundfarben kennen, und Fröbel setzt damit einen ersten Anfang für die Ausdifferenzierung des Farbsinnes beim Säugling. Damit legt Fröbel die Grundlagen für die Ausbildung der Farbauffassung bis hin zur späteren bewußten Farbgestaltung. Für diesen Zweck richtete er für die älteren Kinder Unterrichtsstunden zur Entwicklung des Farbensinnes ein, deren letztes Ziel es war, entsprechend den Farbgesetzen „zur selbsttätigen freien Erfindung von Farbganzen“ zu befähigen (Me, 213). Der phantasiebestimmte sog. kreative Umgang mit Farben ist also bei Fröbel eine späte Höchstform.

Die Entwicklung des Formensinnes setzt bei Fröbel schon beim Ball, dann bei Kugel, Walze, Würfel und Kegel ein, und sie erreicht ihre volle Ausdifferenzierung in den weiteren Spielgabensystemen.

4. Gefühls- und Sozialbildung

Nach Fröbel ist der Tätigkeitstrieb ein „Gesellungstrieb“, d.h., durch Tätigkeit und vor allem im Spiel des Kindes entstehen und begründen sich die Lebensgrundgefühle und die sozialen Verhaltensformen.

Vertrauen

Gefühls- und wie Fröbel sagt, Gemütspflege sowie die Entwicklung eines stabilen Vertrauens sind Hauptaufgaben der Früherziehung und die Grundforderung Fröbels an Eltern und Erzieher: „Dieses Vertrauen, die Zuversicht und Sicherheit ... müssen Eltern ... mit der größten Sorgfalt dem Kinde zu erhalten suchen und dies um so mehr, als es noch ein unbewußtes, unerstarktes und unbefestigtes ist“ (II, 127).

Der Pflege dieses – wie Ericson sagt – „Ur-Vertrauens“ in die Welt und des Selbstvertrauens sind u.a. die Mutter- und Koselieder gewidmet. Aber auch die Spielgaben, die Beschäftigungsmittel und die Bewegungsspiele dienen immer auch der Entwicklung und Pflege des Vertrauens. Im pflegenden und mitspielenden Umgang mit dem Kinde, in ihrer liebenden Umsorgung baut die Mutter im Kinde das Gefühl des Vertrauens als eine Lebensgrundgestimmtheit auf. Dieses Gefühl ist sozusagen seine erste Selbst- und Lebenswahrnehmung, denn das Kind nimmt nach Fröbel „zuerst sein Leben als inneres und innerstes“, also gefühlsmäßig, wahr durch die von der Mutter erzeugte Geborgenheit, das Gefühl der Wärme und des Schutzes (II, 84). Das Erscheinen der Mutter und die damit verbundene Zuwendung verbindet das Kind mit dem Leben, einigt es mit der Umwelt. Diese erste Form der gefühlsmäßigen, anpassenden Lebenseinigung ist der Grund und Boden der gesunden kindlichen Entwicklung.

Im sog. „Versteckspiel“ erprobt das Kind sein Sicherheitsgefühl und Vertrauen in sein erlerntes Verhalten, in die Umwelt, von dem es bereits auf dieser frühen Stufe ein erstes Bewußtsein hat, in dem es sich durch das kurze Entfernen von der Mutter bzw. das Verstecken vor der Mutter seines Sicherheitsgefühles, seines Selbstes zu vergewissern sucht. Fröbel mahnt die Mutter zur bedachten und bewußten Pflege dieses Spieles. So beinhaltet das Spiel für das Kind auch die Zumutbarkeit einer allmählichen Trennung.

Selbstsicherheit – Selbstvertrauen

Im Bewußtsein der grundlegenden Bedeutung der Vertrauenserziehung wendet sich Fröbel mahnend an die Eltern, in deren Hände diese Erziehung ja wesentlich ruht, denn dieses „einigende Vertrauen kann nicht früh genug gepflegt werden, damit daraus später echtes Selbstvertrauen hervorwachse“ (II, 53). Gerade durch die Spielerziehung wächst dieses grundlegende Selbstvertrauen, weil das Kind durch den tätigen Umgang mit Gegenständen und gestaltbaren Materialien seine Handfertigkeiten durch „freie selbsttätige Ausführung (Spiel III, 49) grundlegendes Vertrauen in seine Geschicklichkeit erfährt und sich dieses Selbstvertrauen durch Selbsttätigkeit steigert. Können und Selbstvertrauen bedingen sich also gegenseitig. Sie sind daher auch ein Fundament der Spielfähigkeit des Kindes und damit auch für die soziale Integration. Für Fröbel ist daher das Vertrauen eine „Quellforderung, das Quellbedürfnis, aus

Guckguck!

„Was auf dieser Kindesstufe
Ist dem Kind der Mutter Guckguckruf,
Ist auf höherer Entwicklungsstufe
Einst dem Kindchen der Gewissensruf:
Hört's den leisen Schlag,
Folgt ihm willig nach,
Läßt's sein Herzchen nicht allein:
Fröhlich wird's dann stets mit ihm beisammen sein,
Als das schönste Lebens-Ein."

„Guckguck! Guckguck!"
Der Kuckuck ruft das Kindchen;
„Guckguck! Guckguck!"
Ruf' ihn doch auch geschwindchen;
„Guckguck! Guckguck!"
Der Kuckuck ist so ganz allein,
„Guckguck! Guckguck!"
Er möchte gern beim Kindchen sein,
„Guckguck! Guckguck!"
Jetzt hat ihn gefunden mein Kindchen klein,
Nun können sie fröhlich beisammen sein.

Guckguck.

(Tafel 51.)

„Aber warum nun das Guckguckspiel?“ — sagt vielleicht Jemand, welcher der Kinder so tief sinn- und bedeutungsvolle Spiele nur äußerlich betrachtet; „warum uns noch das Guckguckspiel? — ist dieß denn etwas anders als das blose Versteckspiel, wobei ich nur eben Guckguck sage?“ — Wohl ist es etwas ganz Anderes, wenn auch jenem innig Verwandtes; es ist eine Erweiterung eine Fortentwickelung des Versteckspiels; wie denn auch wirklich das eigentliche Guckguckspiel in der Reihe der Kinderspiele später eintritt, als das reine Versteckspiel. Was ist denn nun aber der Unterschied zwischen beiden, und was ist denn das Wesen der Fortentwickelung in diesem? — Beachte Deiner Kinder Spiel nur genauer, sinnige Mutter! und Du wirst den Unterschied leicht finden. Im ersteren erscheint Trennung und Einigung mehr geschieden, gleichsam um sich beider um so mehr und klarer bewußt zu werden; bei dem letztern, bei den Guckguckruf sind beide gleichsam vermittelt. Es ist Einigung in der Trennung, und Trennung in der Einigung, was das Guckguckspiel zu einem so eigenthümlichen, dem Kinde in dieser Eigenthümlichkeit zu einem so lieben Spiele macht. Gefühl und Bewußtsein der Einigung in der Trennung, und der Trennung d. i. der Persönlichkeit in der Einigung, das ist aber auch das Wesen, die tiefe Grundlage des Gewissens. Und so kommt in dem heitern Guckguckspiel und Rufe dem Kind schon des Gewissens Ruf. Und wohl, Heil und Seegen, Friede und Freude dem Kinde, welchem durch sein ganzes Leben hindurch der heitere Gewissensruf die Vorahnung baldiger höherer Seelen- und Geisteseinigung, Einigung selbst mit dem Höchsten ist! nun im Gefühl und Bewußtsein, nie wieder getrennt zu werden. Klar steigt dann die höhere einigende Lebenssonne herauf, — wie auf diesem Bilde über dem Haupte der Mutter, um gleichsam sie und die beiden spielenden Kinder im höheren Lichte zu einigen — um nie wieder unterzugehen.

„Wüßt ich, lieb' Mutter, nur Etwas gewiß";
„„Hör' auf Dein Herzchen, Du weißt's dann gewiß:
Weißt ja gewißlich, das Gutsein still Freude Dir macht;
Achte nur darauf, was innige Freude Dir sagt;
Weißt, daß der Eltern lieb' Kindchen Du bist,
Weißt selbst, daß Gott Dein Vater auch ist.
Mußt nur dieß Wissen recht rein in Dir pflegen,
Liebe und Treue und Dank in Dir hegen.""
„O Mutter, lieb' Mutter, das weiß ich gewiß,
Nur Du auch, lieb' Mutter, mein nimmer vergiß."

welchem alles Übrige hervorfließt, ist Zutrauen, Zutrauen zu sich, Zutrauen zu anderen, und Zutrauen anderer zu ihm" (I, 1, 224). Vertrauenserziehung beruht also nach Fröbel auf einem Wechselverhältnis von liebender pädagogischer Zuwendung des Erwachsenen zum Kinde und der Entwicklung von Gefühlen der Sicherheit und des Könnens durch Selbsttätigkeit beim Kinde. Vertrauensentwicklung bedeutet aber auch, daß das Kind ein bestimmtes Verhalten und bestimmte Fähigkeiten und Leistungen zeigen muß, damit es das Vertrauen auch anderer Kinder und Erwachsener verdient und so erwerben kann (Seite 49 bis 51).

5. *Willensbildung*

Der Wille als eine koordinierte Kraftbündelung ist eine Zentrierung der gesamten Person zur Erreichung eines gesteckten Zieles. Willensbildung ist eine durchgehende Erziehungsaufgabe nach Fröbel, der den Willen wie folgt definiert: Er ist „die mit Bewußtsein immer von einem bestimmten Punkte aus, in einer bestimmten Richtung zu einem bestimmten bewußten Ziele und Zwecke gehende, mit dem Gesamtwesen des Menschen in Übereinstimmung stehende Geistestätigkeit" (Me, 59).

Willenserziehung bedeutet, dem Kinde Materialien, Anleitungen und Aufgaben zu geben, durch die es aus der angeborenen „Unbehilflichkeit" heraus zur freien Selbstbestimmung und zur Beherrschung und Lösung schwieriger Probleme und Aufgaben und also auch zur Lern- und Arbeitsfähigkeit gelangen kann. Sie beginnt bei den Spielen mit den weichen Wollbällchen, wo das Kind seine noch unbewußten Willenskräfte übt, indem es nach den Bällen greifen lernt, bis hin zu den nachahmenden Finger- und Bewegungsspielen, in denen das Kind spielerisch kleine Aufgaben löst und somit seinen Willen übt. Deutlicher wird die Willenserziehung bei den Spielgaben, in denen das Kind nach seinen Vorstellungen, also willensmäßig, kleine Bauwerke errichtet und somit willensmäßig seine Vorstellungen in die Realität zielorientiert umsetzt.

Pflichterziehung

Willenserziehung vollzieht sich nach Fröbel aber auch durch die Übernahme kleinerer Pflichten in Haus und Garten. Die Erziehung zur Pflichterfüllung ist daher für Fröbel immer auch eine Willenserziehung. So hat nach Fröbel „jedes Alter ... mit Bestimmtheit und ohne allen Erlaß etwas zu pflegen, hat somit seine Pflichten, also auch das Kindesalter; wohl ihm, wenn es demselben gemäß zu handeln, auch noch unbewußt, schon geführt wird" (D 201 f.).

Der Kindergarten und die entsprechende Früherziehung sind also nach Fröbel keine heile Welt eines Kindergartenidylls vertraut spielender Kinder ohne Forderungen oder Pflichten, sondern der entscheidende Lebensabschnitt, in dem Kinder auch durch Willens- und Pflichtübungen die psychischen Grundlagen der Selbstbeherrschung und der Arbeits- bzw. Lernhaltung entwickeln müssen.

6. *Aufmerksamkeits- und Konzentrationsbildung*

Im engsten Zusammenhang mit der Willenserziehung stehen Aufmerksamkeits- und Konzentrationsbildung. Konzentration ist eine bewußtseinsgelenkte und auswählende Tätigkeit des Geistes und Willens, der auf ein Ziel oder eine Tätigkeit gerichtet ist.

Auch die Übungen zur Konzentrationsbildung beginnen schon früh mit den Wollbällchen, auf die das Kind seinen Blick richten soll und mit deren Hilfe der Erzieher das geistige „Leben ... erregen" soll (II, 56). Diese Konzentrationsübungen werden fortgesetzt durch Beobachtungen der rollenden Kugel, z.B. in einer Schüssel, in den Finger- und Bewegungsübungen der Mutter- und Koselieder, hier vor allem durch die Hinführung zur konzentrierten Selbstwahrnehmung der eigenen Funktionen und Kräfte. Ein anderer Schwerpunkt der selbsttätigen Konzentrationsbildung sind die Spiele mit den Spielgaben. So berichtet Fröbel über ein Konzentrationsphänomen mit diesen Gaben: „Kinder zwischen 2 bis 3 Jahren haben sich ... wohl eine Stunde lang ganz still und immer verändernd tätig, mit dieser Gabe beschäftigt, bis sie endlich ganz sanft dabei einschliefen. Ja, diese Kinder waren z.T. so sinnig in ihr stilles Spiel vertieft, daß es immer störend wirkte, wenn jemand, selbst helfend oder klärend, eingreifen wollte" (Spiel III, 58). Neben die notwendige Spielanleitung und -führung gehört also auch die Spielfreiheit.

Konzentration – Bewegung – Nachahmung

Auch die Bewegungs- und Nachahmungsspiele dienen der Konzentrationsbildung, weil besonders bei diesen Spielen vorgestellte Bewegungen, wie z.B. die eines Fisches, nachgeahmt und umgesetzt werden müssen. Ihre prinzipielle Bezogenheit auf einen vorgestellten Gegenstand und ihre damit durchgängige Zielgerichtetheit des Bewußtseins erfordern und beanspruchen Aufmerksamkeit und Konzentration, um z.B. einen Gegenstand oder eine Bewegung durch den eigenen Körper als Spielgegenstand vollkommen darzustellen. Auch hier ist es notwendig, eine objekt- und zielbezogene, koordinierte Einheit aller leiblichen und geistigen Funktionen herzustellen, damit ein Darstellungs-, Bewegungs- oder auch Rollenspiel gelingt.

7. Sachlichkeitsbildung

Grundsätzlich gilt bei Fröbel der Vorrang der Sacherkenntnis vor der Worterkenntnis, d.h., ein objektives Bewußtsein entwickelt sich am besten an einer „rein unpersönlichen Sache", also an der Objektivität der Natur- und Lebensrealitäten (Lück 1929, 75), die dem Kinde durch den Erzieher in angemessener Weise vermittelt werden müssen.

So ist der Ball ein erster Repräsentant der Sachwelt und der Objektivität. Nach Fröbel entwickelt sich die Sachlichkeit als eine Grundhaltung durch den Umgang mit verschiedenen Wirkungs- und Materialqualitäten. Fröbel faßt dies in folgende Worte: „Stoff, Form und Gestalt, Größe, Beweglichkeit wie Ruhe, alle Arten der Bewegungen wie alle Arten der Raumesverhältnisse, nicht minder der Zeit, auch der Lichterscheinungen und selbst der Farbe ..." (II, 563). So sollen die Eltern dem Kinde schon in den ersten Monaten einen Gegenstand in die Hand geben oder z.B. einen Käfig mit einem Vogel zeigen, und zwar „in der natürlichen Gesichtslinie", damit das Kind nicht sich selbst überlassen und „geistig untätig" ist und dadurch von vornherein in seiner geistigen Entwicklung geschwächt wird (Me, 34). Die Erziehung zur Sachlichkeit setzt sich durch das Spielgabensystem fort. Die produktiven, stark auf Arbeitserziehung weisenden Beschäftigungen, wie z.B. Flechten, Zeichnen, Tonarbeiten, das Bauen mit den Materialien usw. zielen zur Entwicklung der Sachlichkeit und der damit verbundenen und notwendigen Fertigkeiten.

Analyse, Synthese und Konstruktion

Die eigentümlich Fröbelsche Auffassung von Sachlichkeitserziehung als Zerlegung, Elementarisierung der Realität und zugleich Neukonstruktion durch das Nachbauen kommt besonders prägnant beim geteilten Würfel in der Darstellung der Lebensformen zum Ausdruck. Im Nachbauen der Gegenstände aus der kindlichen Erfahrungswelt erfährt das Kind nicht nur elementare Gesetze der Statik, Geometrie und Arithmetik, denen es sich unterzuordnen und die es zu gebrauchen lernt, sondern – und das scheint besonders wichtig zu sein – in der symbolischen Darstellung – d.h. nicht im realistischen Kopieren – vollzieht sich ein Abstraktionsprozeß, in dem das Kind wesentliche Elemente erfassen, verinnerlichen und in einem schöpferisch-gestaltenden Akt darzustellen lernt und so zum Vergleichen gelangt. Somit ist Erziehung zur Sachlichkeit immer auch eine Denkerziehung durch einen kreativen Akt.

Didaktische Felder der Mutter- und Koselieder

Betrachtet man die Mutter- und Koselieder unter dem Aspekt der Sachlichkeitserziehung, so werden leicht wenigstens drei große Themenbereiche sichtbar, die zugleich ein Fröbelsches Konzept früh-

Patsche-Kuchen.

„Mag auch wohl ein höh'rer Sinn
In dem Patsche-Kuchen liegen? —
O, wohl liegt er klar darin:
Willig muß sich Mehres fügen,
Jeder auch zu rechter Zeit
Sein an seinem Theil bereit,
Soll das Werk gelingen
Und uns Freude bringen."

Kindchen! wollen es versuchen,
Uns zu backen einen Kuchen:
Patsche, patsch' den Kuchen glatt,
Der Bäcker sagt: „Nun ist es satt,
Bringt mir doch den Kuchen bald,
Sonst wird ja der Ofen kalt." —
„„Bäcker! hier ist mein Kuchen fein,
Back' ihn schön für mein Kindchen klein.""
„Bald soll der Kuchen gebacken sein,
Tief in den Ofen schieb' ich ihn ein."

Vogelnest.

„Kindeslieb' im Bilde zu erblicken,
Siehst Du schon das Kind erfreun;
Willst Du drum Dein Kind beglücken,
Mach' das Bild ihm oft erneun;
Daß das, was im Leben wahr,
Werd' auch im Gemüth ihm klar."

In die Hecke, auf die Aestchen
Baut der Vogel sich ein Nestchen;
Legt hinein zwei Eierlein,
Brütet draus zwei Vögelein:
Rufen die Mutter: „pip, pip, pip!
Mütterchen, Du bist uns lieb!"

kindlicher Sacherziehung darstellen. Denn ein Drittel der Lieder hat die Arbeitswelt, die Natur und die Tiere zum Inhalt. Etwa ein Fünftel der Lieder gilt dem Sozialen, das durch die Familie und Kirchengemeinde exemplarisch erschlossen werden soll. Dem Gemüt und dem Charakter, dem Bereich der Religion und Gott ist ein letzter Teil der Lieder gewidmet (Seite 55 und 56).

Zur Veranschaulichung der Erziehung zur Sachlichkeit in den Spielliedern mag das weithin bekannte „Patsche-Kuchen"-Lied dienen. Wir beachten dabei nicht nur den curricularen, sondern auch den didaktisch-methodischen Aspekt. Demnach kann das Kind bereits im frühesten Alter zur Sachlichkeit geführt werden.

Aufschlußreich ist auch der symbolische Bildaufbau dieses Liedes. Die untere Hälfte zeigt die Mutter mit dem Kind auf dem Schoße in der realen Arbeitswelt, d.h. in der Backstube, wodurch das Fundamentale symbolisiert wird. Darauf bauen sich links und rechts neben dem Text fialenartig zwei weitere Bilder auf, wobei das linke eine häusliche Backszene und das rechte eine Kinderszene darstellt, in der Kinder das Backen der Erwachsenen spielend-nachahmend darstellen. Den Abschluß und zugleich eine Synthese bilden die das Backen symbolisierenden Hände.

8. Phantasiebildung

Die Phantasie ist nach Fröbel keine sich selbst genügende, sachleere Selbstbeschäftigung, sondern an Sach- und Realitätserfahrung, an Ordnungskategorien und Gesetzmäßigkeiten gebundene Form des Denkens. Ohne diese Bedingungen kann sich das Kind seelisch-geistig und sozial nicht voll entwickeln und daher auch nicht zum vernunftbestimmten und kreativen Handeln entwickeln. Der kindlichen Phantasie müssen also Entwicklungshilfen, Sach-, Selbst- und Sozialerfahrungsmöglichkeiten gegeben werden, an denen sie sich entwickeln und ihre volle Wirksamkeit – z.B. als künstlerische Kreativität – entfalten kann.

Der kindlichen Phantasie also einen entwicklungsgemäßen Gegenstand oder eine entwicklungsgemäße Sach- oder Selbsterfahrungsmöglichkeit zu geben, bedeutet daher nach Fröbel, seinen „Geist befreien von dem nach innen qualvoll, nach außen hin vernichtenden und zerstörenden, mindestens verwirrenden, gehalt- und gestaltlosen, leeren wie maßlosen Einbildungs- und Phantasieleben" (II, 263).

Demnach muß die Bildung der Phantasie früh beginnen, indem dem Kinde „Wege und Mittel“ (Me 8) gewiesen und gegeben werden, durch die und an denen sich die Phantasie entwickeln kann.

Die systematische Phantasiebildung beginnt bei der Pflege der angeborenen Ahnungskraft auf der frühesten Entwicklungsstufe. Hier gibt Fröbel dem Kinde den Ball und die sich daran systematisch anschließenden differenzierten Spielgaben, durch die das Kind ein Gegenstandsbewußtsein aufbaut, d. h. ein Material für die Geistestätigkeit und sein Vor- und Darstellungsbedürfnis sowie zur Übung seelisch-geistiger und sensomotorischer Grundkräfte: Greifen und Loslassen, Farben- und Formenunterscheiden usw.

In den Mutter- und Koseliedern werden solche Übungen dargestellt und fortgesetzt. Der Phantasie muß auch die weitere Lebensrealität gegeben und erschlossen werden, die über das Spielmaterial hinausgeht. Dies erfordert nach Fröbel eine didaktisch verantwortliche Auswahl und Entscheidung. So fordert Fröbel ja auch die „Reinhaltung der Phantasie“, d. h., nicht alles kann dem Kinde gegeben werden und auch nicht alles zu jeder Zeit. Gerade auf der frühen Entwicklungsstufe ist es „hochwichtig für des Menschen gegenwärtiges und zukünftiges Leben, daß (es) ... nichts Krankes, Niederes, Gemeines, nichts Zweideutiges, ja Schlechtes einsauge“ (Me, 22).

Phantasie und Spielgaben – kreative Gestaltungskräfte

Mit den Spielgaben will Fröbel der Phantasie als Darstellungs- und Vorstellungstätigkeit Materialien geben, die den sich entwickelnden und differenzierenden Kräften entsprechen. Das Kind muß also Materialien vorfinden, durch die es einfache Vorstellungen und Sinngestaltungen umsetzen und vornehmen kann. Daher ist nach Fröbel dem Kinde dasjenige Spielmittel am liebsten, „durch welches und mit welchem es am meisten gestalten und ausführen, d. h. in sich die meisten und befriedigendsten Vorstellungen, Einbildungen und Phantasien so lebendig hervorrufen kann, als schaue es dieselben, wenn auch in den unvollkommendsten Umrissen und Darstellungen, wirklich in sich und außer sich“ (II, 262). D. h., es muß Materialien haben, an denen es Vorstellungen nach Maßgabe seiner Kräfte außer sich darstellen und materialisieren kann. So ergibt sich für das Kind die Möglichkeit zu einem sich korrigierenden Wechselspiel – einer Reflexion – zwischen Vorstellung und selbstgestalteter Realität. Dies ist ein geistiger Grundprozeß.

Die von Fröbel entwickelten Lebens-, Schönheits- und Erkenntnisformen im Spielgabensystem ermöglichen es dem Kinde, eine unendliche Vielzahl von Vorstellungen umzusetzen und so seine geistigen und sensomotorischen Kräfte zu üben.

Zu diesen entwicklungsgemäßen Übungen gehört auch das Zeichnen, „weil dabei mit der geringsten Überwindung des Stoffes sich am leichtesten und schnellsten erkennbar zeigen läßt, was das Kind aus sich darstellen, schaffen möchte“ (II, 358).

Phantasie und Nachahmung

Einen engen Zusammenhang sieht Fröbel zwischen Phantasie und Nachahmung. Bei der Phantasieerziehung ist darauf zu achten, daß Nachahmung zwar ein wichtiges und notwendiges Verfahren ist, aber die „Selbst- und Neuerfindung“ neuer Gestaltungen absoluten Vorrang hat, denn „Nachahmen bewirkt gar zu leicht Schwäche ... deshalb fordern wir auch immer zuerst Selbstschaffen, dann erst prüfendes Nachbilden“ (Spiel III, 54). Spielmethodisch bedeutet dies, dem Kinde Anleitung durch „musterhaftes“ Vormachen zu geben, aber der kindlichen Darstellungsfreiheit den Vorrang einzuräumen.

Phantasie und Kunst

Fröbel widmet sich auch dem Zusammenhang von Phantasie und Kunsterziehung. Der im künstlerischen Handeln wirkenden Phantasie „liegen zwar ganz einfache allgemeine Denk- und Lebgesetze ... zugrunde“, deren Wirksamkeit oder „Übertragung“ sich bei der Hervorbringung von Kunstwerken aus der Phantasie allerdings „gar nicht nachzuweisen, sondern nur zu ahnen sind“ (AS, 104).

Fröbel möchte mit seiner umfassenden Grundbildung der Phantasie dem Kinde die Wege zum künstlerischen Ausdruck erschließen. Daher gehört nach Fröbel auch die Begegnung des Kindes mit der Kunst zur Phantasieerziehung, denn „aus dem Kunstwerke können die Denk- und Empfindungsvermögen und Gesetze des Menschen überhaupt sowie der Ausbildungsgrad derselben bei jedem einzelnen schaffenden Menschen von dem strengen, scharfen Blick erkannt werden ...“ (Me, 91), d.h., durch die Kunstbegegnung und die Auseinandersetzung mit ihr kann und soll sich das Kind seinen eigenen künstlerischen Sinn entwickeln können.

Echte Kunst und nicht „mechanische Machwerke“ (Me, 93) kann beim Kinde bildende Wirkungen ermöglichen: „Wir beeifern uns, den Geist, das Leben und Streben usw. von Menschenwerken kennenzulernen; wir studieren Menschenwerke und mit Recht: der unterentwickeltere, reifende Mensch soll an der Entwicklung gereifter Menschen emporwachsen ... Und dazu sollten wir uns auch ... dadurch aufgefordert fühlen, daß echte Menschenkunstwerke, Menschenwerke, aus dem sich der reine Geist des Menschen, der Geist Gottes rein ausspricht, nicht für jeden und in jedem Verhältnisse leicht und in jedem Augenblicke sogleich zu haben sind ..." (Me, 94).

Kunstbegegnung

Die Hinführung zur Kunst und zu künstlerischer Tätigkeit ist also bedingt durch die Bildung der Phantasie und aller Kräfte zur Vorstellungs- und Ausdrucksbildung. Dazu gehört eine entwicklungsgemäße Begegnung mit der Kunst und ausgewählten Kunstwerken. Ob sich aber damit schon notwendigerweise ein Künstler entwickelt, bleibt nach Fröbel offen, so notwendig die Kunstbegegnung und -erziehung auch ist, um den in der Kunst wirkenden Geist der Menschen und Gottes wahrzunehmen.

9. Die Bedeutung der mitspielenden Erwachsenen

Das Kind in seiner „Unbehilflichkeit" verlangt nach dem Erwachsenen, der es „nicht dem blinden Zufalle, dem Ungefähr preisgeben" darf (I, 1, 465). Denn – so Fröbel weiter – das Kind wächst nur „an der Entwicklung gereifter Menschen empor" (I, 1, 113). Der Erwachsene gibt und ermöglicht dem Kinde durch seine Zuwendung überhaupt erst Kindheit. Durch den mitspielenden Erwachsenen geht die erste und wichtigste Lebenszeit des bewußtwerdenden Menschen als Kind nicht verloren, und sein Leben zerfließt nicht in „Unbestimmtheit und Untätigkeit" (Hoffmann 1944, 28), weil das Kind durch den bewußtgewordenen Erwachsenen „geführt und beschäftigt" werden muß (Hoffmann 1944, 28).

Zuwendung, Führung und Beschäftigung

Wenn das Kind diese pädagogische Zuwendung und Führung nicht erfährt, wenn es nicht lernt an einem „äußeren Werk, so klein es auch immer sei", seinen Tätigkeits- und Bildungstrieb zu entwickeln, dann kann später „ein solches Kind nicht einmal spielen ... auch wenn ihm die Mittel und die Zeit dazu gereicht werden" (II, 329ff.). Aus dieser Erfahrung heraus sah sich Fröbel bei manchen Schülern veranlaßt, sie „wirklich spielen zu lehren, und dieses Spielenlehren und Spielenlernen für die ordentlich an feste Stunden und an einen, wenn auch freien, doch vom einfachen zum zusammengesetzten fortschreitenden ... und bestimmten Lehrgang zu knüpfen" (I, 1, 330). Der späte Zeitpunkt einer solchen Spiel-Therapie war Fröbel klar bewußt, und darum forderte er die Eltern auf, „früher den Tätigkeitstrieb ihres Kindes (zu) befriedigen und (zu) leiten" (I, 1, 331).

Die mitspielenden und den Tätigkeitstrieb des Kindes anregenden, beobachtenden und leitenden Eltern sind die Grundbedingung dafür, daß die fruchtbaren und das ganze spätere Leben bestimmenden Wirkungen des Spiels zutage treten, denn „das Spiel dieser Zeit ist ... nicht Spielerei; es hat hohen Ernst und tiefe Bedeutung; pflege, nähre es, Mutter, schütze, behüte es, Vater!" (Me, 36). Nur wenn sich der Erwachsene dem Kinde so zuwendet und den kindlichen Tätigkeitstrieb zum Spiel entwickeln hilft, kann das Spielen letztlich „die höchste Stufe der Kindesentwicklung, der Menschenentwicklung dieser Zeit" werden (Me, 36).

Mitspielen – das Kind verstehen lernen

Im Spiel offenbart das Kind dann sein Innerstes. Es erscheint „als Spiegel seiner Innen- und Umwelt, und es ist namentlich auf der Kinderstufe ein ... Spiegel" seines Seelenlebens (II, 148).

So gibt das frei tätige Kind dem Erwachsenen im Spiel die „Fingerzeige zur richtigen Erfassung und Behandlung" des Kindes (Me, 271). Zwischen Kind und Erwachsenem entwickelt sich so eine produktive Wechselwirkung, die sich sowohl positiv auf das Kind als auch auf den mitspielenden Erwachsenen auswirkt. Vom Spiel mit dem Kinde bleibt der bewußt und aufmerksam mitspielende und beobachtende Erwachsene nicht unberührt. Er empfindet „Lebensfreude", und er erringt „Lebensfrieden", d.h., im Spiel mit dem Kinde findet auch der Erwachsene Erfüllung. Darüber hinaus wird das Spiel für den „denkenden Mitspielenden ein Vergleichungs- und Anknüpfungspunkt für alles, was das Leben zeigt, und darum der vermittelnde Weg oder die verbindende Brücke zum Innern des Kindes zum Äußern des Lebens, und vom Äußeren und den Erscheinungen des Lebens wieder zurück zum Innern, zum Gemüte und Geiste, zum Leben des Kindes selbst“ (II, 148).

Nicht mitspielen kann also bedeuten, das Kind mißzuverstehen und zur Entfremdung vom Kinde führen, so wie umgekehrt für das die Eltern mißverstehende Kind eine zunehmende Entfremdung von den Eltern bedeuten kann.

Methodik und Umgangsformen beim Spiel mit dem Kind

Der Erzieher soll sich so oft wie möglich mit dem Kind beschäftigen, ohne sich jedoch dem Kinde aufzudrängen. In das Spielgeschehen soll der Erzieher nur dann eingreifen, wenn das Kind dazu ihn auffordert bzw. wenn sein Spiel das Kind nicht weiterführt. Die Art des Eingreifens soll dann sowohl vorschreibend als auch nachgehend sein, da sich jede Erziehung nach Fröbel dialektisch vollziehen soll: „Gebend und nehmend, vereinend und zerteilend, vorschreibend und nachgehend, handelnd und duldend, bestimmend und freigebend, fest und beweglich“ (Me, 15), damit das Kind nach dem „ewigen Gesetze, mit Freiheit, Selbstbestimmung und Selbstwahl“ sich entwickeln kann (Me, 14).

Konkret bedeutet dies, daß der Erzieher dem Kinde zunächst ein „musterhaftes“ Spiel vorführt und dem Kind einen Weg bzw. das Wie des Spieles zeigt. Weiterhin bedeutet dies, daß der Erzieher das Spiel des Kindes erfassen, durch geeignete Spielmittel unterstützen und anregen soll, um eine Weiterentwicklung des Spiels und der kindlichen Persönlichkeit zu ermöglichen. Alle Erziehung im Spiel soll in Ruhe und Geduld und mit Sorgfalt und Mut geschehen, damit das Ziel – die vollkommene Entwicklung des Kindes – erreicht wird. Fröbel gibt dem Erzieher durch Ablenkungsanregungen auch Hilfestellungen für Situationen, in denen das Kind mißgelaunt ist und in denen vom Erzieher besonders viel Geduld und Ruhe verlangt wird (vgl. I, 118). Außerdem verweist er den Erzieher auf den Sinn seiner Mühen, der über den Tod hinaus bestehen bleibt und auf den Lohn, den er dafür erhält: „So wird auch wahre Liebe und Dankbarkeit gegen Eltern, Achtung und Ehrerbietung gegen das Alter dem Gemüte derselben entkeimen“ (Hoffmann 1947, 71).

10. Mutter- und Koselieder

Die Früherziehung knüpft am Tätigkeits- und Bildungstrieb des Kindes an, und systematische Spielpädagogik ist nach Fröbel die Grundform der Früherziehung.

Fröbel entwickelte dafür sowohl eine umfassende Spieltheorie einschließlich einer didaktisch-methodischen Anleitung als auch ein entsprechendes Spielgaben- und Beschäftigungssystem für 0 bis 6jährige. Rückblickend auf das bisher schon Gesagte hat dieses System folgenden Aufbau (Seite 64):

Mutter- und Koselieder
Gegenständliche Spielgaben und Beschäftigungsmittel
Turn- und Bewegungsspiele
Ein Garten für Kinder

Mit den Mutter- und Koseliedern legte Fröbel 1844 eine bis heute unübertroffene systematisch angelegte Früherziehungslehre vor. Sie setzt bei der Eltern- und speziell Mutterbindung an und dient zuerst „zur Erfassung und zum Bewußtwerden des Wesens und der Bedeutung des Kindes für die Mutter und Pflegerin wie für die umgebenden Glieder des Hauses“ (Hoffmann 1944, 29f.).

Der Aufbau dieser Früherziehungslehre folgt der Entwicklung der Sensumotorik und des sich bewußter werdenden kindlichen Geistes wie der ganzen Persönlichkeit in drei Stufen:

1. Stufe: Unbewußte und undifferenzierte Einheit von Subjekt und Objekt.
2. Stufe: Subjekt-Objekt-Trennung und Bewußtwerden der Einzelheiten. Das Kind differenziert die Welt der toten Gegenstände und der lebenden Gegenstände sowohl in der Natur als auch in der Umgebung des Kindes.
3. Stufe: Bewußtwerden der Einheit der Natur, des Lebens und der Schöpfung. Das Kind bildet aus den Einzelheiten bzw. Mannigfaltigkeiten zunehmend bewußter einen umfassenden Sinnzusammenhang und ein zunehmend geordneteres Lebensbewußtsein.

Dementsprechend hat Fröbel auch die Spiellieder in verschiedene, doch zusammengehörige Komplexe aufgeteilt:

Kommt, laßt uns unsern Kindern leben!

Mutter- und Kose-Lieder,

wie auch

Lieder zu Körper-, Glieder- und Sinnenspiele

Zur

frühen und einigen

Pflege des Kindheitlebens.

Ein Familienbuch

von

Friedrich Fröbel.

„Gar hoher Sinn liegt oft im kind'schen Spiel."

Mit Randzeichnungen, erklärendem Texte und Singweisen.

Blankenburg bei Rudolstadt,

die Anstalt zur Pflege des Beschäftigungstriebes der Kindheit und Jugend.

Spiellieder
- mit Gegenständen aus der Natur (Tiere, Steine, Pflanzen usw.),
- mit sozialen Situationen,
- aus dem beruflichen und ökonomischen Bereich (Mensch als Schöpfer der „zweiten Natur“ bzw. Kultur),
- aus dem kosmischen Bereich (Sonne, Mond und Sterne usw.),
- aus dem religiösen Bereich.

Hinsichtlich der Bildungsbereiche sind die Spiellieder wie folgt didaktisch ausgerichtet*.

- Bewegungserziehung
- Bildung des Ich-, Raum-, Gegenstands- und Zeitbewußtseins
- Sinnesbildung (Riechen, Schmecken, Tasten, Sehen, Hören usw.)
- Sprach-, Denk-, Gefühls- und Willensbildung
- Sozialerziehung
- Hygiene
- Ernährung
- Sexual- bzw. Schamerziehung.

Erziehung als Dialog

Auf diesen spielgebundenen Dialog legt Fröbel besonderen Wert, denn „es eröffnet Euch das Innerste Eurer Kinder, lehrt Euch sie kennen; lehrt Euch kennen, was von der Außenwelt sie am meisten, warum und in welcher Gestalt es sie am stärksten anzieht. Das Spiel lehrt Euch so kennen, wie Euer Kind die Außenwelt in sich aufnimmt, dieselbe in sich fortbildet und in die Entwicklung seines Innern eingreifen läßt; so wie es ganz vor allem Euch mit Eurem Kind einigt“ –, also Lebenseinigung im Spieldialog mit dem Kind herstellen hilft (Spiel I, 17).

* *Anmerkung zur Anwendung und Methode der Spiellieder:* Die Anwendung erfolgt nach einer pädagogischen Erläuterung für die Mutter im Anhang der Mutter- und Koselieder. Dort finden sich neben diesen Erläuterungen zu Text und Bild auch Notentexte für die Lieder.

Der didaktisch-methodische Aufbau der Spiellieder besteht aus einem Text in Versform, der von einem Bild im romantischen Zeichenstil umrahmt ist und den Bildtext veranschaulicht. In einem Vorspann in Versform wird kurz der pädagogische Schwerpunkt des Spielliedes dargestellt, dem dann das Spiellied für das Kind folgt. Text und Bild betrachtet Fröbel als eine didaktische Einheit, die zum Betrachten, Spielen und Erzählen bzw. zum Dialog zwischen Mutter und Kind anregen soll.

In methodischer Hinsicht beachten die Spiellieder alle pädagogischen und didaktischen Prinzipien, wie sie in der modernen Früherziehung die Regel sein sollten:

- Entwicklungsgemäßes Vorgehen.
- Ganzheitlich-handelndes Lernen.
- Wechsel der Lernformen, wie z.B. Vor- und Nachmachen, Wiederholung und Festigung.
- Wechsel der Sozialformen: Kind – Mutter, Kind – Vater, Kind – Eltern, Kind – Geschwister, Kind allein usw.
- Vom Sensumotorischen zum Abstrakten.
- Vom Nahen zum Fernen.
- Von der Analyse des Ganzen (Einheit) zu den Elementen (Mannigfaltigkeit), zur Synthese des Ganzen und umgekehrt.
- Vom Aufnehmen (Innerlichmachen) zur Darstellung (Äußerlichmachen) des Inneren.

So sind diese Spiellieder eine Anleitung zur Entwicklung aller geistigen und sensumotorischen Fertigkeiten, zum Sinnverstehen und zur Sinndarstellung bis hin zur Sinngestaltung.

Beispiel:

An dem bekannten Beispiel des *Turmhähnchens* oder *-fähnchens* sind die Wirkungszusammenhänge des Spieles erkennbar:

1. Sensumotorisch geübt werden das Handgelenk und das Ellenbogengelenk, das Greifen und die Feinmotorik der Finger durch die Nachahmung der Turmfähnchenbewegung, die von der Mutter, dem Vater vorgemacht und so sinnbildlich dargestellt werden.
2. Übungsbereich sind kognitive Funktionen wie Beobachtungs-, Vorstellungs- und Darstellungsfähigkeit und vor allem die Erkenntnis des Ursache-Wirkungs-Prinzips. So soll hier das Kind lernen, daß jedes Ding und jede Erscheinung – ob nun eine Bewegung, Form, ein Gefühl usw. – eine Kraft als Ursache bzw. überhaupt eine Ursache hat, die erkennbar ist und deren Gesetze das Kind einsehen und später anwenden soll (Seite 67 bis 70).
3. Das Kind erweitert durch das Spiel und den Rhythmus von Lied und Bewegung sein Spracherleben, seinen Wortschatz und seine Sprachgestaltungsfähigkeit.
4. Das Kind wird ja gemeinsam mit einem Elternteil durchgeführt und ist so zwangsläufig auch ein Medium sozialen Lernens und sozialer Erziehung, denn – so Fröbel – das Kind wächst nur „an der Entwicklung gereifter Menschen empor“ (I, 1, 113).

Das Thurmhähnchen.

„Soll Dein Kind das Thun von
etwas Anderm fassen,
Mußt Du es ein Gleiches selbst
ausführen lassen.
Darin ist es tief gegründet,
Daß Dein Kind
Gern, geschwind
Nachahmt, was es um sich findet.“

Wie das Hähnchen auf dem
Thurme
Sich kann dreh'n im Wind und Sturme,
Kann mein Kind sein Händchen wenden,
So sich neue Freuden spenden.

Thurmhähnchen oder Fähnchen.

Ein Handgelenk und Ellenbogenbewegungen übendes Spiel.

(Tafel 9.)

Das Vorderärmchen des Kindchens steht so viel als möglich senkrecht, das Händchen desselben ist in gleicher Richtung ausgebreitet, so, daß die vier Finger gleichsam den Schwanz, die flache Hand den Körper und das Däumchen den Hals und Kopf des Hähnchens bilden. In dieser Lage lässest Du Deines Kindchens Hand bald hin, bald her bewegen.

„Dieß Spielchen ist doch auch gar zu einfach!" — Und doch macht's Deinem Kindchen Freude, immer von neuem macht's ihm Freude und hört langhin nicht auf, ihm Freude zu machen. Noch nicht einmal sprechen kann Dein Kindchen und sieh nur, nicht allein mit welcher Lust, nein! auch mit welchem Ernst es sein kleines Händchen bewegt, wenn Du auffordernd zu ihm sagst: „zeig, wie macht's das Thurmhähnchen" (an manchen Orten Thurmfähnchen) oder „zeig das Thurmhähnchen." Worin mag nun alles dieß seinen Grund haben? — Hast Du noch nicht bemerkt, wenn Du vor Deinem Kinde einen Gegenstand bewegst, so, daß der bewegende Grund von dem Gegenstand etwas entfernt ist, daß dann das Aufsuchen der bewegenden Ursache dem Kinde mehr Freude macht, als das Anschauen der Bewegung des Gegenstandes selbst? Dasselbe ist hier, das Fühlen und Beherrschen des Grundes einer Folge, der Ursache einer Wirkung; — das ist es, was Dein Kind wie mit Freude, so mit Ernst erfüllt. Sieh, und schon thatsächlich stellt es gleichsam die Wahrnehmung dar: dem bewegten Gegenstande liegt eine bewegende Ursache, eine bewegende Kraft zum Grunde, und bald kommt es zum Schluß: dem lebenden, lebendigen Gegenstande liegt eine lebende, lebendige, belebende Kraft zum Grunde.

An einem etwas windigen, fast stürmischen Tage begleiten

Dich Deine lieben Kinder auf den Trockenplatz vor Deinem Wohnorte; denn wohin begleiten die Kinder nicht gern ihre, der Thätigkeit stets hingegebene Mutter? —

Horch! wie knarrt das Hähnchen auf dem Thurme, der Wind bewegt's hin und her; hier kommt auch eine Henne, begleitet von ihrem stolzen Hahne, aber so schnell wie das Thurmhähnchen können sie sich nicht des Windes Wellen fügen, und so dreht wenigstens der Wind ihre Schwänze bald hin und bald her. Aber höre, wie der Wind in der Wäsche plattert, laut plaudernd scheint sie sich vom starken Winde zu erzählen; wie freut dieß Plattern und Plaudern das Kind! flugs hat der Knabe das Handtuch, welches er eben beim Bade, woran ihn aber der Wind verhinderte, gebrauchen wollte, an einen Stock gebunden und hoch weht und plaudert es in der Luft; des Mädchens Taschentuch und ausgebreiteter Arm muß ihr gleiche Freude bereiten. Mehr Freiheit als das Mädchen ihrem Taschentuche und der eine Knabe seinem Handtuche, giebt ein zweiter seinem Drachen; hoch muß er ihm aber auch dafür in die Höhe steigen und größere Lust ihm bringen. „Klapp, klapp, klapp," gehts dort, was ist's denn? der Wind treibt die Windmühlenflügel rasch herum, daß schnell der Trilling sein klapp, klapp schlägt; was thäten aber die Großen, welches die Kleinen nicht gleich nachmachten! (darum sei sorglich in dem, was Du Erwachsener im Angesicht und vor den Augen der Kleinen thuest). Sieh, hier kommt schon ein Knabe mit seiner papiernen Windmühle daher, schau wie sie sich um so schneller dreht, als schnell der Knabe läuft. Dort kann die Mutter ihr Töchterchen kaum vor der Gewalt des Sturmes bewahren, und der Mann muß sich recht im Gleichgewichte halten, daß er durch ihn nicht strauchle.

„Mutter es ist aber auch heut ein starker Wind, der alles und alles beugt; sieh nur, wie dort der Schwester Haare flattern wie Deine Wäsche; woher kommt nur der

Wind, der alles so bewegt?" — Ja, mein Kind, wenn ich es Dir auch nach meiner Einsicht sagen wollte, so würdest Du es doch nicht verstehen; es würde Dir, wie eine fremde Sprache klingen, wenn ich Dir sagte: der Druck der Luft, oder veränderte Luftdichtigkeit, oder eine Veränderung in dem Wärmezustande der Luft hat es hervorgebracht; Du würdest von alle dem kein Wort verstehen. Aber das verstehst Du vielleicht schon: „eine einige große Kraft, und sei es auch nur Wind, kann vieles bewirken, Kleines und Großes, wenn Du sie auch nicht sehen kannst. So giebt es viele Dinge, mein Kind, die wir zwar wahrnehmen, aber nicht sehen; wohl wahrnehmen und sehen, allein die ich Dir noch nicht mit Worten erklären, deutlich machen kann. Sieh Deine Hand bewegt sich, die Kraft aber, die es thut, kannst Du doch nicht sehen. Beachte und pflege darum nur die Kraft, wo Du sie jetzt findest, später wirst Du auch immer mehr einsehen, woher sie kommt, auch wenn Du sie nicht siehest."

11. Die gegenständlichen Spielgaben

Fröbel entwickelte ein Spielgabensystem, das der Entwicklung des Natur- und Menschenlebens bzw. seiner psychischen Entwicklung folgt.

Im Spielgabensystem liegt eine sinnbildliche Spiegelung der Naturentwicklung vor. Die Kugel oder der Ball als erste Gabe symbolisiert die Erdkugel und Planeten, aus denen sich alle anderen Gestaltungen wie Steine, Kristalle und alle Formen und Strukturen ableiten lassen.

Sachgesetze – Sacherkenntnis – Welterkenntnis

Unsichtbare Gesetzmäßigkeiten der Naturentwicklung sollen durch den Umgang mit den Gabenmaterialien symbolisch-anschaulich, begreifbar und somit handelnd nachvollziehbar werden. An der spielerisch gewonnenen Erkenntnis der Einheit, Mannigfaltigkeit bzw. Differenzierung der Natur und ihrer Entwicklungsgesetzmäßigkeiten soll sich das Kind die Grundlagen seiner Existenz spielerisch erfahrbar machen können und gleichzeitig seine eigenen sensumotorischen, geistigen und psychischen Fähigkeiten entwickeln: „Der Mensch ist bestimmt, nicht allein die Natur in der Mannigfaltigkeit ihrer Formen und Gestalten zu erkennen, sondern sie auch in der Einheit, ihrer inneren Täthigkeit, in ihrer Wirksamkeit zu verstehen …" (I, 1, 95).

Um dieses Sinnverstehen bis hin zum umfassenden „Lebensbewußtsein" zu entwickeln, braucht das Kind diese Natur in Gestalt der Gaben, d.h. als ein entwicklungsgemäßes Modell der Dinge oder, wie Fröbel sagt, Sinnbild oder/bzw. Symbol.

Selbsterkenntnis

So sind diese Gaben „Einführungsmittel des Kindes in sein eigenes Leben wie in das des Natur- und Weltganzen …" (II, 154). Dementsprechend müssen diese „Spielmittel" (Fröbel) eine doppelte Aufgabe erfüllen:

1. eine Einführung in die Naturgesetze und in das Leben spielerisch-darstellend ermöglichen und
2. die dazu erforderlichen leiblichen und psychischen Kräfte des Kindes entwicklungsgemäß entfalten helfen, also die entsprechenden sensumotorischen, geistigen und leiblichen Kräfte entwickeln. Das meint Fröbel mit der obigen Formulierung, daß die Spielmittel „in sein eigenes Leben einführen sollen".

Aufbau und Gebrauch des Spielgabensystems

Ausgangspunkt des Spielgabensystems ist der Ball als symbolischer Stellvertreter für alle Dinge und die Ganzheit des Lebens und der Natur. Gemäß dem Prinzip der Differenzierung hilft der Ball dem Kind zur Trennung von Ich und Nicht-Ich. So ist der Ball Stellvertreter für alles Äußere und Gegen-Ständliche. Mit sechs weichen Wollbällchen in den Grundfarben beginnt das erste Spiel. Diesen weichen Bällen folgt dann die harte Holzkugel. Hier zeigt sich ein weiteres Aufbauprinzip: die Vermittlung der Gegensätzlichkeit bzw. Vereinigung oder die Analyse und Synthese. Die Zerlegung des Gegenstandes Ball in hart und weich und die dennoch bleibende Einheit bzw. Synthese im Kugeligen wird für das Kind auf der Basis der sensumotorischen Intelligenz erfahrbar.

Die Kugel wird dann differenziert in Walze und Würfel, also Rundes und Flächiges. So verläuft die Differenzierung weiter durch Zerlegung des Würfels in Flächen, Stäbchen und Punkte, und somit führt sie zum Ausgangspunkt zurück. Hier kann man erkennen, daß jeder Gegenstand aus dem vorausgehenden Spielgegenstand hervorgeht, womit Fröbel im Spielgabensystem auch das Prinzip der Stetigkeit und Entwicklungsmäßigkeit realisiert, die sowohl der Natur- als auch psychischen Entwicklung des Kindes entspricht: „Des Kindes *Spielganze* in seiner stetigen Entwicklung, aus einer sichtbaren Einheit ist ihm ein *Sinnbild* sowohl für die Natur als auch für die Geistesentwicklung. Das Spiel (mit den Gaben, Verf.) ist also dem Kinde das *Vermittelnde* für diese beiden Welten" (D, 61).

zerteilend ↓	I. Spiele mit Körpern a) Ball – 1. Gabe b) Kugel und Würfel, Walze und Kegel – 2. Gabe c) Körperkasten (Kristallformen in Holz geschnitten) – Ergänzung zur 2. Gabe	zusammenfügend verwandeln (Ton) ↑
auseinanderbauen ↓	d) Geteilte Körper Geteilte Würfel als Baukästen (4 Formen) 3. bis 6. Gabe (2 weitere Formen geplant)	↑
	II. Spiele mit Flächen a) Legetafeln	
zerschneiden ↓	b) Papierquadrat	legen falten ↑
	III. Spiele mit Linien a) Holzstäbchen b) flacher Span c) Papierstreifen	legen, fädeln falten verschränken flechten
zerstechen ↓	d) gezeichnete Linien	sticken nähen, zeichnen ↑
	IV. Spiele mit Punkten a) durchstochene Linien	↑
sammeln	b) Steine, Früchte, alles Einzelne, Sand, Perlen	reihen

Anwendungszeit der Spielgaben und Beschäftigungsmittel nach B. von Marenholtz-Bülow

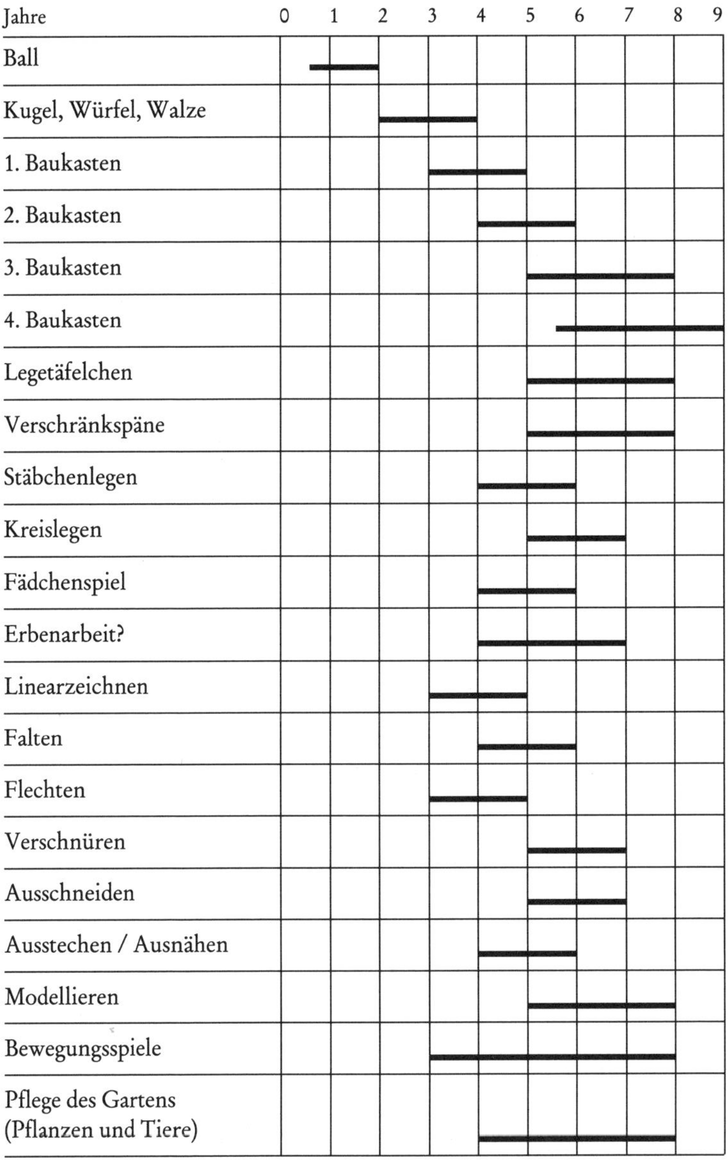

Zum Gebrauch der Gaben
1. Beispiel: Der Ball

„Wie soll der Ball gebraucht werden? – Ganz dem Wesen des Balles und dem Bedürfnisse Eures Kindes gemäß. Seht Ihr doch, wie Euer kleiner Liebling gleich alles umfaßt und umspannt, was er nur habhaft werden kann, und sei es auch nichts anderes als sein eigener Daumen, seine eigene zweite Hand.

Darum nun gebt früh dem Kindchen in seine kleine Hand den Stellvertreter von Allem, den BALL, zuerst nur zum UMSPANNEN, zum BEGREIFEN, endlich zum selbst- und freitätigen BEHANDELN (Be – hand – eln).

a) Schon dadurch werden sich früh Eures Kindchens Finger-, Hand- und Armmuskeln stärken, wie sich ihm so früh Finger, Hände und Arme entwickeln und ausbilden werden, zunächst zum rechten BEGREIFEN, zum richtigen BEHANDELN auch anderer Dinge ...

b) Die fortgehende Entwicklung, der vorgerückte Glieder- und Sinnengebrauch des Kindchens nun fordert, daß der Ball als Spielzeug nun auch immer mehr als ein Getrenntes von dem Kinde demselben sich zeige, wie er bisher, durch die Faust und Hand, mit demselben gleichsam als ein mehr Einiges erscheint. Dies wird nun sehr leicht dadurch bewirkt, daß Ihr den Ball, welchen Ihr dem Kindchen in seine Händchen gegeben, vorher an eine Schnur befestigt habt und nun leise an derselben zieht, jedoch so, als wolltet Ihr den Ball dem Kindchen aus seinen Händchen heben; das Kind wird den Ball festhalten, der Arm wird sich heben, wie Ihr den Ball hebt, ...

   Daraus entspringt jedoch bald, wie ein ganz neues Spiel, so auch Deinem Kinde selbst etwas Neues, wenn, durch angemessenes Ziehen und Heben an der Schnur, der Ball Deines Kindchens Hand entgleitet und derselbe dann ruhig, als eigener Gegenstand sich freitätig VOR ihm und ihm GEGENÜBER sich bewegt; es entwickelt sich dem Kinde hierdurch das neue Gefühl, die neue Wahrnehmung des ‚GEGENSTANDES' als eines doch schon um- und erfaßten, begriffenen und nun als freitätig gegenüberstehenden ‚ETWAS' ...

c) Wenn Ihr nun so, Ihr Eltern, das Spiel Eures Kindes und, mit ihm spielend, Eurer Kind beachtet, so werdet Ihr bald finden: alle Entwicklung desselben hat in fast unmerklichen Erregungen und

Wahrnehmungen ihren ersten Grund; durch unzähliges Wiederholen befestigen und klären sich aber in dem Kinde diese seine ersten, anfangs fast spurlos wieder verschwindenden Wahrnehmungen, und eben diese STÄRKUNG, BEFESTIGUNG und KLÄRUNG der Eindrücke in dem Kinde ist es, weshalb das öftere Wiederholen das Kind so hoch erfreut" (I, 23ff.).

So ergeben sich aus dem Spiel mit den Bällen folgende pädagogischen Ziele:

1. Trennung von Ich und Nicht-Ich, also Gegenstands- und Ich-bewußtsein.
2. Grob- und feinmotorische Übungen der Arme, der Hände und der Finger.
3. Wahrnehmungsübungen von hart und weich, Farbe und Form, bewegt und unbewegt.
4. Raum- und Zeitbewußtsein, z.B. hin – her, oben – unten, vorher – nachher usw.
5. Grundkategorien wie Kommen – Gehen, Haben – Gehabthaben, Einigung – Trennung usw.
6. Elementare Mathematik, wie z.B. Eines, Mehreres, Paarweise usw.
7. Sprache: Sobald das Kind die ersten Laute und Silben spricht, bildet sich im Spiel mit dem Ball ein Spiel-Sprache-Dialog mit dem Kinde, und die richtig vorgesprochenen Wörter erkennt das Kind und ahmt sie nach. So entwickelt sich nach Fröbel im spielpädagogischen Dreieck von Spielding, mitspielendem Erwachsenen und Kind die Sprache.

2. Beispiel: Der geteilte Würfel und die Baukästen

Während mit der ersten Gabe, dem Ball, die psychischen Kräfte anbahnend entwickelt werden, ergibt sich mit der dritten Gabe nun nach Fröbel die Möglichkeit, das Kind „in der Dreifachheit seines Wesens als fühlendes und empfindendes, als denkendes und erkennendes, als schaffendes und gestaltendes Wesen zu erfassen.

Und so sind die dadurch möglich darzustellenden Spielformen oder die Ergebnisse des im Kinde gepflegten Tätigkeitstriebes entweder Formen der Erkenntnis, der Wahrheit, des Denkens (das Kind nennt diese oft kurzweg auch im Spiele *Lernformen* 2/2, 4/4, 8/8), oder Formen des Gefühls, der Schönheit, des Gemüts (das Kind nennt sie wohl auch *Bildformen)*, oder Formen des Gebrauchs, des Lebens (das Kind nennt sie wohl auch *Sachformen)*. Wie diese Darstellung dem Wesen des Menschen, des Kindes entspricht, so entspricht sie den Erscheinungen der Natur, wo zuerst die Sache und der Gegenstand überhaupt, dann der Gegenstand in Beziehung auf die Einheit und Schönheit (wie z. B. in den Blatt- und Blütenformen), endlich nach den Gesetzen der Gliederung (das Maß und die Zahl etc.) erscheint. Bemerkt muß darum bei diesen Darstellungen noch werden, daß zu jeder derselben (wie sich ein ähnliches Gesetz auch in der Natur ausspricht) immer das Ganze, d. i. immer der geteilte Würfel, dient" (II, 232).

Angesprochen werden vor allem die Symbolisierung und geistige Darstellungsfähigkeit als eine grundlegende und entscheidende Stufe der Denk- und Bewußtseinsentwicklung.

Fröbel unterscheidet also die Symbolisierungs- bzw. Darstellungsformen als Lebens- oder Bauformen, als Erkenntnis- oder Lernformen und als Schönheits- oder Bildformen.

Unter Lebensformen versteht Fröbel die Darstellung von Gegenständen, die das Kind in seiner Umwelt wahrnehmen kann. Fröbel zählt etwa 100 Beispiele auf und nennt darunter die Mauer, die Wand, die Treppe, das Sofa, die Kirche, das Schulhaus usw. Das Kind soll solche Gegenstände aus der Umwelt nachbauen. Diese spontanen Darstellungen sind aufgrund der spezifischen Tätigkeits- und Geistesentwicklung des Kindes „symbolischer Art", die dieses mit seinen begrenzten Mitteln und Möglichkeiten erzeugt (Seite 77).

Unter den Schönheits- oder Bildformen versteht Fröbel eine ästhetische Gestaltung aus dem Spielmaterial, die einen inneren „Schein", eine „Ahnung" erzeugt und darstellt: „Es erscheint uns etwas; wir wissen aber nicht, was dadurch g e b i l d e t wird, wir nennen es ein Bild" (D, 62). Fröbel deutet uns damit die phantasiegezeugten innerlich anschaulichen Erscheinungen des Kindes an, von denen er sagt: „Wir können nicht anders, wir müssen diese Formen nur schöne, oder vielleicht in einem Worte, wie sie selbst in sich eins sind: Schönheitsformen ... nennen" (D, 62). Es sind Erscheinungen und Gestaltungen, die dem Gemüt und den Gefühlen entsprechen und für die das Kind das Bedürfnis hat, sie äußerlich darstellend auszudrücken. Fröbel nennt sie auch ein Erzeugnis der „Innenbildungskraft" oder der Phantasie, die in diesen Schönheitsformen ihren Ausdruck sucht (Seite 78 und 79).

Lebensformen

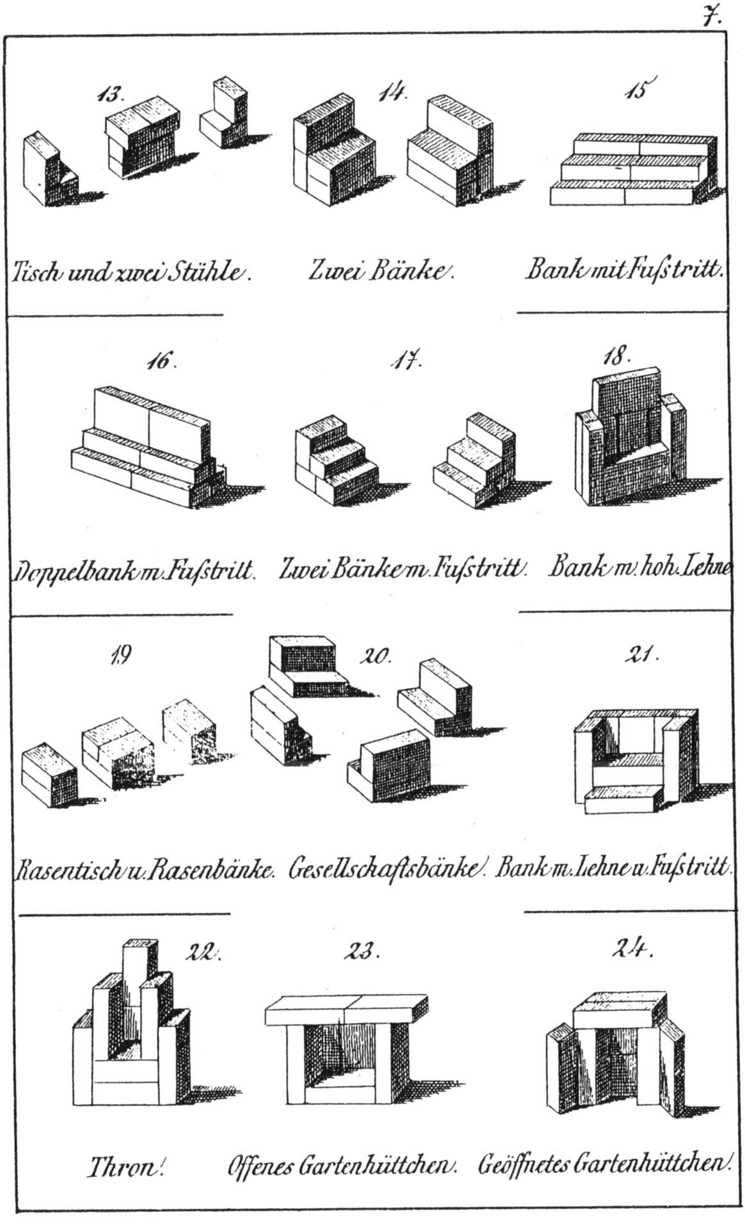

Schönheitsformen

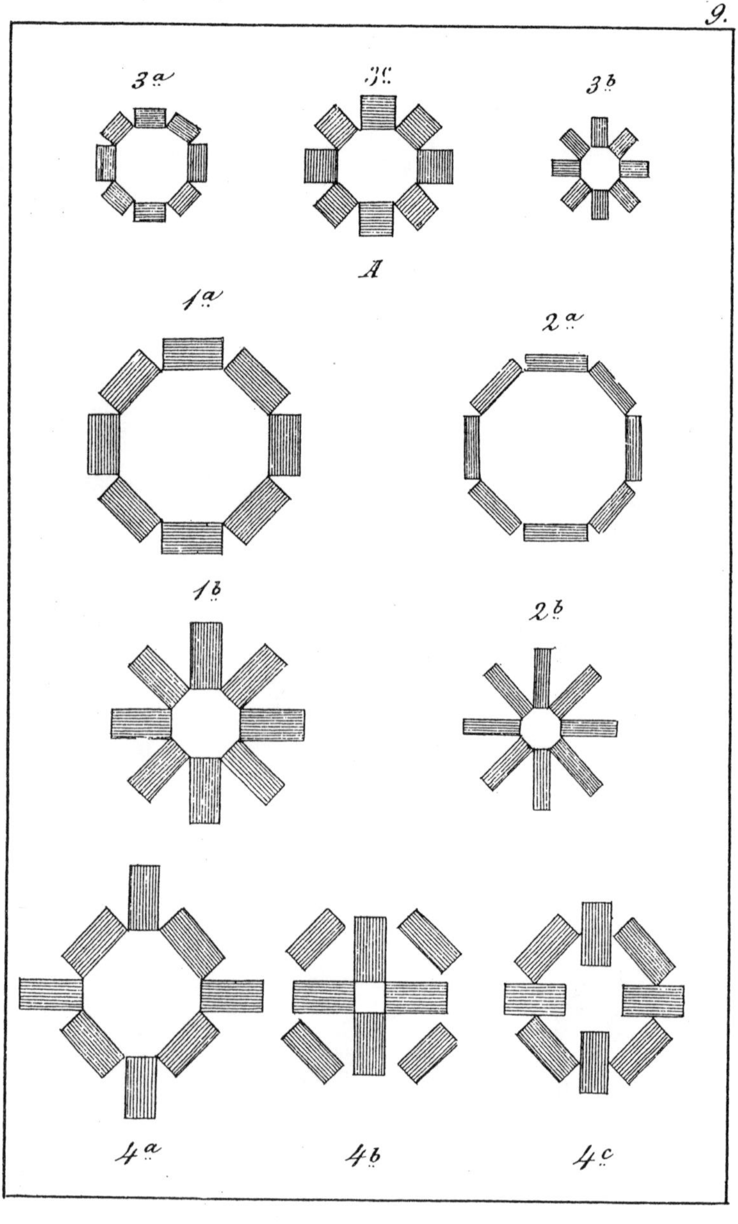

Schönheitsformen

12.

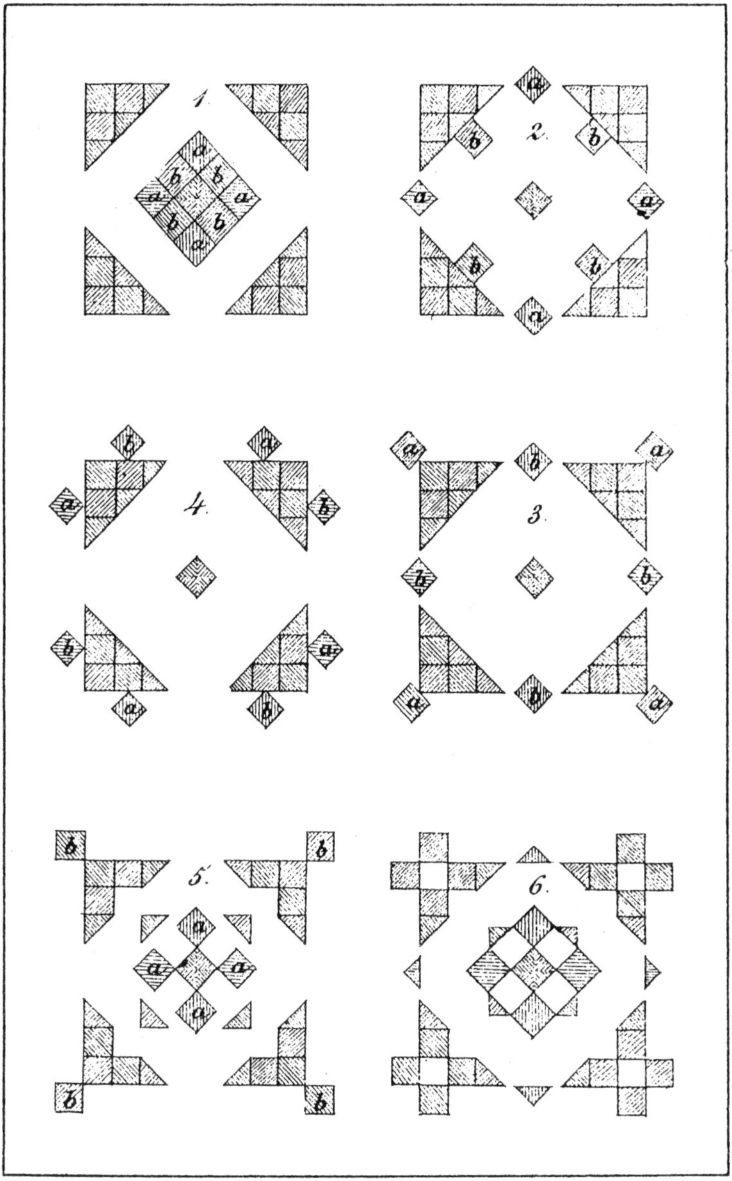

Erkenntnisformen

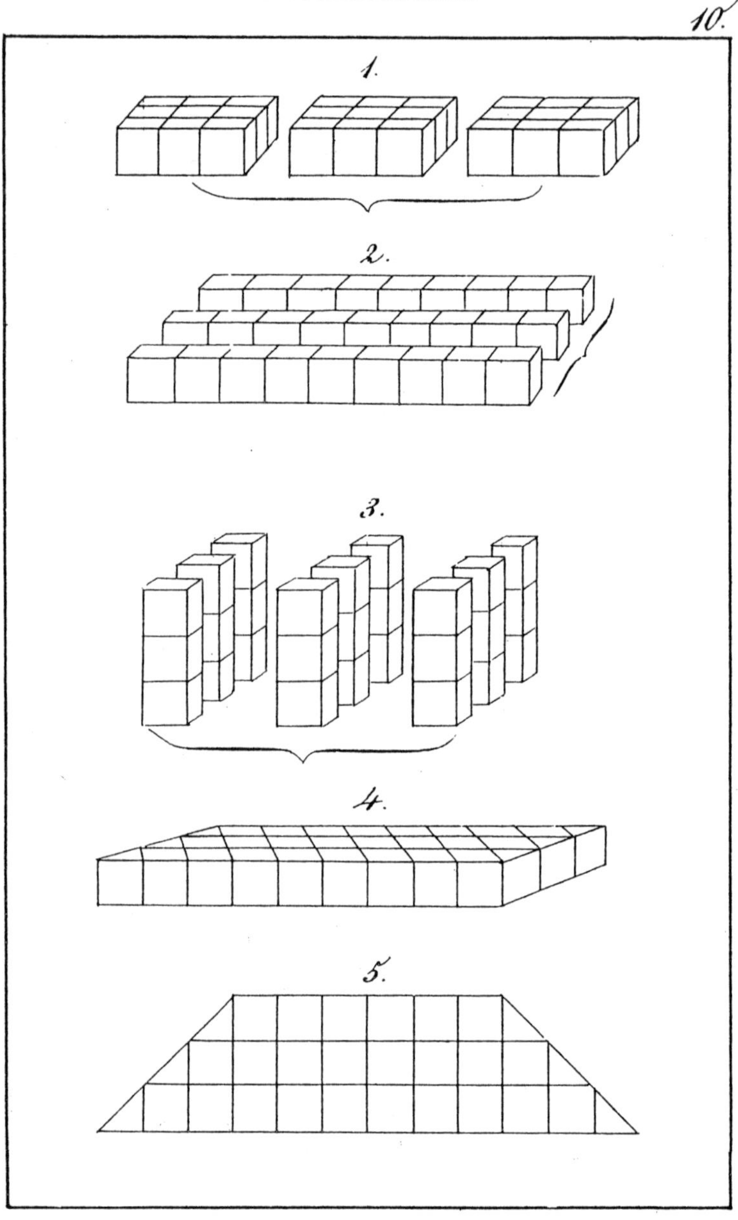

Erkenntnisformen

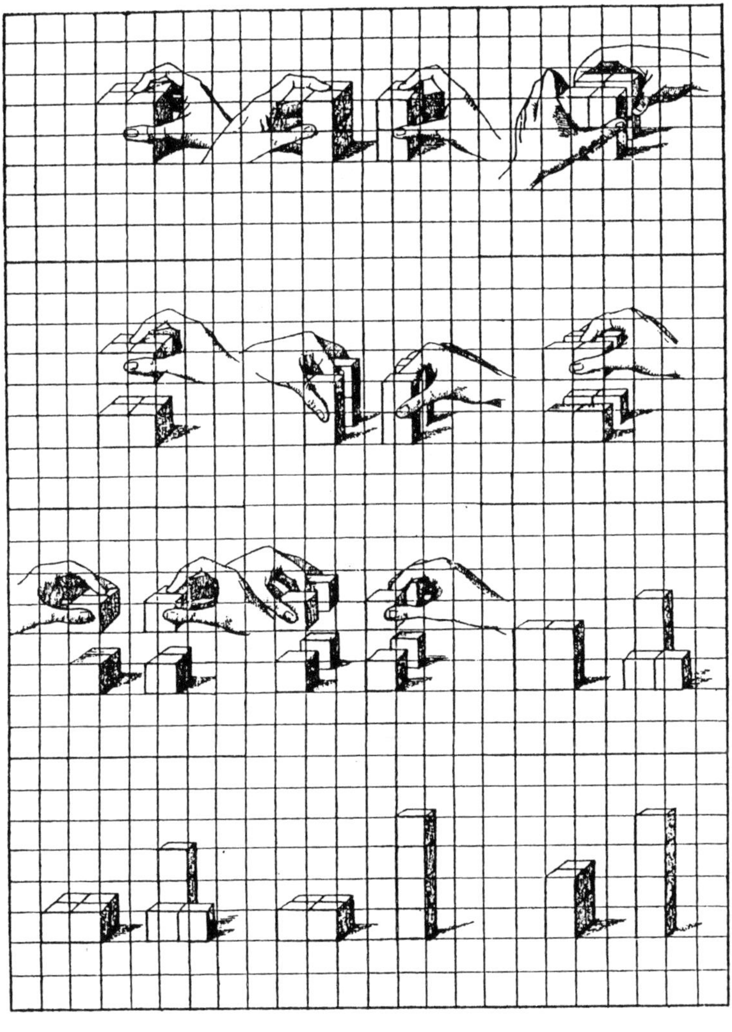

Die Erkenntnisformen dienen der Ausbildung des Kindes in den „Raum-, Zahl-, Zeit- und Bewegungsverhältnissen" (D, 62), d.h. der Pflege und Entwicklung der kognitiven Fähigkeiten. Fröbel bezweckte mit dieser Einteilung nicht so sehr eine verengte spezielle Übung dieser Formen und Fähigkeiten, sondern eher eine Akzentuierung als erste Anbahnung der sich allmählich in die Mannigfaltigkeit hinein ausdifferenzierenden Fähigkeiten, die hier durch den Würfel, aber auch mit Hilfe anderer Gaben und Tätigkeiten entwickelt werden sollen.

Der Übergang von der einen Form zu der anderen sollte nach Fröbel fließend sein und zeigen, daß die eine Form aus der anderen hervorgehen kann: „Bei diesen Schönheitsformen ist ganz vor allem das zu beachten, ... daß nämlich die Formen, ohne eigentlich eine andere zu zerstören, auseinander, die folgende aus der vorhergehenden entwickelt werden, und zwar so, daß die vorhergehenden Veränderungen entweder eine Entwicklung größerer Mannigfaltigkeit und Verschiedenheit oder eine Rückkehr zu größerer Einfachheit, In-sich-Geschlossenheit sind" (D, 64).

Auch hier wiederholen sich Fröbels Prinzipien der Stetigkeit und Entwicklungsgemäßheit und des kontinuierlichen Überganges von der Einfachheit zur Mannigfaltigkeit und zurück zur Einheit, wie sie sich in der Natur- und Menschenentwicklung und allen ihren Tätigkeiten vorfinden soll.

12. *Bewegungsspiele*

Fröbel unterscheidet bei den Bewegungsspielen folgende, sich teilweise überschneidende Gruppen:

1. Darstellende Bewegungsspiele, bei denen sich Szenen aus dem Alltag und der Natur abspielen, wie z.B. das Besuchen oder das Fließen des Baches. Nach Fröbel ist es „der Zweck und Geist dieser Spiele, zur Beachtung des Lebens und der Natur zu führen ..." (D, 67ff.).

2. Nachahmung von lebendigen Naturgegenständen. Nachgeahmt werden z.B. Vögel und Fische. Diese Spiele dienen der Übung der Darstellungsfähigkeit und Hinlenkung zur Natur und besonders der Pflege der „erziehenden Beziehungen", z.B. Gesetz und Freiheit, Willkür und Ordnung in den Bewegungen (D, 67f.).

3. Lauf- und Wanderspiele, zu denen Fröbel auch den Wettlauf zählt. Sie zielen auf Körperstärkung und die Erziehung des Sozialverhaltens, der Umsicht, Achtsamkeit und Rücksichtnahme, aber auch auf die Steigerung des Gedächtnisses und anderer kognitiver Fähigkeiten. So sollen die Kinder beim Wanderspiel aus dem Gedächtnis mit geschlossenen Augen vor- und rückwärts die Namen der Kinder aufsagen, wie sie in der Reihe stehen. Außerdem sollen sie beim Wandern ihren Geist auf die Natur ausrichten und die Natur wahrnehmen lernen.

4. Gehspiele. Ähnlich wie bei den Laufspielen sollen diese Spiele auch den Körper stärken, vor allem aber seine Beherrschung trainieren und insbesondere „die Haltung des Körpers, den rechten Gebrauch der Gliedmaßen, namentlich der Füße“ üben, fordert Fröbel.

5. Die letzte Gruppe bilden die reinen Kreisspiele, die eine doppelte Funktion haben: Sie sind einerseits das umgreifende Prinzip, in das die erstgenannten Spiele einmünden und so die Einheit der Spiele und des Lebensganzen symbolisch repräsentieren sollen. Andererseits sind die Kreisspiele inhaltlich eine eigene Gruppe, in der Darstellungen von Sternen, Blumen, Mustern und Kronen oder Kränzen verwirklicht werden sollen (vgl. D, 67).

An eine Freundin schreibt Fröbel über die Bedeutung aller Bewegungsspiele: Sie „befördern aus Ausdruck eines gesunden Innern eine gesunde schöne Haltung im Äußeren, sowohl des ganzen Körpers als auch seiner einzelnen Teile; sie sind bildend für Sprache und Gesang, erwecken Aufmerksamkeit, Sinn für Ordnung, Anstand und Schönheit. Vor allem bewirken sie ein freudiges und zufriedenes Zusammenleben ...“ (vgl. D, 67 ff.).

13. Gartenarbeit und Tierpflege

„Lebenseinigung“ als durchgehendes pädagogisches Prinzip soll durch praktisches Handeln in einem Garten für Kinder umgesetzt werden, d. h. durch die Begegnung auch mit der Natur.

Durch diese Naturbegegnung soll das Kind in die naturhaften Grundlagen seiner Existenz, in die Naturgesetze und in die Gesetze des Wachstums der Tier- und Pflanzenwelt eingeführt werden.

Naturbegegnung wird bei Fröbel schon in den Mutter- und Koseliedern angebahnt, und er fordert von den Eltern, „welche einen Garten besitzen, es nie zu unterlassen, ihrem Kinde ... auch hinlänglich Raum zur Pflege und Bebauung kleiner Beete zu überlassen" (II, 277).

Dabei geht es Fröbel auch um frühe Arbeitserziehung und Pflichterfüllung, denn „jede Entwicklungsstufe (hat) ihre ganz bestimmt zu erfüllenden und nicht zu umgehenden Anforderungen", die dem Kinde durch Gelegenheit und Aufforderung zur Mithilfe in Haus und Garten einsichtig, wenigstens fühlbar zu machen sind (II, 2, 63).

So hat Fröbel „jedes Alter ... mit Bestimmtheit und ohne allen Erlaß etwas zu pflegen, hat somit seine Pflichten, also auch das Kindesalter ..." (a.a.O.).

Ebenso hat Fröbel schon in den Mutter- und Koseliedern das Kind zur Tierwelt führen wollen (Lied vom Vogelnest), doch erkannte er schon damals die leicht mißverständliche kindliche Tierquälerei. Daher fordert er bei der Tierpflege durch Kinder die pädagogische Aufsicht und Anleitung bzw. das Einsichtigmachen, warum mit Tieren so und nicht anders umzugehen ist, weil sich sonst eben tierquälerische Verhaltensweisen entwickeln können (vgl. Me 98).

Die Arbeit im Garten hat also für Fröbel mehr pädagogische Bedeutungen und Zwecke: Naturerkenntnis, Arbeitserziehung, Erlernen von Einstellungen und Haltungen gegenüber der Natur.

Die Fröbelkennerin B. von Marenholtz-Bülow hat die Fröbelsche „Garten-Pädagogik" wie folgt zusammengefaßt:

„Den Kindern die Augen für das zu öffnen, was um sie her vorgeht, sie auf die Natur und ihre Wandlungen hinzuweisen und an denkendes Beobachten zu gewöhnen, dazu ist der Garten und seine Pflege ganz besonders geeignet. Mit jedem Kindergarten muß deshalb auch ein freier Raum verbunden sein, in dem die Kleinen selbst Gärtner sein können.

Der Garten muß enthalten: die Kinderbeete,
ein gemeinschaftliches Beet und
einen Abraumplatz (Komposthaufen).

Fröbel stellt sich die Gartenarbeit wie folgt vor:

Im Herbste, nachdem die meisten Pflanzen verblüht sind, werden die letzten Früchte (Samen) von den Kindern selbst abgenommen und aufbewahrt. Dann werden die Beete geräumt. Jedes Kind zieht die Pflanzen seines Beetes möglichst mit den Wurzeln aus der Erde und legt sie auf den Komposthaufen nieder, der in einem Winkel des Gartens eingerichtet worden ist und dem alles übergeben wird,

Der Garten für die Kinder im Kindergarten.

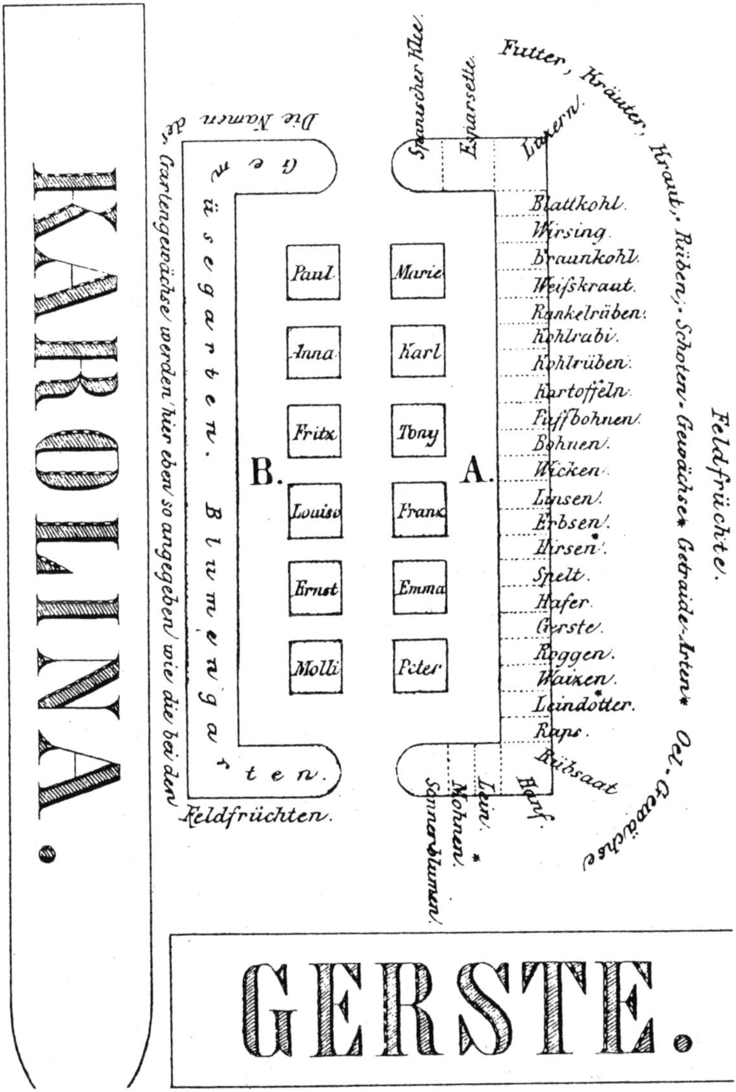

was aus dem Garten abfällt, Unkraut, vertrocknete und deshalb abgebrochene Blätter, eingegangene Pflanzen und ...

Der Platz für die Beete, die wegen besserer Zugänglichkeit am besten rings um den Spielplatz herum anzulegen sind, wird umgegraben, daß die Erde locker werde, Luft und Wasser besser eindringen und die Pflanzen leichter wurzeln können, und dann glatt gerecht. Zum Lockerwerden trägt auch die eingegrabene gute Erde bei.

Nach dem Umgraben folgt das Abteilen der Beete, die nicht größer als 1/3 qm sein möchten. Hat man wenig Raum, so legt man 2 Beete oder auch 4 Beete zusammen und macht dann erst einen Gang. Als Begrenzung kann man inmitten des Beetes Stäbchen anbringen, an die sich bei Bedarf die Pflanzen anbinden lassen.

Sind die Beete für den Winter vorbereitet, so beginnt das Bepflanzen derselben. Man kaufe Zwiebeln von Krokus, Schneeglöckchen, blauen Sternhyazinthen (Scilla sibirica) und Tulpen, die im Rummel sämtlich sehr billig sind und lasse jedes Kind eine von jeder Art einpflanzen. Inmitten des Beetes setze man ein Erdbeerpflänzchen ein.

Im Winter zeige man den Kleinen, wie der Schnee ihre Pfleglinge zudeckt und vor Kälte schützt.

Im Frühjahr, wenn die Zwiebeln treiben, lasse man die aus der Erde kommenden Triebe beobachten. An nebengesteckten Hölzchen zeige man, wie groß sie sind und mache von Zeit zu Zeit auf das Größergewordensein aufmerksam. Das Entfalten der Blätter, das Erscheinen der Knospen, das Erschließen der Blüten, das Zählen der sechs Blumenblätter (drei äußere, drei innere), der sechs Staubfäden mit den Staubbeuteln und der drei Seiten des Pistills, das Auftreten des Blütenstaubes, das Zufliegen der Insekten, alles gibt immer erneute Gelegenheit zur Betätigung der Kinder und zum Beobachten für dieselben.

Haben die Blüten ihre höchste Entwicklung erreicht, so läßt man die Kinder einige derselben mit nach Hause nehmen, damit sie den Eltern zeigen, was sie erbaut, und erzählen, was sie an dem Erbauten gelernt haben.

Ferner lasse man im zeitigen Frühjahre die Kinder zwei oder drei Laufbohnen und ebensoviel Windenkerne (Ipomaea) oder Kressenkerne stecken, und zwar an einer Stelle, wo entweder ein Zaun ist oder senkrechte Fäden gezogen werden können.

Ist auf dem gemeinschaftlichen Beete Raum genug vorhanden, so besetze man ihn im zeitigen Frühjahre mit Zuckererbsen in 5 cm Entfernung, setze Stäbe oder Birkenreisig dazwischen, woran sich die Pflanzen aufrecht erhalten und hat später Gelegenheit, die Kinder ernten zu lassen. Ferner können daselbst außer verschiedenen Gemüsesorten die verschiedenen Getreidearten gesät werden, wie dies auf dem Fröbelschen Originalplan angegeben ist.“ (Marenholtz-Bülow, a. a. O., S. 148)

Zeittafel zum Leben und Wirken Friedrich Fröbels

1782	21. April: Geburt Friedrich Wilhelm August Fröbels als sechstes und jüngstes Kind des Pfarrers Johann Jacob Fröbel und seiner Frau Jacobine Eleonore Friederike, geb. Hoffmann, in Oberweißbach/Thür.
1789 – 1799	Besuch der Elementarschule in Oberweißbach und Stadt-Ilm (seit 1792), danach Forst-Geometerlehre (Försterei bei Hirschberg/Saale nahe Hof)
1799 – 1801	Oktober – Frühjahr: Studium der Naturwissenschaften in Jena
1805 – 1806	Lehrer an der Pestalozzi-Musterschule in Frankfurt a. M.; Herbst: Erster Aufenthalt bei Pestalozzi in Iferten (Yverdon)
1806	Seit Juni Hauslehrer bei Familie von Holzhausen in Frankfurt a. M.
1808 – 1810	Zweiter Aufenthalt in Iferten (Yverdon) als Schüler Pestalozzis und als Hofmeister der drei Söhne Karl, Friedrich und Adolph von Holzhausen
1811 – 1812	März: Kündigung der Hauslehrerstelle. Studium der alten Sprachen und naturwissenschaftlichen Fächer in Göttingen und Berlin
1813	April: Eintritt in Lützows Freikorps, Teilnahme am Befreiungskrieg bis Ende Juli 1814
1816	Am 13. November Gründung der „Allgemeinen deutschen Erziehungsanstalt“ Griesheim/Thür.
1817	Juni: Verlegung der Erziehungsanstalt nach Keilhau
1820	Erste Keilhauer Werbeschrift: *An unser deutsches Volk*
1821 – 1823	Weitere vier *Keilhauer Werbeschriften.* Ende 1823 in Keilhau 40 Zöglinge
1826	Die *Menschenerziehung. Die Erziehenden Familien* (Wochenschrift)
1827 – 1828	Kontakte mit Herzog von Meiningen. Plan einer Einheitsschule (Helbaer Plan, nicht verwirklicht)
1831	Mai – Juni: Aufenthalt Fröbels bei Familie von Holzhausen in Frankfurt a. M., Kontakt mit Xaver Schnyder von Wartensee, Plan einer Erziehungsanstalt in Wartensee bei Luzern, wird im August eröffnet
1833	Verlegung der Erziehungsanstalt nach Willisau im Mai. *Grundzüge der Menschenerziehung*
1835	Leitung des Waisenhauses (und Elementarschule) in Burgdorf

1837	16. Januar: Übersiedlung Fröbels nach Bad Blankenburg. März 1837 „Autodidaktische Anstalt", seit August 1837 „Anstalt zur Pflege des Beschäftigungstriebes der Kindheit und Jugend"
1838	*Schriften zu den ersten beiden Gaben. Das Sonntagsblatt* (1. Jahrgang)
1839	Im Juni „Bildungsanstalt für Kinderführer" zusammen mit „Spiel- und Beschäftigungsanstalt" eröffnet
1840	18. Juni: Gutenbergfest, zugleich Stiftung des Allgemeinen Deutschen Kindergartens. *Entwurf eines Planes zur Begründung und Ausführung eines Kindergartens. Das Sonntagsblatt (2. Jahrgang).* Kinderführerkurse
1842	Kindergärtnerinnenkurse in Blankenburg
1843	*Nachricht und Rechenschaft von dem deutschen Kindergarten in Blankenburg und Keilhau*
1844	*Mutter- und Koselieder. 1. Begleitschrift zur dritten Gabe. 100 Lieder zu dem Spielen mit dem Ball*
1845 – 1849	Reisen zur Verbreitung der Kindergartenidee
1848	August: Lehrerversammlung in Rudolstadt. Resolution fordert einheitliches Schulsystem vom Kindergarten bis zur Hochschule
1849	Gründung der „Anstalt für allseitige Lebenseinigung durch entwickelnd-erziehende Menschenbildung" in Bad Liebenstein bei Meiningen
1850	„Friedrich Fröbels Wochenschrift", hg. von Wichard Lange. Im Mai Umzug nach Schloß Marienthal bei Meiningen
1851	23. August: Kindergartenverbot in Preußen. 27 – 29. September: Pädagogenversammlung in Bad Liebenstein: Erklärung für Fröbel. *2. Begleitschrift zur dritten Gabe. Zeitschrift für Friedrich Fröbels Bestrebungen* (Wochenschrift)
1852	21. Juni: Tod in Marienthal

Literaturhinweise

I, 1; I, 2; II = *Lange, W.:* Friedrich Fröbels gesammelte pädagogische Schriften, Berlin 1862–63, Osnabrück 1966

Me = Menschenerziehung, hrsg. von *E. Hoffmann,* 3. Aufl. Düsseldorf 1968

D = *Schmutzler, H.-J.:* Spiel, Phantasie und Arbeit bei Fröbel und Montessori, Dissertation, Münster 1975

Spiel I, II, III = Fröbels Theorie des Spiels, Leipzig, Langensalza 1931, 1936

MKL = Friedrich Fröbels Mutter- und Koselieder, hrsg. von *H. Fröbel* und *D. Pfaehler,* Bad Neustadt an der Saale 1982

AS = Zit. nach *Bollnow, O. F.:* Die Pädagogik der deutschen Romantik, Stuttgart 1952

Hoffmann 1944 = Friedrich Fröbel an Gräfin Brunszvik, Berlin 1944

Hoffmann 1948 = Friedrich Fröbel und Karl Hagen, Weimar 1948

Hoffmann 1964 = Friedrich Fröbel. Ausgew. Schriften, hrsg. von *E. Hoffmann,* Bd. 1, Kleine Schriften und Briefe, Düsseldorf 1964

Lück = *Lück, C.:* Friedrich Fröbel und die Muhme Schmidt, Leipzig 1929

Niethammer = *Niethammer, A.,* Päd. Hochschule Westf.-Lippe, Münster, Begleittext zu „Fröbels Kindergarten", Münster o. J.

Seidel = *Seidel, F.:* Friedrich Fröbels Mutter- und Koselieder, Wien 1883

Rinke = *Rinke, A.:* Friedrich Fröbels philosophische Entwicklung unter dem Einfluß der Romantik, Diss. Freiburg/Br., Langensalza 1935

Marenholtz-Bülow = *Marenholtz-Bülow, B. von:* Theoretisches und praktisches Handbuch der Fröbelschen Erziehungslehre, 2 Teile, Kassel 1886

Bernard = *Bernard, B.:* Bewegungsspiele, in: Festschr. des Pestalozzi-Fröbel-Verb. zum 200. Geburtsjahr von Friedrich Fröbel 1982, Berlin

Hellbrügge = *Hellbrügge, Th.:* Fortschritte der klinischen Sozialpädiatrie 2, München 1978

Schröder, Th. F. C.: Die Geschwister Agazzi und Maria Montessori, eine vergleichende Analyse ihrer Erziehungskonzeptionen, Frankfurt a. M. 1987

Wolffheim, N.: Psychoanalyse und Kindergarten, München 1975

Früherziehung in der Montessori-Pädagogik

Maria Montessori (1870 – 1952)

Einleitung

Die am 31. 8. 1870 geborene Maria Montessori hat als erste Ärztin Italiens (1896) und Professorin für Anthropologie an der Universität Rom (1904–1908) im Jahre 1907 ihr erstes Kinderhaus(-garten) im römischen Elendsviertel San Lorenzo gegründet. Ihre Pädagogik entwickelte sie in der Praxis, und bald stellten sich spektakuläre Erfolge ein – denn Vierjährige lernten lesen und schreiben –, die Montessori fast schlagartig weltberühmt machten. Viele Pädagogen und pädagogisch Interessierte pilgerten nach Rom.

So entstanden durch dieses Interesse die ersten Montessori-Lehrgänge und folglich bald in aller Welt Montessori-Kinderhäuser und -Schulen, auch in Deutschland, wo sie aber unter nationalsozialistischer Herrschaft geschlossen wurden. Heute gibt es in Deutschland ca. 500 Kinderhäuser, Schulen und sonderpädagogische Einrichtungen, die nach Montessoris Grundsätzen arbeiten.

Sie selbst führte ihre pädagogischen Erfolge auf ihre Entdeckung der sog. „Polarisation der Aufmerksamkeit" zurück, die sie bei einem ca. dreijährigen Kind beobachtete, das mit den Einsatzzylindern, einem Block mit zehn Löchern und dazu passenden Einsätzen unterschiedlicher Größe spielte. Dieses Kind wiederholte seine Übungen 44 mal, ohne sich auch durch absichtliche Störungen ablenken zu lassen. Montessori erkannte, daß diese Konzentrationsfähigkeit „lebensnotwendig für die Entwicklung des Menschen" und ein Ausgangspunkt von Bildungs- und Lernprozessen ist (Grundlagen 15).

Daraufhin erforschte und entwickelte Montessori die pädagogischen Bedingungen und Materialien, die diese Konzentrations- und Bildungsfähigkeit des Kindes erleichtern und ermöglichen. So entstand in jahrzehntelanger Arbeit ihre neue Pädagogik, eine neue Sicht des Kindes als ein konzentrationsfähiges und aktives Wesen, das seine individuelle Personalität selbst aufbaut, wenn es eine pädagogisch vorbereitete Umgebung hat und vor allem einen neuen Erzieher, der dem Kind bei seinem Streben nach „Unabhängigkeit" beim Hinleben in seine Lebenswelt und Kultur und bei der Entwicklung der dazu erforderlichen Kompetenzen hilft. Dieser Prozeß der „Normalisation" beginnt nach Montessori spätestens bei der Geburt, und dementsprechend formuliert sie ihren Erziehungsgrundsatz: *„Wir verstehen unter Erziehung, der psychischen Entwicklung des Kindes von Geburt an zu helfen"*, und: *„Unser Bemühen ist es, dem Kind zu helfen, selbständig zu werden"* (Grundlagen 8 f.).

A. Anthropologische Grundlagen

1. Entwicklung und Normalisation

Normalisation und Deviation sind Schlüsselbegriffe in der Montessori-Pädagogik.

Mit dem Begriff „Normalisation“ oder „normalisiertes Kind“ umschreibt Montessori ihre neue Sicht vom Kinde, das fähig ist zum Aufbau einer unabhängigen Persönlichkeit und frei ist, seine Begabungen, Interessen und Stärken zu entfalten. Dies geschieht in einem Prozeß der aktiven Selbstverwirklichung und zwar einerseits nach Maßgabe der im Kind wirkenden Entwicklungsbedingungen (Anlagen, Reifegesetze usw.) und anderseits nach Maßgabe der objektiven Kultur und Geschichte, den „wandelbaren Gesetzen“ der Gesellschaft und ihrer „fortschreitenden Entwicklung“ (Bildung, 11). Wir würden heute sagen: Das Kind entwickelt sich nach Maßgabe der Kultur, in der es lebt und in die es hineinwächst. Normalität ist also nicht das „ideale“ Kind, sondern das Optimum an Entwicklungsmöglichkeit des Individuums zwischen seinen Anlagen und den vorhandenen konkreten Lebens- und Erziehungsbedingungen, die nach Montessori immer zu verbessern sind und wozu sie ihren Beitrag leisten wollte. Eine ihrer grundlegenden Forderungen ist, das Kind als „vergessenen Bürger“ (KK, 152) in seiner sozialen Wirklichkeit, seine Entwicklungsgesetze und -bedürfnisse zu erforschen, zu respektieren und entsprechend zu erziehen.

Eine falsche Sicht des Kindes führt zu Ignoranz, Verkennung und Unterdrückung seiner Entwicklungsbedürfnisse und -möglichkeiten. Dazu gehört z.B. die Vorstellung bei manchen Erziehern, „die Seele des Kindes (sei) passiv, den von außen kommenden Einflüssen preisgegeben und daher völlig von der Leitung durch den Erwachsenen abhängig“, was dazu führt, zu glauben, die kindliche Seele sei „ein leeres Gefäß, das mit einem Inhalt erfüllt werden muß“ (Ksa, 92).

Auf solche falschen Sichtweisen reagiert dann das sich unverstanden fühlende Kind mit Reaktionen, die Montessori mit Deviationen umschreibt: Hemmungen durch

- Entmutigung, Minderwertigkeitsgefühle, Unterwürfigkeit, Abhängigkeit von Belohnungen,
- Besitz- und Machtstreben

- Phantastereien, Tagträumereien, Aggressionen und
- Faulheit usw.

Das normalisierte Kind dagegen zeigt folgende Merkmale (Jühlke, 180):

a) die *Ordnungsliebe,* basierend auf einer intensiven Hinwendung zur natürlichen und soziokulturellen Umgebung und dem gleichzeitigen Bedürfnis, die einmal erkannten Strukturen der äußeren Realität zu erhalten;
b) die *Arbeitsliebe,* die letztlich den Aufbau der eigenen Persönlichkeit zum Ziel hat;
c) die *spontane Konzentration,* die sich in einer (auch für Montessori) überraschend intensiven „Ausdauer in der Arbeit" äußert;
d) die *Liebe zur Wirklichkeit* (auch Liebe zur Umgebung), deren der Geist bedarf, um seine schöpferischen Fähigkeiten wirksam zu entfalten;
e) die *Liebe zur Stille und zur Einzelarbeit,* welche die Auftretenswahrscheinlichkeit der ‚spontanen Konzentration' erhöht und begünstigt, ohne daß hierdurch eine „moralische Isolierung" unter den Kindern hervorgerufen würde;
f) die *Verfeinerung des Besitzsinnes,* verursacht und gekennzeichnet durch die Liebe zu der dinglichen Umgebung, nicht auf den Besitz von Sachen, sondern auf den „Kontakt zwischen der geliebten Sache und dem Geist, der zum Schaffen führt", gerichtet;
g) der *Gehorsam,* interdependent verknüpft mit der Entfaltung des Willens und nicht auf äußerem Zwang, sondern auf freien Willensentscheidungen beruhend;
h) *Unabhängigkeit und Initiative,* ebenfalls einander gegenseitig bedingend, die sich als „eine ständige Eroberung durch ständige Arbeit" manifestieren und „nur durch die Freiheit und die Erfahrungen in der Umwelt" ermöglicht werden;
i) die *gegenseitige Hilfe,* die keinen Raum für ehrgeizigen Wettbewerb gibt;
j) die *spontane Selbstdisziplin,* aufbauend auf dem kindlichen Gehorsam als Ergänzung von Ordnung und Spontaneität;
k) schließlich die *Freude* als „das schönste Kennzeichen einer Gruppe normalisierter Kinder", ein Phänomen, das Montessori immer wieder beobachtet und oft beschrieben hat, am schönsten und zutreffendsten, wie ich meine, mit dem Satz: „Der Körper des Kindes lebt … durch die Freude der Seele."

2. *Harmonie und Ganzheitlichkeit*

Die menschliche Entwicklung sieht Montessori in dem harmonischen, funktional-zweckhaften und damit sinnvollen Ganzen von Mensch, Natur und Schöpfung oder Kosmos.

Die menschliche Entwicklung und Erziehung begreift und gestaltet nur derjenige richtig, der die Gesetze des Lebens, die „Entwicklungsgesetze in der Natur" (Kirche, 226) und der menschlichen Gesellschaft erforscht, versteht und anwenden kann. Erziehung setzt also eine von verschiedenen Wissenschaften her begründete Anthropologie (= Sicht des Menschen) und besonders des Kindes voraus.

In Montessoris Sicht der Schöpfung hat „jedes Lebewesen" die Bestimmung, nicht nur „schlechthin zu existieren ... sondern eine Funktion auszuüben, die zur Erhaltung der Welt und ihrer Harmonie notwendig ist" (Ksa, 31). Nach Montessori ist diese Harmonie eine Bedingung des Lebens, des Überlebens und der kosmischen Entwicklung, die nach Montessoris Philosophie ein „ständiger Aufstieg" hin zur „Super"- bzw. „Supra-Natur" ist (KK, 258). Dies ist nach Montessori der „universale Endzweck" der Entwicklung, daß alle Einzelheiten und -wesen funktional-sinnhaft aufeinander bezogen sind und ein lebendiges, geordnetes und harmonisches Ganzes ergeben (KK, 49f.). Diesen „kosmischen Gesetzen" (Bildung, 96) der Harmonie und Einheit oder Ganzheitlichkeit des Lebens und der Natur unterliegt natürlich auch der Mensch, und zwar einmal im Hinblick auf die naturhaft-biologischen Grundlagen der organischen Entwicklung des Lebens: gesunde Erde, gesundes Wasser und gesunde Luft usw., d.h., der Mensch darf um seiner eigenen Existenz willen mit der Natur nicht machen, was er will, sondern er muß die kosmischen Gesetze als Grundlagen seiner biologischen Existenz erforschen und erkennen, wenn er überleben will.

Dieser Grundsatz gilt auch im übertragenen Sinne für die Erziehung: Die Erforschung der Lebensgesetze des Menschen im Stadium der Entstehung des Menschen: „In der Erziehung kennen wir die psychischen Reaktionen des Kindes. Das Kind ist für uns ein psychisches Laboratorium, in dem wir die Elemente finden, aus denen der Mensch aufgebaut werden kann" (Spannungsfeld, 123), d.h. Erziehung bedeutet nicht nur Lenkung oder Beeinflussung des Menschen, sondern Beobachten und Erforschen der Lebensgesetze des Kindes. Montessori unterstellt, daß auch hier Harmonie und Ganzheitlichkeit die Entwicklung mitbestimmen und daher in der Erziehung beachtet werden müssen. Die Entwicklung des Kindes vollzieht sich „wie eine große Ganzheit" (Kindheit, 128). Die im Kinde wirkenden Kräfte bilden einen „geistigen Organismus, eine dynamische Einheit" (KK, 94) und sie streben zur „funktionellen Einheit" einer individuell unabhängigen Persönlichkeit (Friede, 124).

Harmonie ist aber auch ein Ziel der „Anpassung" des Kindes (Friede, 48) an seine Umgebung, d.h., nach Montessori ist das Kind in seiner frühen Entwicklung bestrebt, seine Psyche bzw. „sich so umzuformen, sich so der Umwelt anzugleichen, daß diese Umgebung Teil seiner selbst wird" (KK, 95). Um in seiner Umgebung – Welt – leben zu können, muß es sich nicht nur anpassen i.S. des Erwerbs entsprechender Verhaltensweisen bzw. Fertigkeiten, wie Sprache, Beruf usw., sondern das Kind muß auch noch Unabhängigkeit erlangen, um bewußt und aktiv an der Schöpfungsentwicklung mitzuwirken. Entwicklung ist also nicht nur ganzheitliche Selbstgestaltung bis hin zur Unabhängigkeit, sondern Vorbereitung des Menschen für seine „Mission im großen Weltenplan" (Ksa, 117), und somit durchaus keine egozentrische Selbstverwirklichung. Danach muß der Mensch an der Schöpfung „durch seine wissenschaftliche Hilfe, seine Intelligenz und Kultur mitarbeiten" (LG 46, IX, 5). Er muß nach der Selbstgestaltung seiner Person auch zur Weltgestaltung bereit sein, d.h. die „Erde umbilden, sie erobern und benutzen, um eine wunderbare *„neue Welt"* – die Super-Natur, also Kultur und Zivilisation – „aufzubauen, die die Wunder der Natur übertrifft. Der Mensch schafft Kultur" (Bildung 74).

Anpassung = Lebensgrundlage

In den Jahrtausenden menschlichen Kulturschaffens veränderten sich auch die Grundlagen, genauer die Umgebungen, in denen Kinder aufwachsen. Denn „in dem Maße, wie die Super-Natur errichtet wird, vollzieht sich auch die Entwicklung der Menschheit, die nicht nur eine natürliche Entwicklung ist, sondern auch eine Entwicklung der Persönlichkeit ... Der Mensch der Super-Natur ist nicht mehr der Mensch der Natur" (Friede, 48). Es ist also primär die vom Menschen geschaffene Umgebung oder Kultur, die die Grundlage für die Entwicklung der nächsten Generation darstellt.

In einem „Austausch zwischen der menschlichen Natur und der Super-Natur" bzw. Kultur und Zivilisation (Friede, 48) vollzieht sich unter pädagogischer Verantwortung die Entwicklung der Persönlichkeit. Somit entsteht mit jedem neugeborenen Kind die Notwendigkeit der Anpassung an die Kultur, die Umgebung, und die jeweils individuelle Schaffung einer Einheit sowohl der Persönlichkeit (= personale Integration) als auch zwischen Individuum und Umwelt (= soziale Integration). Gleichzeitig hat hier die Menschheit die Chance eines Neubeginns, daher der Satz Montessoris: Menschsein bedeutet, „sich fortwährend in einem Zustand der Kindheit befinden“ (Bildung, 75). Deshalb ist es die „biologische Funktion“ der Kindheit (KK, 170), die Anpassung des Menschen an immer neue Bedingungen und somit die Fortsetzung und Erneuerung des Lebens zu ermöglichen.

3. *Entwicklung als aktive Selbstgestaltung*

Die Schöpferkraft der Natur bestimmt auch die menschliche Entwicklung mit. Im Kinde wirkt eine „angeborene Aktivität“ (LG 46, XI, 4), die seine Entwicklung antreibt. Diese Aktivität ist Ausdruck des Lebendigen und der Schöpfung, denn „alles in der Schöpfung ist Aktivität. Inbegriff der Aktivität ist das Leben, und nur durch Aktivität kann die Vollkommenheit des Lebens angestrebt und erreicht werden“ (KK, 85).

Diese Entwicklungskraft nennt Montessori im Anschluß an den amerikanischen Pädagogen Nunn „Horme“. Sie ist diejenige „vitale Kraft“, die das Kind „zu seiner Entfaltung“ führt (KK, 77) und zum „Erbauer des Menschen“ werden läßt (KK, 2).

Die Kindheit als qualitativ besondere Phase des Menschseins ist damit der Ort der Erneuerung und Fortführung der Menschheit. Daher ist es die Aufgabe der Kindheit, in jeder Kultur und zu jeder Epoche eine neue individuelle Persönlichkeit aufzubauen, die in der Lage ist, in dieser Epoche zu leben und das Leben wie die Kultur und Zivilisation fortzusetzen.

Demnach hat die Kindheit in der Entwicklung des Menschen die aktive „Funktion, das Individuum an seine Umgebung anzupassen, indem es ein Modell des Verhaltens bildet und es so befähigt, frei in seiner Umgebung zu handeln und Einfluß auf sie zu nehmen“ (KK, 60).

Je nachdem in welche Kultur und Zivilisation das Kind hineingeboren wird, es wird ein entsprechendes Verhaltensmodell aufbauen und eine Handlungsfreiheit entwickeln. Dies bedeutet, daß diese angeborene Aktivität nicht instinktiv festgelegt ist. „Die Tatsache, daß der Mensch nicht von festen und vorher bestimmten Leittrieben (Instinkten) beherrscht wird, wie dies beim Tier der Fall ist, deutet auf das Vorhandensein einer gewissen Handlungsfreiheit, die erst langsam heranreifen kann. Man könnte beinahe von einer Schöpfung, die dem einzelnen Individuum überlassen bleibt und im voraus nicht zu bestimmen ist, sprechen" (Ksa, 51).

Montessori begründet diese Handlungsfreiheit im Mensch-Tier-Vergleich: Beim Tier sind die Funktionen „nach einer unveränderlichen Ordnung" (Ksa, 31) festgelegt und durch eine „bewundernswerte Übereinstimmung der Form der Organe mit der Aufgabe, die das Tier in der Umwelt erfüllt", gekennzeichnet (KK, 48). Dagegen ist beim Menschen „nichts festgelegt, und alles ist möglich ... Jedes menschliche Wesen geht seinen eigenen Weg" (KK, 131).

Der Mensch ist also auf Freiheit, Selbstgestaltung und Selbstbestimmung hin nicht nur angelegt, sondern ihnen quasi auch ausgeliefert, d.h., er muß selbst sein Verhaltensmodell aufbauen, er muß wählen und entscheiden zwischen Richtig und Falsch, Gut und Böse, und alle diejenigen Fertigkeiten lernend erwerben, die zum Leben in der jeweiligen Epoche erforderlich sind. Daher wird nach Montessori „jedes Individuum ... zum Schöpfer seiner eigenen Fähigkeiten ... Der Mensch ist also der Urheber seiner eigenen Vollkommenheit", der Schöpfer seiner selbst (KK, 68).

In diesem aktiv-schöpferischen Selbstaufbau zeigt sich nach Montessori das wahre Wesen des Kindes: „In seinem Aufbau liegt seine wirkliche und fast einzige Freude" (Entdeckung, 340).

4. Merkmale und Wirkungsweise der Selbstgestaltungsaktivität

Obwohl nach Montessori das Kind – wie übrigens auch für Portmann – ein „physisch unvollendet(es) Neugeborenes" (KK, 66) ist, betrachtet sie doch das „gesamte Leben (als) ein psychisches Leben ... In Wirklichkeit ist jede Lebensform in verschiedenem Grad mit psychischen Energien ausgestattet, mit einer bestimmten Art von individueller Psyche, wie primitiv diese Lebensform auch sein mag" (KK, 62). Danach ist der Mensch schon vorgeburtlich nicht nur ein biologischer, sondern ein „geistiger Organismus" (KK, 74), der schließlich auch in der Aktivität des Kindes wirksam ist.

Heute wissen wir durch die Forschungen zur vorgeburtlichen Entwicklung des Kindes, daß seine Sinnessysteme schon sehr früh wirksam sind und das Kind bereits vor der Geburt sich psychisch entwickelt (vgl. Gross).

Die Aktivität des Kindes ist nach Montessori vorgeburtlich vorstrukturiert.

Weltgerichtetheit

Ein erstes Merkmal dieser Vorstrukturierung ist ihre *Weltgerichtetheit.* Denn unmittelbar nach der Geburt macht sich das Kind „die Umgebung, die es trifft, zu eigen und baut den Menschen auf, der dem Leben dieser Umgebung angepaßt ist“ (Bildung, 89).

Nebule

Zu den biopsychischen Voraussetzungen humaner Entwicklung gehören die sog. *Nebule* (Einzahl: Nebula), also angeborene Bereitschaften z.B. für den Aufbau der Sprache, der Bewegung usw., also der typisch humanen Fertigkeiten. In der Nebula für Sprache liegt die „Potentialität“ – also die angeborene Möglichkeit – für den Erwerb der Sprache; es liegt in ihr nicht eine Sprache verborgen. Nebule sind eine „Spezialisierung und Differenzierung“ der Aktivität (KK, 89), die sich nachgeburtlich beim Spracherwerb fortsetzt. So differenziert und spezialisiert sich beim Kind die Sprache von wenigen Lauten für Lust- und Unlustgefühlen bis hin zu einer Hochsprache. In dieser Entwicklung des Sprachaufbaus verändert sich die Struktur der Nebula zu immer höherer Komplexität und sprachlicher Leistungsfähigkeit.

Sensible Phasen

Nachgeburtlich werden die Nebule (für Sprache, Bewegung usw.) wirksam in den sog. *sensiblen Phasen* oder Perioden. Dementsprechend zeigt das Kind im Verlauf der Entwicklung Sensitivitäten (KK, 60ff.) z.B. für Sprache, Bewegung usw., d.h., es sind Entwicklungsabschnitte spezifischer und extremer Lernbereitschaft zum Erwerb von Kompetenzen. Nebule und damit nachgeburtliche Sensitivitäten können sich nur dann und auch optimal entfalten, wenn das Kind Gelegenheit hat, „Erfahrungen in der Umwelt“ (KK, 88) zu machen, d.h., das Kind kann sich durch die Sensibilitäten etwa für Sprache seine eigene Sprache nur „auf Kosten der Umwelt" (KK, 52) aufbauen. Sensibilitäten werden also nur in diesem Zusammenspiel von Entwicklungsimpulsen und Umwelt wirksam. Würde ein Kind nie eine Sprache hören, könnte es auch keine lernen, auch wenn es dafür von seiner Anlage her fähig wäre (etwa bei den Wolfskindern oder beim sog. Wilden von Aveyron). Montessori betont dabei die Wichtigkeit der Übereinstimmung von Entwicklung und Umweltreizen bzw. Erziehung: „Ist ... die Empfänglichkeitsperiode vorbei, so können weitere Errungenschaften nur mit reflektierender Tätigkeit, mit Aufwand von Willenskraft, mit Mühe und Anstrengung gemacht werden; und unter der Stumpfheit wird die Arbeit zu etwas Ermüdendem. Hierin besteht der grundlegende, wesensmäßige Unterschied zwischen der Psychologie des Kindes und der des Erwachsenen" (Ksa, 64).

Sensible Phasen sind also zeitlich begrenzte Entwicklungsabschnitte spezifischer Lernbereitschaft, die nur dann optimal ihre Wirksamkeit entfalten, wenn sie auf eine entsprechende Lernsituation und -möglichkeit treffen. Konkret bedeutet dies: Wenn das Kind in der Sensitivität für Sprache, Bewegung, Sozialverhalten, Ordnung usw. sich befindet, muß es auch entsprechend erzogen werden, muß Handlungs- und Lernmöglichkeiten vorfinden, die diesem Entwicklungsbedürfnis angepaßt sind. Nur dann kann es optimal Funktionen, wie z.B. Sprache, entwickeln. In sensiblen Phasen greifen also Reife- und Lernprozesse konstruktiv ineinander.

Dazu schreibt Montessori: „Bei den psychischen Funktionen kann die Reife nur durch Erfahrungen in der Umwelt eintreten, die während der einzelnen Entwicklungsabschnitte unterschiedlich sind. Die Horme ändert ihre Struktur im Laufe des Wachstums und äußert sich im Individuum durch ein starkes Interesse für besondere Handlungen, die lange und ohne ersichtlichen Zweck wiederholt werden, bis sich aus diesen wiederholten Handlungen schlagartig eine neue Funktion ergibt ... Das bewußte Interesse des Kindes wendet sich etwas anderem zu, das einen anderen Mechanismus vorbereitet. Wird das Kind von den Möglichkeiten, diese Erfahrungen zu sammeln, ferngehalten zu dem Zeitpunkt, da es die Natur dazu bestimmt, vergeht diese spezielle, anregende Sensitivität, und die Entwicklung wie auch die Reife werden dadurch gestört" (KK, 88).

Wiederholung

Typisch für den Erwerb neuer Funktionen sind also intensive Zuwendung des Kindes zu einem bestimmten Bereich menschlicher Fertigkeiten – z.B. Sprache – und das Wiederholungsphänomen. Beispiele dafür sind etwa der Lallmonolog beim Spracherwerb oder die vielfältigen Bewegungswiederholungen beim Entwickeln der Augen-Hand- und der Hand-Hand-Koordination. Auch im Kinderspiel ist dieses Wiederholungsphänomen beobachtbar.

Montessori hat die Sensitivitäten inhaltlich bestimmt und zeitlich geordnet.

Von der Geburt bis zum sechsten Lebensjahr wirken die Sensitivitäten für Sprache, Bewegung, Sozialverhalten und Ordnung. Der Sensitivität für Ordnung ist dabei besondere Aufmerksamkeit zu schenken. Montessori spricht von einem „grundlegenden Bedürfnis nach Ordnung“ (KK, 124), um die chaotische Fülle der Eindrücke und Erfahrungen zu einem geordneten Selbst- und Weltbild strukturieren zu können. Ordnen nennt sie deshalb auch das „Erkennen der Beziehungen zwischen den Dingen“ (Ksa, 85), um zu einer „geistigen Ordnung“ zu gelangen (KK, 164). Die äußere Ordnung seiner Lebenswelt, seien dies nun stabile Familienverhältnisse, klare Lebensregeln, die äußere Ordnung der Dinge seiner Umgebung, sie alle sind Hilfen zum Aufbau seiner geistigen Ordnung und zur Entwicklung der Ordnungsfähigkeit. Dazu gehören auch Spiel- und Lernmaterialien, um die Ordnungsfähigkeit zu üben.

Im Alter von 7 bis 12 Jahren zeigt sich dann eine Sensitivität für Moral und Gerechtigkeit, Gut und Böse und für Sachlichkeit. Es ist eine Phase der Bewußtwerdung sittlich-moralischer Regeln, Werte und Normen und der Hinwendung zur Sachwirklichkeit: Das Kind interessiert sich für Tiere imd Pflanzen, sammelt Steine und Briefmarken und zeigt eine erstaunliche Aufnahme- und Lernfähigkeit für große Stoffmengen aller Art. Das besondere Merkmal seiner Geistestätigkeit ist die Fähigkeit, über die „Untersuchung des Details das Studium des Ganzen in Gang“ zu setzen (Kindheit, 51). Aus der Entdeckung eines schönen Steines kann sich dann eine Steinsammlung ergeben, die es ordnet, kennzeichnet und systematisch, ja fast wissenschaftlich aufbereitet, wenn es dabei unterstützt wird. Montessori fordert daher vom Erzieher, hier den „Keim der Wissenschaften“ zu legen (Kindheit, 51).

Eine besonders hohe pädagogische Bedeutung hat die sozialmoralische Sensitivität. Kinder suchen jetzt Freundschaften, und sie haben jetzt das Bedürfnis nach Gruppen- und Gemeinschaftsbeziehungen, „eine bewußt organisierte" Gemeinschaft. Nun suchen die Kinder die Prinzipien und Gesetze kennenzulernen, die die Erwachsenen festgelegt haben. Sie suchen nach einem Anführer, der die Gemeinschaft führt. Der Gehorsam gegenüber dem Anführer und den Regeln bildet offensichtlich das Bindegewebe dieser Gesellschaft" (KK, 211f.).

Dem Lebensabschnitt von 13 bis 18 Jahren ordnet Montessori eine Sensitivität für „persönliche Würde" und „soziale Verantwortung" und „Selbstvertrauen" zu (Kindheit, 91ff.). Es ist eine Phase der Ablösung von den Eltern, des Suchens nach eigenen Wert- und Normensystemen und des Experimentierens mit den eigenen Möglichkeiten, vor allem aber eine Suche nach der Lebensperspektive: Woher komme ich, wer bin ich, was will ich werden? Der Jugendliche braucht nun eigenständig verfügbare Freiräume, pädagogisch geschützte Gelegenheiten zu selbstverantwortlichem Handeln und Möglichkeiten zur Selbsterprobung, denn „der Erfolg hängt vom Selbstvertrauen ab, von der Kenntnis seiner eigenen Fähigkeiten und deren vielerlei Anwendungsmöglichkeiten" (Kindheit, 99).

Mneme

Gerade am Beispiel Sprache wird ein weiteres Merkmal der Aktivität – die *Mneme* – oder das „vitale Gedächtnis" deutlich, durch das sich das Kind seine psychischen Erwerbungen „merken" beziehungsweise unverlierbar festhalten kann. Der Erwachsene nimmt seine Umwelt und Erfahrungen im allgemeinen durch sein bewußtes Gedächtnis auf. Für das Kind sind die Erfahrungen – hier z.B. sprachliche Erwerbungen – „Material" zur Veränderung und Strukturierung seiner Psyche, d.h., das Kind nimmt nicht nur diese Sprache auf, es paßt seine Psyche einschließlich seiner Sprechwerkzeuge dieser Sprache an. Diese psycho-organische Veränderung – Montessori nennt sie auch „Inkarnation" des Geistes – wird durch die Mneme festgehalten und zum Merkmal der Persönlichkeit.

Geistigkeit – absorbierender Geist

Geistigkeit ist ein weiteres Merkmal der Aktivität. Der kindliche Geist vor allem in den ersten 3 bis 6 Lebensjahren unterscheidet sich grundlegend von der Geistesform der Erwachsenen: „Wenn wir unsere Erwachsenen-Geistesform bewußt nennen, müßte die des Kindes unbewußt genannt werden“ (KK, 21). Montessori nennt diese unbewußte Geistesform *„absorbierender Geist“*, womit sich schon seine spezifische Funktionsweise ausdrückt. Er nimmt die Umwelteindrücke vergleichbar einem Fotoapparat ganzheitlich in das Unbewußte auf. Diese unbewußt aufgenommenen Eindrücke werden zum „Material“ für die psychisch-geistige Entwicklung. So ist der absorbierende Geist eine „unbewußte Geistesform, die eine schöpferische Kraft besitzt ... der absorbierende Geist baut nicht mit Hilfe von Willensanstrengungen auf, sondern unter der Führung innerer Sensibilitäten“, wie z.B. die Sensibilität zu beobachten (Bildung, 83; vgl. dazu Jühlke).

Montessori verweist auch hier wieder auf das Beispiel des Spracherwerbs, der sich wesentlich in den ersten 3 bis 6 Lebensjahren vollzieht, d.h. aber auch, daß das Kind durch diesen Geist auch viele andere Eindrücke nach Maßgabe der Sensibilitäten – wie etwa das Sozialverhalten seiner Umgebung oder die Art des elterlichen Umgangs mit dem Kinde – unbewußt aufnimmt.

Diese Eindrücke werden „während der unbewußten Phase unauslöschbar eingeprägt, ... und so ein *Kennzeichen*“ des Menschen (Friede, 84).

In „Liebe zur Umwelt“ ist der absorbierende Geist „auf die Umgebung ausgerichtet“ (KK, 90) und entnimmt mit Hilfe der Sinne als den „Greiforganen“ des Geistes alles, „was immer um ihn herum ist“, ohne Anstrengung und ohne Ermüdung (LG 46, VII, 8).

In diesem Absorptionsprozeß verankert das Kind sich spontanaktiv die Sprache und Moral, die Bewegungsformen und Sitten, die Gebräuche und auch die Mentalität seiner Umgebung. So kann dieser Geist „in irgendeiner Zivilisation zu einer beliebigen Epoche alles aufnehmen, was in dieser Zivilisation und zu dieser Zeit da ist“ (LG 46, XXV, 3).

Damit hat der absorbierende Geist für das Kind nicht nur Vorteile, wie das schnelle Erlernen der Verhaltensweisen seiner Umgebung, sondern er birgt auch erhebliche Risiken, die auch Montessori deutlich sieht: Denn er ist ein „Geist, der alles aufnimmt, der nicht urteilt, nicht zurückstößt, nicht reagiert“, d.h., er hat noch keine Normen und Wertmaßstäbe oder ein Unterscheidungsvermögen nach Gut und Böse, Richtig und Falsch, sondern er „nimmt alles auf, hofft alles, akzeptiert die Armut wie den Reichtum, akzeptiert jeden Glauben, die Vorurteile und die Gebräuche seiner Umgebung: er inkarniert alles“ (KK, 263).

Somit erklärt sich nach Montessori auch die Gefahr von frühen

Deviationen oder Fehlentwicklungen, z.B. im Sprachbereich oder im Sozialverhalten, wie wir dies bei Kindern aus sozio-kulturell problematischem Milieu oder aus den Untersuchungen von R. Spitz u.v.a. kennen.

Bewußtsein

Der absorbierende Geist baut die Grundlage unserer Persönlichkeit auf und führt zum Bewußtsein. So wie der absorbierende Geist in seiner Wirksamkeit abnimmt, nimmt das Bewußtsein zu.

Bewußtheit tritt schon vor Ablauf des ersten Lebensjahres auf „durch ein Verlangen, Gegenstände zu haben, gewisse Gegenstände unter anderen zu wählen, ein Ding dem anderen vorzuziehen. Wenn ein Kind dies tut, so sind wir sicher, daß wirklich Bewußtheit da ist" (LG 46, VI, 2).

Ein sicheres Zeichen für die Bewußtwerdung ist also das gezielte Handeln, und damit kann man auf Handlungsbewußtsein schließen. Ein weiterer Indikator ist das „Ich" nach Montessori, denn das „Ich" ist der „große Organisator und Koordinator, der mit Hilfe unausgesetzter Übungen und Erfahrungen die innere Einheit ... schafft" (Ksa, 119). Innere Einheit heißt Bewußtsein, Intelligenz und Vernunft. Sie zeigt sich im „verständigen Individuum, das Urteil und ein Ziel hat" (LG 33, 19).

Der Zeitpunkt des Auftretens vernünftigen Handelns liegt etwa bei drei Jahren, wenn die Kinder nach vorausgedachten Vorstellungen oder Handlungen diese planmäßig in die Tat umzusetzen beginnen. Dies zeigt sich beim Erzählen ausgedachter Geschichten, im Malen und Kneten, im Bauen und Basteln und beim Lösen von Problemen, die nicht nach dem Versuch – Irrtum – Schema ausgeführt werden.

Bewegungs- und Sinnesaktivität

Bewegungs- und Sinnesaktivität sind ein weiteres zentrales Merkmal der angeborenen Aktivität. Montessori nennt die Sinnes- und Bewegungsaktivität „Relationssysteme" und „Knotenpunkt mit der Umgebung" (LG 46, V, 8). Sie bringen „den Menschen in Beziehung zur unbelebten und belebten Welt, damit zu den anderen Individuen. Ohne dieses System bestünden keine Beziehungen zwischen Individuum, Umwelt und Gesellschaft" (KK, 126f.).

Durch die Forschungen zur vorgeburtlichen Entwicklung des Kindes (vgl. Gross) wissen wir heute, daß sich die Sinnes- und Bewegungsaktivitäten schon in den ersten Schwangerschaftsmonaten entwickeln, und bei der Geburt stehen alle Sinne funktionsbereit, wenn auch noch nicht voll ausgereift, zur Verfügung. Nachgeburtlich zeigt sich aufgrund der noch unvollkommenen Bewegungsfähigkeit ein Aktivitätsvorrang der Sinnestätigkeit.

Montessori sieht wie Piaget in der Einheit von Bewegungs- und Sinnesaktivität die entscheidenden Grundlagen der psychisch-geistigen und auch sozialen Entwicklung des Kindes.

Bauplan

Das Zusammenwirken von Nebule und absorbierendem Geist, Bewegung und Sinnen und den Sensitivitäten ist nach Montessori nicht zufällig, sondern folgt einem sog. *„Bauplan"* (Ksa, 56) der Entwicklung. Der Mensch baut sich nicht zufällig auf. Obwohl der Mensch – gerade im Hinblick auf die Bewegung – eindeutigen Reifegesetzen unterliegt, ist nach Montessori die Entwicklung doch ein offener Prozeß – auch für Fehlentwicklungen, die sie Deviationen nennt. Falsche Erziehung „kann jenen Bauplan zerstören oder seine Verwirklichung in falsche Bahnen lenken" (Ksa, 56), d. h., die angeborene Aktivität deformieren, einschränken; oder dem absorbierenden Geist wird eine Umwelt geboten, die problematische Lebensmuster oder Sprachmuster enthält, die er aufsaugt und die zu korrigieren außerordentlich schwierig und langwierig ist.

Anpassung

Die angeborene und spontane Aktivität ist also das Zentrum des Persönlichkeitsaufbaus. Sie ermöglicht – wie Montessori sagt – nicht nur die Entwicklung der einzelnen Funktionsbereiche wie Intelligenz, Sprache, Bewegung usw., sondern auch und vor allem eine *„Anpassung"* des Kindes an seine Kultur und Zivilisation. Daher ist das Wesen der Aktivität das „Vermögen schneller Anpassung … das die Vererbung auf psychischem Gebiet ersetzt" (Bildung, 87). Es handelt sich bei Montessori jedoch nicht um eine Anpassung als Einpassung in die Gesellschaft oder Unterwerfung unter ihre Zwecke, sondern um den Aufbau der Persönlichkeit als vernunftbestimmtes und zu Unabhängigkeit und Mündigkeit fähiges Wesen. In diesem

Sinne charakterisiert Montessori die Entwicklung des Kindes: „Das ganze unbewußte Streben des Kindes geht dahin, sich durch Loslösung vom Erwachsenen und durch Selbständigkeit zur freien Persönlichkeit zu entwickeln“ (Grundlagen, 9).

Die angeborene spontane Aktivität ist dabei die treibende Kraft und der Ansatzpunkt für die Erziehung.

5. *Entwicklungsstufen*

Montessori unterteilt die menschliche Entwicklung in die Phasen von 0 bis 6, 7 bis 12 und 13 bis 18 Jahre ein.

Einheit der Person und Entwicklung

„Die menschliche Persönlichkeit ist zweifellos durch die aufeinanderfolgenden Entwicklungsstufen hin nur eine einzige. Aber welchen Menschen man auch betrachtet, in welcher Lebenszeit man ihn ins Auge faßt ... alle begannen als Kinder. Vom Kind wuchsen sie zum Erwachsenen. Ohne Unterbrechung der Einheit der Person, wenn nun die menschliche Personalität in den verschiedenen Entwicklungsstufen eine *Einheit* ist, muß man sich auch *ein* Erziehungsprinzip denken können, das für alle Lebensalter gilt“ (Bildung 16). Montessori sieht dies im Prinzip der oben erwähnten Normalisation.

Phasenübergänge

Dennoch hat jede Phase ihre spezifischen Sensitivitäten und Bedürfnisse, wie sie ebenfalls ihre besonderen pädagogischen Chancen aufweisen. Montessori bezeichnet die Phasenübergänge als „Metamorphosen“ bzw. als „Wiedergeburten“ (Kindheit, 23), um den psychoorganischen Aufbau und die Unumkehrbarkeit sowie die eigentümlichen Qualitäten jeder Phase zu bezeichnen. In jeder Phase müssen bestimmte und kaum nachholbare Erfahrungen gemacht werden, wenn die Entwicklung im Sinne Montessoris zur Normalität führen soll. Die Benennungen für die Phasenübergänge bezeichnen aber auch die Verlaufsqualität der Entwicklung, denn die Phasenübergänge treten nicht plötzlich ein, und sie sind auch nicht an genaue biologische Daten gebunden, sondern das Ergebnis eines komplizierten Wechselwirkungsprozesses von *Reife – Lern-Vorgängen*, und vor allem sind sie das Resultat der „inneren Arbeit" des Kindes im Austausch mit der Umgebung seines Lebens und Handelns.

0 bis 3 bis 6 Jahre

Montessori unterscheidet bei der ersten Lebensphase von 0 bis 6 eine Unterphase von 0 bis 3 Jahren, der sie eine besondere Bedeutung beimißt. Sie bezeichnet das Kind in dieser unbewußten Unterphase als geistigen oder „psychischen Embryo", denn so wie der Mensch in den ersten 3 bis 4 Schwangerschaftsmonaten als Embryo seine leiblichen Organe, die Sinne und das Nervensystem entwickelt, so baut das Kind in der nachgeburtlichen psycho-embryonalen Periode seine psychischen Organe auf: Bewegung und Intelligenz, Sprache, Sozialverhalten, seine Gefühle usw.

In dieser schöpferischen Anpassung wird „alles, womit das menschliche Individuum ausgestattet ist, ... vom Kind geschaffen" (KK, 21), um in seiner jeweiligen Kultur leben und Unabhängigkeit vom Erwachsenen aufbauen zu können. Dazu muß es vor allem Vernunft entwickeln, das den Menschen als „denkendes, mitteilendes, wollendes und gemäß seinem Willen (sich) bewegendes Wesen auszeichnet" (Ksa, 136).

Die Kindheit in dieser Phase bezeichnet Montessori deshalb als „Werkstatt der Prädispositionen" (Ksa, 20) seines zukünftigen Verhaltensmodells, in der das Kind „fortgesetzt zu neuen Eroberungen quantitativer und qualitativer" Art fortschreitet (Kirche, 226).

Folglich sind die ersten drei Lebensjahre entscheidend verschieden von den nächsten drei Lebensjahren: „Die Schöpfung von Fähigkeiten, die Schöpfung von Bewußtheit, alles wird geschaffen während dieser Periode. Und danach vervollkommnet die Natur und erweitert, was geschaffen worden ist. Wir müssen also unterscheiden die Periode des Schaffens, die Bildung aus dem Nichts von der Periode des Wachstums. Es sind zwei verschiedene Dinge" (LG 46, V, 3).

Mit Hilfe des absorbierenden Geistes unter der Lenkung der Sensitivitäten nimmt das Kind die Umwelteindrücke nicht nur aktiv auf, sondern formt und gestaltet damit zugleich seine psychischen Organe. „Es durchforscht ... aktiv seine Umgebung (und es) *selbst* sucht diese Eindrücke" (KK, 93), weil sie das Material und die Nahrung für seine sich aufbauende Psyche sind. Hierin zeigt sich ein wesensmäßiger Unterschied zwischen der Psyche des 0- bis 3jährigen Kindes und der des Erwachsenen. „Wir (Erwachsene) sind Aufnehmende, wir füllen uns mit Eindrücken und behalten sie in unserem Gedächtnis, werden aber nie eins mit ihnen, so wie das Wasser vom Glas getrennt bleibt. Das Kind hingegen erfährt eine Veränderung: Die Eindrücke dringen nicht nur in seinen Geist ein, sondern formen ihn" (KK, 23).

Am Beispiel der Sprachentwicklung läßt sich dies deutlich aufweisen: Das Kind nimmt nicht nur die Laute seiner Muttersprache auf, sondern gleichzeitig formt das Kind in einem Reife-Lernprozeß seine Sprechwerkzeuge nach Maßgabe der Muttersprache. Es paßt sich dieser Sprache auch an, indem es die sprechende Mutter beobachtet, ihre Lippenbewegungen mit ca. 2 bis 4 Monaten nachahmt und in den Lallmonologen die Lautgestaltung seiner Muttersprache übt, d.h. seine Sprechwerkzeuge und seinen Geist psycho-organisch der Muttersprache anpaßt.

Diesen Prozeß umschreibt Piaget mit dem Begriffspaar Assimilation und Akkomodation, d.h. die Aneignung der äußeren, objektiven Wirklichkeit, die zu einer Veränderung innerer, geistiger Strukturen und Schemata – zu einer Akkomodation bzw. Anpassung – führt und das Kind zu höheren und komplexeren Kompetenzen befähigt. Auch Montessori spricht von der Entwicklung als aktiver Anpassung und als Aufbau einer „individuellen Struktur" der Anpassung (LG 46, XII, 1). Darum bezeichnet Montessori diese Phase auch als „schöpferische Periode" (KK, 20).

3 bis 6 Jahre

Das 3- bis 6jährige Kind ist dagegen in einer „Periode der Realisierung und Perfektionierung" der in den ersten Jahren erworbenen Bilder, Eindrücke und inneren geistigen Strukturen, die es nun zum Ausdruck, zur Darstellung bringt und vor allem konkret handelnd ordnen und sich zum Bewußtsein bringen will. Dies vollzieht sich in „Mühe und Erfahrung" (KK, 194) durch ein aktiv-konstruktives „Erringen sukzessiver Grade von Unabhängigkeit nicht nur auf psychischem, sondern auch auf physischem Gebiet" (a.a.O., 77).

Ein entscheidendes Merkmal für dieses Unabhängigkeitsstreben in dieser Phase ist der Übergang vom Unbewußten zum Bewußten. Während es für das 0- bis 3jährige Kind typisch ist, daß es vom unbewußt wirkenden absorbierenden Geist bestimmt ist, ist das 3- bis 6jährige Kind auf die bewußte „Eroberung der Umgebung" gerichtet (KK, 149). In diese „Periode der aufbauenden Vervollkommnung" (a.a.O., 150) ist es typisch für das Kind, „alles anzufassen und bei den Gegenständen zu verweilen“ (a.a.O.), sie zu untersuchen und mit ihnen zu hantieren. Es ist eine Phase der bewußten Welteroberung (Explorationstrieb), aber auch eine Phase der Selbsteroberung, d.h., sich im Umgang mit der Wirklichkeit zu erobern, seine Fähigkeiten zu entwickeln, sich ihrer dabei bewußt zu werden und zu perfektionieren. Montessori hat auf diese Phase ihren pädagogischen Schwerpunkt gesetzt, indem sie dem Kind Materialien und Handlungssituationen bereitstellte, die diesem Entwicklungs-, Perfektionierungs- und Bewußtwerdungsprozeß entwicklungsgemäß entsprechen. So sind z.B. die Sinnesmaterialien Hilfen, die sowohl seinen sensomotorischen Fertigkeiten angepaßt sind als auch seinen psychisch-geistigen Bedürfnissen entsprechen: d.h. zu unterscheiden, zu ordnen, zu klassifizieren usw., also geistige Grundfunktionen zu üben und sich ihrer bewußt zu werden, damit es sie bei der Eroberung seiner Umgebung auch zunehmend bewußter einsetzen kann.

Vor allem aber erwirbt der Geist in dieser ersten Phase in „seiner Umwelt die Orientierungselemente, deren er für seine späteren Eroberungen bedürfen wird“ (Ksa, 83). Deshalb ist die „Sensitivität für Ordnung“ von grundlegender Bedeutung für die gesamte Persönlichkeitsentwicklung, um die Ordnungsstrukturen von Sprache und Sozialität, der Dinge und Handlungen usw. zu erfassen.

7 bis 12 Jahre

Für die Kindergartenpädagogik ist es notwendig, auch die nachfolgende Phase zu kennen, denn – wie gesagt – die Übergänge sind fließend, und manche Kinder von 5 bis 6 Jahren zeigen bereits Merkmale der 7- bis 12jährigen, wie umgekehrt auch diese Kinder noch Merkmale der 0- bis 6jährigen zeigen. Aus diesen Gründen hatte ja Montessori sich eine kontinuierliche Einheit von Kinderhaus und Schule gedacht mit fließenden Übergängen. Weil dies heute oft nicht so ist, kommt es zu gefährlichen Über- und Unterforderungen und sog. Milieubrüchen zwischen der Kindergarten- und Schulpädagogik.

Das 7- bis 12jährige Kind hat das Bedürfnis, „die Grenzen seines Aktionsbereiches, in dem es sich bis jetzt entwickelt hat, zu erweitern“ (Kindheit, 27). Das gilt sowohl für seine geistige als auch für seine soziale Entwicklung. Neue Sensibilitäten brechen auf: das Hinausdrängen aus den umhegten Räumen von „Familie und Kinderhaus in den offenen Raum einer größeren Umwelt ...; das geistige

Interesse für die erkennende Durchdringung der Welt als Kosmos und das Interesse für soziale und moralische Grundorientierungen" (Oswald 1978, 32). Sein Geist will nun über die Phantasie in ihrer geistigerweise „weltschaffenden Funktion" (zit. n. Oswald, 1958) die Welt in ihren Ordnungen und Gesetzmäßigkeiten erkennen, durchdringen und sich geistigerweise aneignen. Es besteht ein „Bedürfnis nach Abstraktion und Intellektualität" (Friede, 49), wobei nicht allein die Gegenstände an sich interessant sind, sondern das „Problem von Ursache und Wirkung" das Denken und Handeln des Kindes bestimmt (Kindheit, 29).

Das Kind benötigt jetzt systematischen Unterricht, d.h. wissenschaftlich-systematisch und auch fachübergreifend (siehe Abschnitt 11: Kosmische Erziehung), um z.B. den einheitlich-ganzheitlichen Zusammenhang von Biologie und Chemie, Pflanzen und Tieren usw. zu begreifen.

Montessori bezeichnet das Kind in dieser Phase als „sozialen Neugeborenen", der nun die „bewußt organisierte Vereinigung" sucht (KK, 211). Bestimmend ist nicht mehr allein wie in der vorausgegangenen Phase Gefühl und Sympathie, sondern Ordnungen und Regeln des Zusammenlebens und der Moral. Hier entwickelt sich auch stärker das Gewissen als Leitinstanz des Handelns und der Unterscheidung von Gut und Böse, Richtig und Falsch.

B. Praxis: Bildungsbereiche, Didaktik, Methodik und Medien

1. *Erziehung in der Familie*

„Das neugeborene Kind ist nicht einfach ein Tierlein, das man nähren muß, es ist von Geburt an ein Geschöpf mit Seele, und wenn man für sein Wohl sorgen will, genügt es nicht, seine körperlichen Bedürfnisse zu befriedigen: Man muß ihm auch einen Weg zur geistigen Entwicklung eröffnen, muß seine geistigen Regungen vom ersten Tage an achten und verstehen, sie zu fördern. Das ist die Grundlage der neuen Erziehung in der Familie. Das Kind braucht eine ihm entsprechende Umgebung, damit alle seine Fähigkeiten sich durch Übung entwickeln können" (Familie, 27).

Zu den heute selbstverständlichen Voraussetzungen zählt nach Montessori die Liebe und die Ernährung des Kindes. Das Kind braucht – wie Montessori dies kurz und bündig formulierte – „Milch und Liebe" (Bildung, 93). Dazu gehört die Forderung, daß „während der ersten Tage nach der Geburt ... das Kind soviel wie möglich mit seiner Mutter in Kontakt bleiben" kann (KK, 91). In dieser ersten Phase baut das Kind nun aktiv den Kontakt zu seiner Mutter auf, und die Mutter lernt sich auf das Kind in seinen individuellen Eigentümlichkeiten einzustellen, seinen Wach- und Schlafrhythmus, seinen Essens- und Verdauungsrhythmus usw. Aber auch schon die ersten Interaktionen zwischen Kind und Mutter entwickeln sich hier, und diese gilt es zu erkennen. Montessori schreibt dazu: „Wissen um die psychischen Bedürfnisse des Kindes und die Fähigkeit, seine Äußerungen zu beobachten und richtig zu deuten – dies ist die Vorbedingung für jede Mutter, die ihr Kind erziehen will" (Familie, 30).

Neben Milch oder Nahrung, Wärme und Geborgenheit braucht das Kind schon jetzt und kontinuierlich die „psychischen Stimuli von Zärtlichkeit und Zuspruch" (Anthropologie, 47) zur Anregung und Entfaltung seiner Aktivitäten, d.h., etwas in seiner keimhaft entwickelten Sprache auszudrücken, etwas zu greifen usw., denn die „Hauptsache ist: Man muß alle Formen der vernünftigen Betätigung des Kindes achten und sie zu verstehen suchen" (a.a.O.). Montessori verweist hier in einem Beispiel auf ein Spiel des Kindes mit einer Klapper, die es immer wieder ansieht, fallen läßt, die Mutter gibt sie wieder usw. Sie beobachtete, daß das Kind immer wieder seine Finger betrachtete, die greifen und loslassen, d. h., nicht allein die Klapper, sondern die Entdeckung seiner eigenen Handtätigkeit faszinierte das Kind, das immer wieder seine Tätigkeit wiederholte und so seine Handgeschicklichkeit übte. So soll das Kind nach Montessori in seiner Aktivität nicht nur frei sein, also handeln können, sondern wir müssen es „unterstützen in seinen Bemühungen beim Wachstum" (a.a.O., 34), ihm also die Mittel und Wege zur Unabhängigkeit geben und zeigen und ihm vor allem die Freiheit des Handelns – in den Grenzen der Sicherheit des Kindes – ermöglichen.

Zu den wichtigsten Grundbedingungen der freien Entwicklung gehört die Möglichkeit der Teilhabe am Leben der Familie, in der das Kind alle menschlichen Grundfertigkeiten erwerben muß: Sprache und Bewegung, Sozialverhalten usw., und vor allem die alltäglichen Lebensverrichtungen und Dinge kennenlernen kann. Daher muß „die Umgebung des kleinen Kindes ... die Welt sein, die es umgibt, alles in ihr", und es soll in den ersten Jahren daher nicht in einem sog. Kinderzimmer isoliert werden (KK, 99), denn ohne kontinuierlichen Kontakt zur Realität droht dem Kind geistige und soziale Unterernährung. Dies gilt vor allem auch für den Spracherwerb, den das Kind ohne eine mit ihm richtig sprechenden Mutter nicht optimal vollziehen kann. So muß die sprachliche Umgebung nicht nur vorhanden, sie muß auch i. w. S. des Wortes gut und korrekt sein, denn das Kind in der Phase der Wort- und Satzbildung – bis ca. 3 Jahre – braucht eine sprachlich vorbildliche Umgebung. Dabei kommt es nicht allein auf die Korrektheit der Sprache an, sondern auch, wie man mit dem Kinde spricht – d. h. „liebevolles Eingehen" auf die sprachlich noch unvollkommenen Bemühungen des Kindes um Ausdruck und Verstehen (a.a.O., 40), denn „das Kind ist äußerlichen Einwirkungen gegenüber viel empfänglicher, als wir glauben; wir müssen in unseren Beziehungen zu ihm sehr behutsam sein" (a.a.O., 39).

So sind nach Montessori „die menschlichen Stimmen, die ruhig und einfach sprechen ... offenbar die schönste Musik für sein Ohr. Die Natur (die angeborene Sensitivität für Sprache) bietet ihm dieses Mittel, damit es selbst sprechen lerne" (a.a.O., 36).

Entwicklung ist nach Montessori ein Streben nach Unabhängigkeit vom Erwachsenen. Es will vieles selbst machen, und jeder kennt ein Kind, das kaum laufen kann, und schon will es nicht mehr im Kinderwagen sitzen, sondern es schreit, will heraus und den Wagen selbst schieben. Das ist ihm – solange seine Kräfte nur reichen – die größte Lust. Es liebt die Anstrengung und überwindet schnell eine

Niederlage, wenn wir ihm in ermutigender und liebevoller Weise zeigen, wie man es macht. Daher stellte Montessori den Grundsatz auf: „Wir müssen den Tätigkeitsdrang soweit wie möglich unterstützen, wir dürfen es nicht bedienen (wo es etwas selbst kann, durch Verfasser), sondern wir müssen es zur Selbständigkeit erziehen" (a.a.O., 36), was auch immer das Kind lernen kann: Essen mit dem Löffel, An- und Ausziehen, Waschen usw.

Dies ist der Grundsatz, der die ganze Montessori-Pädagogik durchzieht und auch die nächste Stufe – das Kinderhaus – bestimmt.

2. *Erziehung in der vorbereiteten Umgebung: Kinderhaus*

Wo und wie das Kind erzogen wird, kann man nicht dem Zufall überlassen. Für Montessori war es daher eine pädagogische und insbesondere didaktische Grundfrage, wie man dem Kind „eine Umgebung schaffen kann, die seiner Entwicklung förderlich ist, um es dann in dieser Umgebung sich frei entwickeln zu lassen" und so „dem Kind zu helfen, selbständig zu werden" (Grundlagen, 46).

Die vorbereitete Umgebung dient also der Entfaltung und Förderung der kindlichen Aktivität, seiner Begabungen und Interessen bis zur „totalen Entfaltung des Lebens" (Friede, 63f.) vor allem durch die systematische Ermöglichung der Polarisation der Aufmerksamkeit.

Montessori wußte schon zu Anfang dieses Jahrhunderts, daß das Kind einen Lebens-, Lern- und Entwicklungsraum benötigt, der seiner Entwicklung dynamisch folgt, seinen Bedürfnissen, Maßen und Kräften entsprechend pädagogisch, personal-sozial und didaktisch-dinglich an das Kind angepaßt ist: „Wenn wir von Umgebung sprechen, so verstehen wir darunter die Gesamtheit all der Dinge, die das Kind frei in ihr auswählen und so benutzen kann, wie es will, als gemäß seinen Neigungen und seinem Bedürfnis nach Tätigkeit" (Entdeckung, 72).

Vorbereitete Umgebung – Vermittlung von Kind und Kultur

Dementsprechend hat Montessori als eine der ersten Pädagogen Stühle und Tische, die sanitären Anlagen und alle Dinge dem Kinde angepaßt sowie Lernsituationen und -materialien so gestaltet, daß sie den sich entwickelnden Begabungen und Interessen des Kindes folgen, seine Aktivitäten und Interessen stimulieren und das Kind gleichzeitig in die Kultur und Zivilisation einführen. Umgekehrt müssen dem Kinde Mittel und Methoden gegeben werden, um die Welt zu entschlüsseln, sie verstehen, um in ihr frei und verantwortlich handeln zu können.

Montessori entwickelte daher die Idee der vorbereiteten Umgebung einerseits als pädagogisch-didaktisches Prinzip, d.h. immer zu fragen, wie diese passende Umgebung für jedes individuelle Kind neu zu gestalten ist, und als pädagogische Institution: als Kinderhaus und Schule bis hin zur Universität.

Die Bildungsinstitutionen nach Montessori sind also Kinderhaus (-garten) für 3- bis 6jährige, dem sich in fließendem Übergang Grundschule oder Primarstufe für 6- bis 12jährige anschließen, und dann eine neuartige Sekundarstufe – die „Erfahrungsschule des sozialen Lebens“ (Kindheit, 99) mit Bauernhof, Geschäft und Gasthaus.

Freie Wahl

Zu den typischen Merkmalen der Montessori-Pädagogik in Kinderhaus und Schule gehört das Prinzip der „freien Wahl der Arbeit“ (Montessori) oder kurz „Freiarbeit“. Kinder wählen innerhalb der „vorbereiteten Umgebung“ ihren Lerngegenstand, und sie bestimmen weiter Lerntempo und -dauer und den Schwierigkeitsgrad ihrer Tätigkeit, aber auch die Wahl des eventuellen Lernpartners liegt bei ihnen. Der Bildungsprozeß innerhalb der „vorbereiteten Umgebung“ ist wesentlich vom Kinde aus mitbestimmt, das also sein Lernen und Handeln selbst steuert und somit zum Gebrauch der Freiheit geführt wird. Dem Lehrer oder Erzieher kommt in der „vorbereiteten Umgebung“ eine wichtige Aufgabe zu, denn seine Erziehungs- und Lehrtätigkeit erfolgt durch die Gestaltung der „vorbereiteten Umgebung“ zu einem erheblichen Teil „indirekt“. Eine pädagogisch bewußt und wissenschaftlich vorbereitete Umgebung für die Entwicklung des Kindes muß also phasen- bzw. entwicklungs- und kulturspezifische Bildungs- und Lernangebote enthalten, damit das Kind beim Auftreten der jeweiligen Sensitivitäten seine Entwicklungs- und Bildungsbedürfnisse befriedigen und sich allseitig entfalten kann.

Exkurs: Tagesablauf im Kinderhaus

Der Tag beginnt 7.45 Uhr: Der Raum wird für die Kinder vorbereitet. Dazu helfen die Beobachtungen der Erzieherin vom Vortage. Sie sind wichtige Voraussetzungen dafür, den Kindern die entwicklungsgemäßen Hilfen und Lernangebote zu machen. Sie fragt sich, was hat das einzelne Kind für Interessen gezeigt, womit hat es sich beschäftigt?

Uwe hat sich in den letzten Tagen mit Wasserkännchen und Gläsern beschäftigt. Er übt sich in Schüttübungen mit Kännchen und Gläsern, von Kännchen in Töpfchen, und dies immer wieder. Er macht Raum- und Mengenerfahrungen. Die Erzieherin bereitet eine Darbietung vor. Eine Wachsdecke schützt den Tisch, auf dem ein Tablett mit unterschiedlichen Glasgefäßen und eine wassergefüllte Glaskanne auf einem Tablett stehen. Daneben liegt ein Wischtuch zusammengefaltet. Für Uwe ist alles vorbereitet. Ob er die Darbietung annimmt?

In der Montessori-Pädagogik lernt das Kind in freier Wahl der Tätigkeit. Das Kind kann, muß aber nicht. Es hängt viel von der Qualität der pädagogischen Atmosphäre ab, ob sich das Kind auf eine Darbietung einer systematischen Übung einläßt.

Anna ist an der Beschäftigung mit den „Einsatzzylindern“ (Abb. unten) interessiert. Schnell richtet die Erzieherin einen Blick auf den Tisch, ob noch alles funktionsbereit und für das Kind vorbereitet ist: Sind die Stifte gespitzt? Ist genug Papier da? Liegt der Locher bereit?

Michael rechnet gern. Der Untersatz mit dem Perlenmaterial muß auf dem Spielteppich bereitliegen.

Der Frühstückstisch ist mit Blumen geschmückt. Sets und Porzellangeschirr sind ausgelegt. Auf dem Flur liegt ein Teppich mit Legespielen. In eine Leseecke werden neue Bücher ausgelegt. Für Peter ist Material zum Experimentieren mit Magneten ausgelegt.

Noch ein Blick hier- und dorthin, und die Kinder können kommen. Die Umgebung ist vorbereitet auf das Kind.

Das Kinderhaus ist normalerweise von 8 – 12 und von 14 – 16 Uhr geöffnet.

Die Kinder können nach der persönlichen Begrüßung ihre Tätigkeit frei wählen. Sie können ihre Beschäftigung so oft wiederholen und so lange mit den Materialien „arbeiten", wie es ihnen Spaß macht.

Uwe geht direkt zu dem Tisch mit den vorbereiteten Gläsern und gießt dort 40 Minuten lang Wasser von einem Gefäß ins andere. Simone arbeitet 30 Minuten mit den „Einsatzzylindern". Anna muß warten, bis Simone fertig ist. Anna kennt das. Sie ist nicht ärgerlich. Sie setzt sich an den vorbereiteten Maltisch und malt mit Wachsstiften.

Sandra holt sich einen Anziehrahmen mit Knöpfen (Abb. S. 120) und probiert, die Knöpfe zu öffnen und zu schließen. Dirk und Jürgen spielen gemeinsam in der Bauecke. Sie hängen an den Eingang der Bauecke einen roten Kreis, d. h., die Bauecke ist besetzt. Sabine hört mit einer Puppe im Arm in der Kuschelecke eine Kassette mit Kinderliedern. Sie kann mit dem Kassettenrekorder umgehen.

Peter findet seine Experimentierecke vorbereitet. Die Erzieherin hilft ihm und zeigt den Umgang mit dem Material. Bald kommt Klaus dazu, und lange sind die beiden damit beschäftigt, Material mit den Magneten auszuprobieren. Welches Material läßt sich mit den Magneten anziehen? Ralf und Sigi bauen gemeinsam einen Turm mit dem „Rosa Turm" (Abb. S. 121 oben) und der „Braunen Treppe". Dazu benötigen sie eine Leiter. Frank sitzt auf dem Teppich und rechnet mit dem „Goldenen Perlenmaterial" (Abb. S. 121 unten). Vier andere Kinder frühstücken.

In der Leseecke schauen sich zwei Kinder Bilderbücher an, während die zweite Erzieherin vorliest.

Bis ca. 10.30 Uhr wählen die Kinder ihre Tätigkeiten und Übungen des täglichen Lebens, Montessori-Materialien, Gesellschaftsspiele, lesen, malen, bauen, singen und experimentieren usw.

Um 10.30 Uhr können 10 Kinder turnen, die anderen haben die Möglichkeit, den Spielhof aufzusuchen oder ihre Tätigkeit im Innenraum fortzusetzen. In dieser Zeit werden den Kindern auch gemeinsame Spiele und Bastelarbeiten usw. für Klein- und Großgruppen angeboten – alles auf freiwilliger Basis. Im Montessori-Kinderhaus können die Kinder ihre Tätigkeit frei wählen. Die Erzieherinnen bieten den Kindern nach Maßgabe ihrer Interessen, Begabungen und ihres Entwicklungsstandes Tätigkeiten und Material an. Das Kind aber entscheidet frei, ob es ein Angebot annimmt oder nicht.

(Hella Klein, Montessori-Pädagogin)

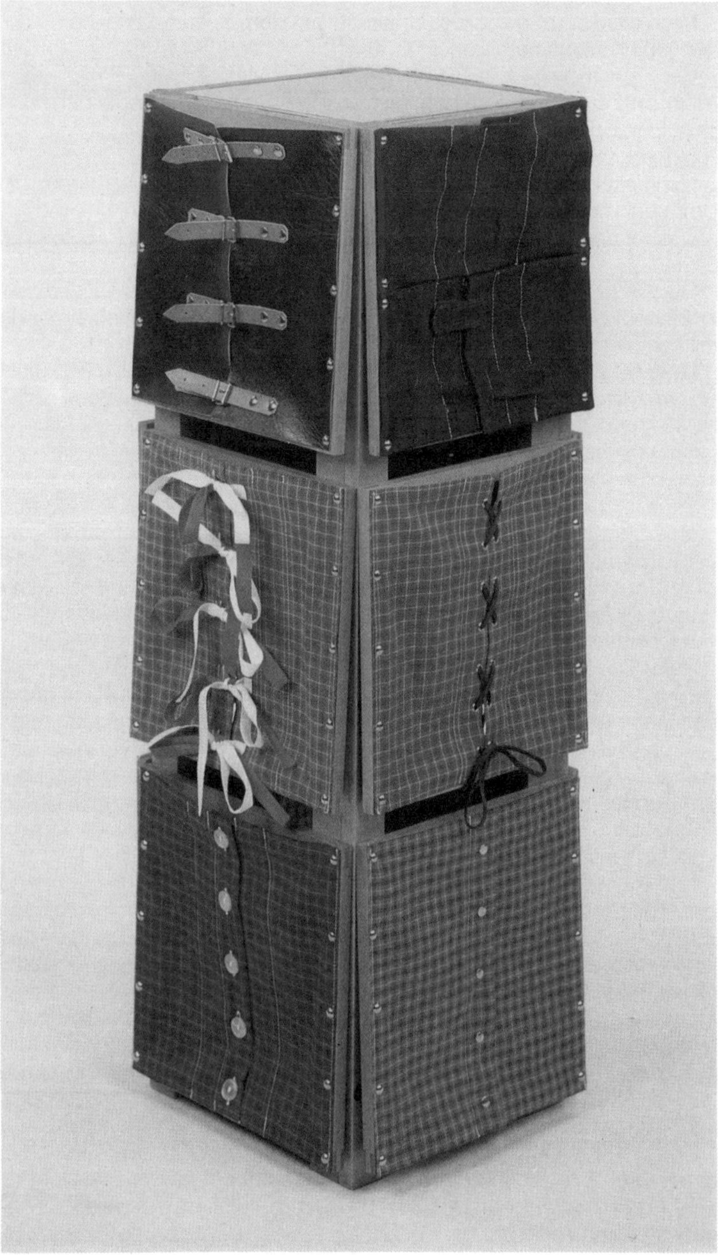

3. Aufgaben des Erziehers

Grundlegend für die Freiarbeit und die Montessori-Pädagogik überhaupt ist eine neue Einstellung des Erwachsenen gegenüber dem Kind, die bei seiner Selbsterziehung und einer Selbstreflexion beginnen: „Vor allem muß er selbst seine innere moralische Haltung festigen" und lernen, „daß er zuerst anfängt, die schlechten Neigungen, die Fehler in sich selbst zu suchen (Böhm, 1985, 81). Eine weitere „Hauptaufgabe ist die, wie man das Kind betrachtet" (a.a.O., 81), also z.B. als ein aktiv-lernendes oder mehr als ein passiv-rezeptives Wesen. Denn von solchen anthropologischen Voreinstellungen des Lehrers hängt seine Lehr- und Erziehungsweise wesentlich ab.

Forderungen an Erzieher

Paul Oswald, einer der besten Kenner der Montessori-Pädagogik, hat besonders auf die „Gebote" für das Erzieher- und Lehrerverhalten hingewiesen, die Montessori gelegentlich so formulierte:

„Gebote für den Erzieher des jungen Kindes im ‚Kinderhaus':

Was sollen die Lehrer, die zur Läuterung des Dienstes am sich entwikkelnden Leben bereit sind, dort ‚aktiv' tun, wo für die Kinder eine ihnen angemessene Umgebung geschaffen worden ist?

1. Die Lehrer haben zunächst eine Pflicht materieller Ordnung: Minutiös die Umgebung zu pflegen, so daß sie sich sauber, glänzend, geordnet darstellt; die Folgen der Abnutzung durch den Gebrauch beheben, ausflicken, neu bemalen oder auch für erziehenden Schmuck sorgen ...

2. Der Lehrer muß den Gebrauch der Dinge lehren, ausführend zeigen, wie sich die Übungen des praktischen Lebens vollziehen: und dies mit Anmut und Genauigkeit, damit alles in der Umgebung von dem benutzt werden kann, der es wählt.

3. Der Lehrer ist ‚aktiv', wenn er das Kind mit der Umgebung in Beziehung bringt: Er ist ‚passiv', wenn diese Beziehung erfolgt ist.

4. Er muß die Kinder beobachten, damit ihre Kraft sich nicht vergebens verflüchtigt, wenn eines verborgene Gegenstände sucht oder eines der Hilfe bedarf.

5. Er muß herbeieilen, wohin er gerufen wird.

6. Er muß zuhören und antworten, wenn er dazu eingeladen wird.

7. Er muß das Kind, das arbeitet, respektieren, ohne es zu unterbrechen.

8. Er muß das Kind, das Fehler macht, respektieren, ohne es zu korrigieren.

9. Er muß das Kind respektieren, das sich ausruht und das den anderen bei der Arbeit zusieht, ohne es zu stören, ohne es anzurufen, ohne es zur Arbeit zu zwingen.

10. Er muß aber unermüdlich versuchen, demjenigen Kind Gegenstände anzubieten, die es schon einmal abgelehnt hat und Fehler macht. Und dies, indem er die Umgebung mit seinem Schweigen, mit seinem Sorgen belebt, mit seinem bedachten Schweigen, mit seinem sanften Wort, mit der Gegenwart jemandes, der liebt.

11. Der Lehrer muß seine Gegenwart das Kind spüren lassen, das sucht; sich verbergen dem, das gefunden hat.

12. Der Lehrer erscheint dem Kind, das seine Arbeit vollendet und frei seine eigene Kraft erschöpft hat, und bietet ihm schweigend seine Seele an wie einen geistigen Gegenstand“ (Spannungsfeld, 28 ff.).

Aufbau der vorbereiteten Umgebung: Kinderhaus und Schule

Die Gestaltung der *vorbereiteten Umgebung* ist eine Hauptaufgabe des Lehrers und Erziehers, um „dem Kind zu helfen, selbständig zu werden“ (Grundlagen, 46). Die vorbereitete Umgebung hat einen personellen, einen materiellen und einen strukturellen bzw. dynamischen Aspekt.

Der *personale Aspekt* besteht darin, daß zur vorbereiteten Umgebung immer ein verantwortlicher Erzieher (Eltern, Lehrer, Meister usw.) und eine Zöglingsgruppe gehören. Diese ist nach Montessori immer gemischt nach Alter (3 Jahrgänge in Kindergarten und Schule), Geschlecht, Leistung usw., so wie dies normalerweise im Leben ist.

Der *materielle Aspekt* besteht in der Bereitstellung jener „Schlüssel zur Welt“, d.h. des entwicklungs- und sachgemäß sich aufbauenden „Materials“ im weitesten Sinne, damit das Kind nach Maßgabe seiner Entwicklungskräfte und Sensitivitäten lernen und handeln kann. Dazu gehören kulturspezifische Lerngelegenheiten und -materialien, vorab für Sprache und Mathematik, aber auch für alle anderen der üblichen „Schul-"Fächer. Wie Montessori die Möglichkeit der Pflanzen- und Tierpflege für alle Kinderhaus- und Schulgruppen verlangt, sind bewußte „Pflege der eigenen Person" und der Kommunikationsformen bei ihr integrierende Bestandteile der Schulwirklichkeit. Leseecken, gesonderte Arbeits- und Besinnungs- oder Meditationsmöglichkeiten sind – lange vor den gegenwärtigen modischen „Wellen" – seit eh und je Elemente der vorbereiteten Umgebung nach Montessori. Daß der Lehrer aber auch direkt immer wieder neue Lern- und „Aktivitätsmotive" (Montessori) anbietet, ist damit keineswegs ausgeschlossen, nur geschieht dies zurückhaltender.

Der *strukturell-dynamische Aspekt* der vorbereiteten Umgebung wird bestimmt durch die pädagogischen bzw. didaktischen Prinzipien Montessoris. Hinsichtlich der Materialien und der Übungen mit ihnen sind auch im Blick auf die „normale" Schule schon früh Grundsätze genannt worden.

4. Merkmale des Sinnesmaterials und didaktischen Materials

Die Materialien müssen

- entwicklungsgemäß sein, den Sensitivitäten folgen und sachlogisch aufgebaut sein, damit das Kind in größeren Lernsequenzen sich entwickeln kann;
- ästhetisch und motivational auffordernd und hinreichend stabil sein;
- ganzheitlich wirksam werden, besonders die Sinne und die Bewegung einbeziehen;
- Isolierung der abgestuften Schwierigkeitsgrade enthalten;
- die integrierte Fehlerkontrolle durch das Kind ermöglichen;
- die Wiederholbarkeit und variantenreiche Anwendung enthalten;
- Transfer ermöglichen;
- durch Ordnung und Begrenzung des Materials in der vorbereiteten Umgebung u. a. soziale Prozesse auslösen;
- Selbständigkeit ermöglichen;
- zu individueller und überindividueller Anwendbarkeit anregen.

5. Pädagogische Grundsätze

Hinsichtlich des Erziehungsverhaltens wären über die bereits erwähnten Gebote noch einige Grundsätze zu nennen.

Die Erzieherin soll

- das Kind lieben, dies heißt bei Montessori: „Die wahre Hilfe, die eine Lehrerin geben kann, ... entspricht der disziplinierten Liebe, die mit Verstand angewandt wird";
- ermutigend und motivierend sein: Die Lehrerin muß „wie eine Flamme sein, deren Wärme aktiviert, lebendig macht und einlädt" (KK, 251);
- Hilfe zur Selbsthilfe geben; Montessori zitiert dazu ein Kind: „Hilf mir, es selbst zu tun!"
- Autorität sein in fachlicher und persönlicher Hinsicht;
- wissenschaftlich-exakt das Kind beobachten:
- wissenschaftliche Erkenntnisse über das Kind sammeln und sich wissenschaftlich fortbilden;
- zu immer neuer Anpassung und Gestaltung der vorbereiteten Umgebung des Kindes nach Maßgabe der Interessen des Kindes und der Erfordernisse des Lebens bereit sein;
- Ruhe und Ordnung für die Ermöglichung der Polarisation der Aufmerksamkeit sichern;
- die indirekte Lenkung und Erziehung anwenden;
- und schließlich: immer die Möglichkeit der freien Wahl der Tätigkeit dem Kinde einräumen.

6. Wirkungen der vorbereiteten Umgebung: Normalisation

Nur in freier Wahl kann nach Montessori das Kind sein Wesen und seine Interessen, seine Begabung und Kreativität offenbaren, sich selbst erkennen und entwickeln. Freiheit und Wahl ist nach Montessori aber auch eine Bedingung für das Erlernen der Demokratie, denn „alle müßten auf demokratische Art leben; alle und dann also auch jener Teil der Menschen zwischen 0 und 20 Jahren" (Spannungsfeld, 120).

Freiheit der Wahl der Tätigkeiten ist in der Auffassung des Montessori-Kenners G. Schulz-Benesch die Bedingung der „Normalisierung" des Kindes: „Freiheit ermöglicht personale Bindung in konzentrierter Tätigkeit am ‚phasengemäßen' Gegenstand, diese konzentrierte Tätigkeit verändert das Kind im positiven Sinn (‚Normalisierung'), sie benötigt zur Vermeidung inhaltlicher Beliebigkeit eine pädagogisch-didaktisch verantwortete Vorbereitung der Umgebung (dinglich wie persönlich) und setzt zur Erreichung der übergeordneten Ziele (Personalität und Sozialität) 1. Wahlfreiheit in bezug auf den Gegenstand voraus (einschließlich Bewegungsfreiheit), 2. Kooperations- bzw. Kommunikationsfreiheit und schließlich 3. die oft vergessene Dimension: Zeitfreiheit". Schulz-Benesch weist weiter darauf hin, daß diese Freiheiten „relative Freiheiten" sind, nach der Regel Montessoris: „Soweit wie möglich und so begrenzt wie nötig."

Freiarbeit setzt also weder auf eine Pädagogenallmacht noch auf ein unbegrenztes Vertrauen in die Kräfte des Kindes, sondern auf die Balance zwischen den Selbstgestaltungs- und Entwicklungskräften des Kindes und einer pädagogisch gestalteten vorbereiteten Umgebung unter der Führung einer persönlich und fachqualifizierten Autorität eines Erwachsenen. Es geht bei Montessori in einer neuen, sehr sensiblen Weise um die Kunst der pädagogischen Balance, die andere als den Zusammenhang von „Führen" und „Wachsenlassen" (Litt) und als „vorschreibend-nachgehende Erziehung" (Fröbel) zu fassen versuchten.

7. Bewegungserziehung – Zentrum der Früherziehung

Für Montessori ist die Bewegung der sichtbare Ausdruck der angeborenen „spontanen psychischen Aktivität" (Entdeckung, 189), die die gesamte Entwicklung des Menschen bestimmt.

Die Bewegung ist daher in Montessoris Auffassung mit dem gesamten Leben und fast allen Funktionsbereichen verknüpft:

- *Bewegungs- und Sinnessystem* betrachtet Montessori als eine untrennbare Einheit: „Die Muskeln müssen als zum Nervensystem gehörig betrachtet werden, das den Menschen mit seiner Umwelt in Verbindung setzt. Daher wird es als *Relationssystem* bezeichnet: Es bringt den Menschen in Beziehung zur unbelebten und belebten Welt und damit zu den anderen Individuen. Ohne dieses System bestünden keine Beziehungen zwischen Individuum, Umwelt und Gesellschaft" (KK, 126f.).

Damit ist die Bewegungs – Sinnes-Einheit derselbe Funktionskreis, den Piaget später mit Sensumotorik umschreibt, durch die sich das Kind die Gesamtheit seiner psychisch-geistigen und auch affektiv-moralischen Kompetenzen aufbaut.

- Bewegung ist bei Montessori aber auch – wie sie sagt – ein Bindeglied zur Gesellschaft, d.h., erst durch Mittun, durch Spiel und Arbeit wird das Kind zur Teilhabe am gesellschaftlichen Zusammenleben fähig.

- Schließlich ist Bewegung für Montessori die unabdingbare Voraussetzung für den Aufbau des Geistes und der Vernunft, des Bewußtseins und damit einer umfassenden Handlungsfähigkeit: „Erst der von der Seele beherrschte Bewegungsapparat stellt das Werkzeug dar, mit dessen Hilfe der Mensch auf eine äußere Umwelt einzuwirken, seine Persönlichkeit auszudrücken und seine Mission zu erfüllen vermag. Die Bewegung ist nicht nur ein Ausdruck des Ichs, sondern ein unerläßlicher Faktor für den Aufbau des Bewußtseins; bildet sie doch das einzige greifbare Mittel zur Herstellung klar bestimmter Beziehungen zwischen Ich und äußerer Realität. Die Bewegung ist somit ein wesentlicher Faktor beim Aufbau der Intelligenz, die zu ihrer Nahrung und Erhaltung der Eindrücke aus der Umwelt bedarf. Sogar die abstraktesten Vorstellungen reifen ja aus den Kontakten mit der Wirklichkeit, und die Wirklichkeit kann nur durch die Bewegung aufgenommen werden“ (Ksa, 136).

Dabei ist die Wahrnehmung ein der Bewegung vorausgehender Vorgang, denn das Kind kann nachgeburtlich aufgrund der unausgereiften Bewegungssysteme besser wahrnehmen als sich bewegen. So geht die aktive Beobachtung jeder „Bewegung voraus, und aufgrund dieser orientiert sich das Kind, wenn es beginnt, sich zu bewegen“ (KK, 138).

Auf diese Weise entsteht ein konstruktiver Zyklus: „Die Bewegung unterstützt die psychische Entwicklung, und die Entwicklung findet ihrerseits Ausdruck in weiteren Bewegungen und Handlungen. Es handelt sich um einen Zyklus“ aus einer Einheit heraus (KK, 129f.).

- Einen engen Zusammenhang sieht Montessori in der Verbindung von *Bewegung und Wille.* Danach besteht eine „direkte Verbindung ... zwischen den Bewegungsfunktionen und dem Willen“ (Ksa, 137). Das Kind kann seinen Willen nur entwickeln und praktisch umsetzen, wenn es sich bewegen kann, also eine Vorstellung, einen Gedanken in die Tat umsetzen und somit dem Geiste Ausdruck verleihen und gleichzeitig dadurch den Willen üben. „Die Bewegung ist das Mittel, wodurch der Wille alle Fibern zu durchdringen und sich selbst zu verwirklichen vermag" (Ksa, 138). Dazu gehört notwendigerweise die Bewegungsfreiheit, die Freiheit des Handelns, der Äußerung von Bedürfnissen und der Darstellung seiner Vorstellungen und Gefühle; dies ist nach Montessori die Bedingung für die Freisetzung der „schöpferischen Kraft, welche der Lebensdrang zur Entwicklung des Individuums ist" (Friede, 20). *Bewegungs- bzw. Entwicklungsfreiheit* bedeutet nicht, das „Kind einfach frei lassen, damit es tut, was es will ..." (Lebensschule, H. 12, 1923, S. 9), sondern dem Kinde die Hilfen geben zum Gebrauch der Freiheit und somit dem Kind „Gegenstände *anbieten,* ... (die) die Freiheit ermöglichen" (Schule, 74), d.h. Bindung an Sachen und entwicklungsgemäße Aufgaben, also Sachgesetze sowie soziale Regeln und Normen und somit an die Sittlichkeit. Die so verstandene Bewegungsfreiheit ermöglicht die Entwicklung von Kompetenzen, und nur wer etwas kann, sich z.B. an- und ausziehen, sich selbst versorgen, sich nach Regeln und Normen in seinem Verhalten steuern und damit auch beherrschen, wird frei. In diesem Sinne definiert Montessori die Freiheit der Kinder: „Die Freiheit unserer Kinder hat als Grenze die Gemeinschaft, denn Freiheit bedeutet nicht, daß man tut, was man will, sondern Meister seiner selbst zu sein" ... Die Freiheit ist dann erlangt, wenn das Kind sich seinen inneren Gesetzen nach den Bedürfnissen seiner Entwicklung entsprechend, entfalten kann. Das Kind ist frei, wenn es von der erdrückenden Energie des Erwachsenen unabhängig geworden ist" (Grundlagen, 23). Freiheit ist somit eine Bedingung für die Entwicklung des Kindes, aber auch ein Ziel, das nur dann erreicht werden kann, wenn es sich in Freiheit der Bewegung und des Handelns in der Auseinandersetzung mit Sachgesetzen im sozialen Feld, und der Sittlichkeit üben kann.

- Bewegung ist damit eng verknüpft mit der Entwicklung der *Sittlichkeit.* Das Kind hat keine angeborenen Zielvorstellungen, und es hat keine angeborene Sittlichkeit. Es muß sie handelnd erwerben. Folglich benötigt das Kind Aufgaben – Ziele –, die seinen Entwicklungsbedürfnissen bzw. -fähigkeiten angepaßt sind und die in ihrer Auswahl zugleich den Werten, Normen bzw. der Sittlichkeit unserer Kultur und Zivilisation entsprechen. Hier liegt die pädagogische bzw. didaktische Verantwortung des Erziehers.

Praktische Konsequenzen

Montessori hat der Bewegungserziehung eine zentrale Bedeutung in der Früherziehung eingeräumt.

Bewegung und Geistesbildung

Für die Früherziehung ist die spontane Bewegung des Kindes ein wichtiger pädagogischer Ansatzpunkt zur Bildung der Persönlichkeit und Entwicklung einzelner Kompetenzen, d. h., daß wir sie in ihrer Einheit von physischem und psychisch-geistigem Leben sehen und „daß wir körperliche Übungen, Spiele usw. in die Erziehung einbeziehen müssen" (KK, 128), denn „die geistige Entwicklung kann und muß durch die Bewegung unterstützt werden. Ohne sie gibt es in bezug auf den Geist weder Fortschritt noch Gesundheit" (KK, 129).

Gesunde, d. h. sicher, zuverlässig und differenziert funktionierende Sinnestätigkeit ermöglicht nach Montessori erst, daß die Bewegungen ein „wesentlicher Faktor beim Aufbau der Intelligenz ... die zu ihrer Nahrung und Erhaltung der Eindrücke aus der Umwelt bedarf", werden (Ksa, 136). Durch dieses Wechselspiel von Wahrnehmung und Bewegung konstruieren sich die Vorstellungen von Raum und Zeit, von Gleichheit und Verschiedenheit von Gegenständen und die verschiedenen Ordnungsvorstellungen usw. Durch die „äußere Ausführung" (Ksa, 136) von Vorstellungen, also konkretem Handeln, werden diese wiederum verändert und ggf. korrigiert, d. h., das Kind wird zunehmend sachlicher und kompetenter. „Es handelt sich um einen Zyklus" (KK, 129f.), der nicht nur Intelligenz und Vernunft, sondern die gesamte Persönlichkeit erfaßt und ihren Aufbau ermöglicht.

Dementsprechend hat Montessori alle Lernprozesse soweit wie möglich mit konkreten Handlungen verbunden. Kognitive Grundfunktionen, wie z. B. das Unterscheiden, Kombinieren oder Klassifizieren und Vergleichen hat Montessori eingebunden in Materialien zum Hantieren. Diesen Zwecken dient u. a. der Rosa Turm und das Sinnesmaterial.

Bewegung und Sprachbildung

Auch die Sprachentwicklung ist an die Bewegungsentwicklung gebunden, wie z. B. die Ausreifung der Muskulatur der Sprechwerkzeuge (Gesichtsmuskeln, Kehlkopf, Zunge usw.).

Die Sprachentwicklung ist gestört und in manchen Fällen schwer behindert, wo die motorischen Funktionszentren geschädigt sind (motorische Alalie) oder die Sprechwerkzeuge im Hals-Mund-Bereich geschädigt sind, wie z.B. durch Lippen-, Kiefer- und Gaumenspalten, Lippenlähmungen usw., die die Lautbildung behindern oder zumindest beträchtlich erschweren.

Schon sehr früh – mit ca. zwei Monaten – zeigt das Kind durch Nachahmungen der Lippenbewegungen der vor ihm sprechenden Mutter das Zusammenspiel von Beobachtungslernen und Bewegung. Im Lallen zeigt sich die Einheit von Sprache und Bewegung, und sie setzt sich fort in der weiteren Sprachentwicklung, wenn das Kind die Gegenstände seiner Umgebung ergreift und – zunächst noch in seiner Kindersprache –, aber doch zunehmend deutlicher und korrekter – die Dinge und Handlungen mit ihrem richtigen Wort bezeichnet. Umgekehrt ist es ein methodischer Grundsatz Montessoris bei der Einführung neuer Materialien und Übungen bzw. Anleitungen, also in Verbindung von Sprache und Handlung, das Kind kontinuierlich in die Sprache einzuführen (Arbeiten mit Einzelbuchstaben, Wortkärtchen, Bauernhof usw.).

Bewegung, Wille und Ausdauer

Weil nach Montessori der Mensch keine „begrenzten und festgelegten Bewegungen" hat (KK, 131), kann und muß er sie lenken und kontrollieren lernen, d.h., er muß Ziele suchen und entscheiden bzw. wählen, damit er alle die Bewegungen aufbauen kann, die er in seiner Umwelt benötigt. In diesem Zusammenspiel entwickeln sich Wille und Ausdauer. Um die „Vielseitigkeit" menschlicher Bewegungsfertigkeiten zu erlangen, „muß sich der Mensch jedoch mühen und mit seinem Willen und der Wiederholung der Übungen die Fähigkeit schaffen, im Unbewußten die Bewegungen zu koordinieren zu einem bestimmten Zweck und gemäß seiner Initiative" (KK, 131). Dem Kinde muß also die Bewegungsfreiheit eingeräumt und müssen lustvolle Ziele geboten werden, Handlungsmöglichkeiten und -materialien, die sein Wollen stimulieren und damit sowohl den Willen als auch die Ausdauer, bei einer Sache zu bleiben oder ein Ziel zu erreichen, trainieren. Dazu gehören sowohl Dinge zum Handeln als auch bestimmte soziale Situationen, von denen sich Montessori eine besondere Wirksamkeit verspricht: „Es gibt nur ein Mittel, um dieses Ziel zu erreichen: Das Kind muß sich inmitten anderer Kinder betätigen, und im alltäglichen Leben eine solche Willensgymnastik betreiben"

(Schule, 164), also wählen, entscheiden, zielerreichendes Handeln oder – wie Montessori sagt – „Beständigkeit" üben (Schule, 170).

Für Montessori ist dies ein Prozeß der Selbsterziehung und damit ein nur indirekt beeinflußbarer Vorgang. „Unsere kleinen Kinder bauen ihren eigenen Willen auf, wenn sie in einem Prozeß der Selbsterziehung komplexe innere Aktivitäten des Vergleichens und des Urteilens in Bewegung setzen, um derart mit Ordnung und Klarheit ihre geistigen Erwerbungen zu machen. Diese Art ‚Kenntnisse' ist in der Lage, auf die Entscheidung vorzubereiten, und macht sie von den Ratschlägen anderer unabhängig; sie treffen dann mit jeder Handlung während des Tages ihre Entscheidung; sie entscheiden, ob sie etwas nehmen oder lassen; ... sie entscheiden, jeden Bewegungsimpuls zurückzuhalten, wenn sie die Stille wollen (z.B. in Stilleübungen, Verf.). Die konstante Arbeit, die ihre Persönlichkeit aufbaut, gewinnt ihren ganzen Antrieb aus Entscheidungen und tritt so an die Stelle des anfänglichen chaotischen Zustandes, in dem die Handlungen nur von Impulsen angetrieben wurden. In ihnen entwickelt sich ein willensstarkes Leben" (Schule, 175), d.h., daß damit auch psychische Schwäche, Schüchternheit und geistige Unordnung verschwinden, dafür aber Handlungs-, Reflektions- und Urteilsfähigkeit möglich wird.

Beispiele aus der Praxis: 1. Übungen der Stille

Material:
Man braucht zu dieser Übung kein besonderes Material.
Möbel und Gegenstände des Raumes können in die Übung einbezogen werden.

Ziele:
Das Erfahren großer Stille,
Beherrschen der Bewegung,
Wahrnehmen leiser Geräusche.

Alter:
Etwa drei Jahre.

Darbietung und Übung:
Die Leiterin fordert die Kinder auf, sich ganz bequem hinzusetzen und jede Bewegung zu unterlassen.

Kommentar:
Die Übungen dienen nicht zur Überwindung von augenblicklicher Unruhe oder Unordnung.

Sie sagt etwa: „Wir sind alle ganz still; der Mund ist still; wir bewegen uns nicht, die Hände sind still."
Sie wartet, bis alle – auch sie selbst – ganz entspannt sind.

Voraussetzung ist, daß die Kinder durch andere Übungen des täglichen Lebens zu einer gewissen Ordnung gekommen sind.

Nach einigen Minuten ruft die Leiterin die Kinder zu sich, indem sie jedes Kind mit leiser Stimme beim Namen nennt. Die Kinder erheben sich und gehen so leise wie möglich zur Leiterin.

Die Kinder nehmen es sehr wichtig, daß ihr Name genannt wird. Sie hören aufmerksam zu, um ihren Namen zu verstehen.

Fehlerkontrolle:
Jedes von den Kinder verursachte Geräusch.

Weitere Übungen:
In der Stille hören die Kinder einzelne Geräusche oder Töne, die sie sonst nicht bemerken: das Ticken der Uhr, einen Vogel, den Regen.

Die Übungen sind nur sinnvoll, wenn die Kinder sie ganz freiwillig mitmachen.

Die Leiterin erteilt den einzelnen Kindern, die sie gerufen hat, mit leiser Stimme einen Auftrag.

Die Kinder lieben es, wenn der Raum etwas verdunkelt wird. Dadurch verlagern sich Aufmerksamkeit und Konzentration vom Gesichtssinn mehr auf den Gehörsinn.

Die Leiterin läßt jedes Kind einen Stuhl zu sich herbringen, möglichst ohne ein Geräusch zu verursachen.

Durch die Übungen der Stille kann eine besondere Atmosphäre entstehen. Die erhöhte Aufnahmebereitschaft der Kinder sollte die Leiterin nutzen: Erzählung, Bildbetrachtung, Lied, Gebet . . .!

(aus: Montessori-Material, 5.1)

2. Beispiel für eine Bewegungsübung: Gehen auf der Linie

Eine Beobachterin berichtet:

„Ich selbst habe eine solche Übung in meiner Kindergartenzeit erlebt, und heute noch lebt sie sonderbar vertraut in meiner Erinnerung. Bevor ich jedoch versuche, eigene Eindrücke in Worten festzuhalten, möchte ich kurz darstellen, wie diese Übung geplant, durchgeführt und von den Kindern aufgenommen wurde.

In der Mitte des Gruppenzimmers wurde deutlich sichtbar die Form einer Ellipse auf den Fußboden gemalt. Schon während des Freispiels achteten die Kinder darauf, die Linien möglichst nicht zu verwischen. Es wurden Fragen gestellt, was ‚dieses Ei' zu bedeuten habe. Mir schien es aber, als würden Antworten gar nicht gewünscht, so daß man mit gespannter Erwartung dem gemeinsamen Teil des Vormittags entgegensah.

Die Kinder wurden in die Vorbereitungen miteinbezogen, indem sie schließlich ihre Spielmaterialien selbst aufräumten, die Tische an eine Seite stellten und die Stühle rund um die Ellipse aufbauten. Nun erklärte die Leiterin den Kindern den Ablauf der Übung. Man sollte in gleichmäßigen kleinen Schritten der Form der Ellipse nachgehen. In koordinierten, harmonischen Bewegungsfolgen sollten die Kinder ihren eigenen Körper näher kennenlernen.

Über das Selbstverständnis des körperlichen Ichs mußte zugleich das geistig-seelische Ich gestärkt werden. Physische Bewegungen sollten letztlich psychische bewirken. Die Kinder machten selbst Vorschläge, der Übung dahingehend noch etwas Geheimnisvolles zu geben, indem man die Vorhänge zuzog, um ‚die Welt draußen' nicht an diesem gemeinsamen Erlebnis teilhaben zu lassen. Das erste Kind wurde aufgerufen und begann, in kleinen Gänseschritten, der Ellipse nachzugehen. Die übrigen Kinder verhielten sich ganz still und warteten, bis auch sie aufgerufen wurden. Es gab kein Gedränge, die Kinder versuchten, gleichmäßigen Abstand zu ihrem Vordermann zu halten. Die allgemeine nervliche Unruhe, die Überreizung und Abstumpfung der Sinne, die einige Kinder vorher noch gezeigt hatten, waren übergegangen in einen Zustand der Ruhe und Sammlung. Der Wille schien gestärkt, die äußere Ordnung in diszipliniertem Verhalten und die innere Ausgeglichenheit zu wahren.

Die Leiterin ließ ein Tonband mit ruhiger, ausgewogen klingender Musik ablaufen. Durch die Bewegungen in und nach der Musik konnten die Kinder ihren eigenen Rhythmus finden. Durch die Harmonie des Körpers wurde auch die Seele der Kinder angesprochen, und ich empfand den Ausspruch eines Kindes besonders kennzeichnend, als es sagte: ‚Ich finde es richtig heilig.' Dieser Versuch, eigene Empfindungen zu verbalisieren und in Analogie zu etwas Heiligem zu setzen, erscheint mir ohne jede Sentimentalität doch wunderbar kennzeichnend.

Durch die aufgebrachte Konzentration erlangten die Kinder schon nach wenigen Runden auf der Ellipse eine Durchformung der Bewegungen. Sie gingen nicht mehr verkrampft, sondern zeigten ein Gelöstsein, sowohl in ihren Bewegungen, als auch in ihrem Gesichtsausdruck. Die Leiterin baute die Übung nun dahingehend noch weiter aus, indem sie den Kindern, die an ihr vorbeikamen, einen Gegenstand in die Hände gab. Ein Kind bekam eine Blume, und jede eigene ruckartige Bewegung konnte es wie in einem Spiegel am Zittern der Blätter erkennen. Ein anderes Kind erhielt eine brennende Kerze. Es war für mich tief beeindrukkend zu sehen, wie es seine Bewegungen in einer solchen Weise koordinierte, daß kein Wachs auf den Boden tropfte.

Am Schluß der Übung gaben die Kinder die Gegenstände zurück und setzten sich auf ihren Platz. Die Kinder verließen einzeln das Gruppenzimmer, jedoch nicht ohne vorher mit der Leiterin abgesprochen zu haben, diese Übung bald schon zu wiederholen."

(Dagmar Kleemund)

Bewegung und Selbsttätigkeit

Bewegungsfertigkeiten und damit „Unabhängigkeit" vom Erwachsenen kann das Kind nur durch Selbsttätigkeit entwickeln.

Weil die „Bewegungen des Menschen nicht erblich" (LG 1946, XXII, 1) sind und in einem immer komplexeren Prozeß von „Koordinationen" und „Wiederholungen" (LG 1933, 30) aufgebaut werden, ist es für die Erziehung entscheidend, Handlungsgelegenheiten anzubieten, durch die das Kind seine Bewegungsfertigkeiten selbst aufbauen kann. Niemand kann und darf dem Kind diese „Arbeit" abnehmen. Das bei jedem Kind beobachtbare „Phänomen der Wiederholung ist ein innerer Motor. Die Wiederholung ist ein gutes Symptom, die äußere Aktivität wird von einer inneren unterstützt", so daß letztlich „genaue Bewegung und Wiederholung ... zu innerer Konstruktion" bzw. Koordination von Bewegungsmuster und -fertigkeiten führen (a.a.O.).

Montessori hat diese Wiederholungs- und Koordinationstätigkeit als ein Grundphänomen der Gehirntätigkeit erkannt und in ihrer Erziehungspraxis berücksichtigt, indem sie dem Kind Übungs- und Handlungsgelegenheiten anbietet, wie z.B. die Übungen des praktischen Lebens, also An- und Ausziehübungen, Tischdecken und Abräumen, Metalle putzen, Knüpfrahmen usw. Aber auch die Übungen mit den sog. Sinnesmaterialien (Rosa Turm, Einsatzzylinder, Braune Treppe usw.) schließen immer Wiederholungsmöglichkeiten ein, und wenn das Kind dieses „gute Symptom" zeigt, darf es nicht gestört werden. Hierdurch organisiert sich das Gehirn als Zentrum der Bewegungssteuerung, denn „Geist und Aktivität sind zwei Teile des gleichen Zyklus", d.h. der „Selbstbestimmung des Gehirns" (KK, 129).

Die moderne Bewegungstherapie – z.B. von Bobath – enthält die gleichen Grundprinzipien: Bewegungsübungen mit lebenspraktischen Übungen und lustvollen Zielen zu verknüpfen, die dem Kinde zunehmende Grade von Unabhängigkeit ermöglichen.

Bewegung und Arbeit

Montessori sagt: „Bewegung und Arbeit sind eins. Das Leben des Menschen wie der Gesellschaft ist eng mit der Bewegung verbunden ... Die Grundlage der Gesellschaft ist die auf einen nützlichen Zweck ausgerichtete Bewegung. Das Individuum in der Gesellschaft bewegt sich, um diesen zugleich individuellen und sozialen Zweck zu erreichen ... Bewegung und Arbeit stehen im Dienste der anderen. Wenn das nicht so wäre, würden die Bewegungen der Menschen Turnübungen gleichgestellt" (KK, 133).

Die Arbeit des Kindes ist nach Montessori innerer, psychischer Aufbau aller Kompetenzen, die ihren höchsten Ausdruck und ihre Vollendung in der Arbeitsfähigkeit des Erwachsenen findet. So ist die Arbeit des Kindes personale Selbstgestaltung für spätere Weltgestaltung, also Erhaltung und Fortsetzung der Kultur und Zivilisation, wofür das Kind in seiner Entwicklung als personale Selbstgestaltung die Grundlagen legt.

Von daher ist die hohe Wertschätzung der Hand als „Werkzeug des Geistes" durch Montessori zu verstehen, die „nicht biologisch festgelegt" ist und von der „Entwicklung der Psyche" abhängig ist, wie die Hand-Arbeit umgekehrt die Entwicklung der Psyche unterstützt (KK, 135). Montessori sagt dazu: „Die Intelligenz des Kindes erreicht ein bestimmtes Niveau, ohne sich der Hand zu bedienen; mit der manuellen Tätigkeit erreicht es ein höheres Niveau" von dem Zeitpunkt an, wo es etwas ergreift, und von da an „wird sein Bewußtsein auf die Hand gelenkt, die dazu fähig war. Das Zugreifen, das zuerst unbewußterweise geschah, wird bewußt" (KK, 138). Von nun an entwickelt sich die Steuerung der Hand immer bewußter und wird von Gedanken und Wünschen gelenkt (Hand-Hand- und Auge-Hand-Koordination). „Wenn das geschieht, entwickelt sich das Zugreifen schnell, und geschah es vorher instinktiv, so wird es mit sechs Monaten absichtlich. Mit zehn Monaten hat die Beobachtung der Umgebung das Interesse des Kindes geweckt, das sich ihrer bemächtigen möchte ... Hiermit beginnt die wirkliche Übung der Hand, die ihren Ausdruck besonders im Versetzen und Bewegen von Gegenständen findet" (KK, 138), d.h., es beginnt in Verbindung mit dem aufrechten Gang nun alle möglichen Tätigkeiten auszuprobieren, wie z.B. Öffnen und Schließen von Schüben und Türen, Tragen von relativ schweren Gegenständen usw., für die das Kind nun die Bewegungsfreiheit und praktische Übungsgelegenheiten vorfinden muß, damit sich die Hand als „Werkzeug des Geistes" voll entfalten kann, denn dank der „Hände, die die Intelligenz begleiten, ist die Kultur geschaffen worden" (a.a.O.).

Bei den 3- bis 6jährigen Kindern ist der Bewegungsaufbau inzwischen soweit gediehen, daß sie sich selbständig und vor allem freihändig bewegen können. Die Bewegungserziehung hat hier eine andere Funktion als in den ersten drei Lebensjahren. Die in dieser ersten Phase entwickelten Bewegungsfertigkeiten sind nach Montessori eher das Resultat einer unbewußten Schöpfung. Bei den 3- bis

6jährigen ist aber das Bewußtsein soweit entwickelt, daß es nun seine Handlungen auch bewußt „organisiert“ (Bildung, 89) und nicht mehr primär von Bewegungsimpulsen gesteuert wird.

Dementsprechend braucht das 3- bis 6jährige Kind Handlungsmöglichkeiten, die es in systematisch-geordneter Weise zu in Bewegungszyklen führt, durch die es seine sensumotorischen (exakte Wahrnehmung und Koordinationen usw.) und psychisch-geistigen Kompetenzen (Konzentration, Ausdauer, geistige Funktionen usw.) aufbauen kann. Diesen Zwecken entspricht das Sinnesmaterial, die Übungen des praktischen Lebens und Materialien zum Bauen und Darstellen: Baumaterial nach Fröbel, Malen, Basteln, Kneten, aber auch Sing-, Kreis- und Bewegungsspiele usw., wie sie von Fröbel entwickelt wurden.

Bewegung – Spiel – Arbeit

Hier macht Montessori die interessante Unterscheidung vom Spiel der 0- bis 3- von den 3- bis 6jährigen. So fragt sie hinsichtlich der 0- bis 3jährigen: „Was ist Spiel, wenn nicht jene Dinge tun, zu welchen man die Bewegungen der Hand braucht“ (LG 46, III, 4), und durch die das Kind seine Kräfte und Fähigkeiten entwickelt, vor allem auch seine geistigen Fähigkeiten, denn die „Hand hat eine Funktion in Beziehung zur Intelligenz, und daher sind diese Aktivitäten formativ“ (bildend) (LG 1946, XXI, 2). Typisch ist weiter für die erste Phase, daß sich die einzelnen „Funktionen ... unabhängig voneinander entwickelten, sich jetzt (mit ca. 3 Jahren, Verf.) vereinigen und eine Einheit bilden ... Wenn diese Einigung stattgefunden hat, so ist das Individuum geformt und vollständig“ (a.a.O.), d.h., daß sich diese Einigung durch das willentliche Bewußtsein vollzieht.

„Wenn das Kind seine ersten Bewegungen macht, hat sein Geist, der in der Lage ist zu absorbieren, sich bereits seine Umwelt zu eigen gemacht. Noch bevor es beginnt, sich zu bewegen, hat in ihm bereits eine unbewußte psychische Entwicklung stattgefunden. Mit seinen ersten Bewegungen beginnt es auch bewußt zu werden. Beobachten wir ein dreijähriges Kind, so sehen wir, daß es stets mit etwas spielt. Das bedeutet, daß es mit Hilfe seiner Hände Dinge untersucht und in sein Bewußtsein einprägt, die sein unbewußter Geist zuvor absorbiert hatte. Durch diese Erfahrung in der Umgebung überprüft es in der Form des Spieles die Dinge und Eindrücke, die sein unbewußter Geist empfangen hat. Durch die Arbeit wird es bewußt und baut den Menschen auf ... es wird so durch das Werk seiner Hände und seiner

Erfahrung zum Menschen: erst durch das Spiel, und dann durch die Arbeit" (KK, 24). Der wesentliche Unterschied zwischen dem Spiel als primär unbewußtes Handeln und der Arbeit des Kindes liegt also im Bewußtsein von seinem Handeln. Die Arbeit des Kindes beginnt mit dem zunehmenden Handlungsbewußtsein.

Ein anderes Merkmal des Übergangs zur Arbeit ist die Zweckhaftigkeit des Handelns. Montessori sagt: „... wenn Kinder etwas tun, das keinen äußeren Zweck hat, so nennen wir das Spiel. Wir müssen des Kindes inneres Ziel verstehen" (LG 1946, XXI, 6), und dieser Zweck liegt im Aufbau und der Perfektionierung von Fertigkeiten bis zum Handlungsbewußtsein hin. Mit Hilfe der Spieltätigkeit, die keinen äußeren Zweck hat, übt sich das kleine Kind ... Das Objekt ihrer Übungen ist nicht ihr wahres Ziel: das Kind gehorcht einer inneren Anregung: ist es einmal vorbereitet, kann es die Erwachsenen nachahmen, indem es sich von der Umgebung inspirieren läßt" (KK, 145). Danach „rückt der äußere Zweck, der bis dahin nur Antrieb zum Tun war, in den Vordergrund, und das elementare Schaffen wird langsam zum rationalen Schaffen, nähert sich mehr und mehr dem Zwecktum des Erwachsenen" (Grundlagen, 12).

In dieser Übergangsphase und Doppelgesichtigkeit von Spiel – Arbeit befindet sich das 3- bis 6jährige Kind.

Die sog. Übungen des praktischen Lebens entsprechen diesem Bedürfnis: Arbeiten der Erwachsenen wie Tischdecken und Abräumen, Kleiderpflege, Selbstversorgung, Gartenarbeit, Tierpflege usw. werden von Montessori in entwicklungsgemäße Tätigkeiten ohne Zeit- und Leistungsdruck umgewandelt, und sie ermöglichen somit nicht nur das Erlangen von neuen Graden der Selbständigkeit und Unabhängigkeit, sondern gleichzeitig vollziehen sie sich in spielerischen, d.h. auch funktionsübenden Formen unter Einbindung sozialpädagogischer Zwecke wie Anerkennung und Hilfsbereitschaft, Helfen und Sich-helfen-Lassen, Dienen und Bedientwerden usw. Der primäre Zweck liegt aber in der personalen Integration des Kindes und der „Bildung der funktionellen Einheit der menschlichen Persönlichkeit" (Entdeckung, 93).

Es besteht kein Zweifel daran, daß diese Übungen für die Bewegungserziehung nicht ausreichen, gerade heute nicht unter den Zwängen beengter Wohnverhältnisse und Bewegungsarmut, gestörter Entwicklungen und der allgemeinen Erziehungsschwäche. Heute gehören in Montessori-Einrichtungen Bewegungsspiele und rhythmische Übungen neben die Stille-Übungen Montessoris. Psychomotorische Übungen, Darstellungs- und Rollenspiele usw. sind genauso selbstverständlich geworden, um bewegungsgestörte und entwicklungsbehinderte Kinder zu integrieren und zu fördern. Die Verknüpfung von Montessori- und Fröbelpädagogik bietet sich hier geradezu an.

Methodische Hinweise

Im Gegensatz zu Fröbel hat Montessori für die ersten drei Lebensjahre keine Bewegungserziehungs-„Lehre" entwickelt. Ihre Stärke liegt im Alter vom dritten Lebensjahr an.

Aber aus ihren Einsichten können einige pädagogische Grundsätze abgeleitet werden.

So braucht das Kind für seine Entwicklung und insbesondere Bewegungsentwicklung als erstes eine Einstellung des Erziehers, der Eltern, denen die zentrale Bedeutung der Bewegung bewußt ist und die dem Kinde das geben, was es am Anfang braucht: die „psychischen Stimuli von Zärtlichkeit und Zuspruch" (Anthropologie, 47) sowie „Milch und Liebe" (Bildung, 93). Ohne diese Grundeinstellung gibt es nach Montessori keine „normale" Entwicklung.

Für seine frühe Bewegungsentwicklung braucht das Kind einen warmen Raum mit ausreichendem Platz, wo es sich ungehindert bewegen kann. Dazu gehört auch eine Bekleidung, die es in seiner Bewegung nicht einschränkt. Vor allem aber benötigt es die unmittelbare Nähe der Mutter und Familie, von denen es die Bewegungen „ablesen" kann, denn es will und muß sich an ihre Bewegungen anpassen und ihre Bewegungen bzw. Verhaltensweisen „absorbieren" bzw. „inkarnieren", denn die „psychische Energie muß sich in der Bewegung inkarnieren und die Einheit der handelnden Person bewirken" (Ksa, 216). Ohne Teilhabe am normalen Leben und ohne Bewegungsfreiheit kann dieser auf der Bewegungsaktivität beruhende Persönlichkeitsaufbau nicht optimal stattfinden, denn die „Bewegung … kann durch nichts ersetzt werden", und wenn das Kind in seinem Bewegungsdrang behindert wird, muß es „unweigerlich zurückbleiben", und es wird „in seinem tiefsten Wesen verletzt" (a.a.O.).

Jeder kann beobachten, wie Kinder mit Weinen und Zorn reagieren, wenn wir ihnen die Bewegung einschränken, d.h. sie einpferchen, und ihnen nichts für den Tätigkeitsdrang ihrer Hände geben. Also braucht das Kind Spielmaterial, das seine Sinnes- und Bewegungsaktivitäten anregt und seinen geistigen Bedürfnissen entspricht: Material zum Kennenlernen der Farben und Formen, der Geräusche und Gerüche, zum Schieben, Drehen und Stecken usw.

und auch zum plastischen und farblichen Gestalten usw. (siehe auch: Arbeitsausschuß Gutes Spielzeug, Hrsg., Gutes Spielzeug. Kleines Handbuch für die richtige Wahl, Ravensburg 1968).

Für Montessori ist auch das Zusammenspielen von Kindern eine wichtige Stimulation für die Bewegung. Daher sollten so früh wie möglich auch Kleinkinder-Spielgruppen gebildet werden, in denen sich die Kinder wechselseitig zu Bewegungen spontan anregen. Beobachtungen in gemischten Gruppen von 1- bis 3jährigen, behinderten und nichtbehinderten Kindern haben gezeigt, daß von solchen sozialen Situationen beträchtliche Anreize zur wechselseitigen Nachahmung ausgehen, von denen alle profitieren. (Anregungen dazu gibt: A. B. Münchmeier: Kleinkinder-Treff, rororo 7475, 1982.)

Bewegungserziehung am Beispiel der Übungen des praktischen Lebens

„Die Muskeln sollten immer dem Verstand dienen und somit einen Teil der funktionellen Einheit der Persönlichkeit bilden. Wenn der Mensch ein intelligentes und dazu von den Muskeln her ein aktives Wesen ist, dann erholt er sich bei einer intelligenten Tätigkeit, wie dies jedes Wesen bei der normalen Ausübung seiner Funktionen tut. Wir müssen also dem Kind in seiner Umgebung Mittel zur Ausübung seiner Tätigkeit geben und uns dabei vor Augen halten, daß das Kinderhaus Kinder verschiedenen Alters, und zwar von 3 bis 6 Jahren, beherbergt, die alle zusammenleben wie Geschwister in einer Familie und folglich unterschiedliche Beschäftigung brauchen“ (Entdeckung, 93).

Montessori hat diesen Kindern folgende Übungen angeboten, die aber je nach den Voraussetzungen der Kinder und ihrer normalen Lebenswelt sowie ihren spezifischen Bedürfnissen immer neu entwickelt werden müssen:

- Übungen zur Pflege der eigenen Person: An- und Ausziehen, ggf. Waschen und Duschen, Pflege der Zähne und Hände, Nägelschneiden, Kleiderpflege usw.
- Wassergießen mit Gefäßen verschiedener Größe, Holzrahmen mit Verschlüssen (Reißverschlüsse, Knöpfe, Haken, Schleifen usw.)
- Metallputzen
- Gartenarbeit und Schnittblumenpflege
- Gehen auf der Linie und Übungen der Stille zur Körperbeherrschung und Selbstwahrnehmung

- Übungen des sozialen Lebens bzw. Umgangs (wie z. B. Grüßen, Danken, Hilfen anbieten und annehmen, Konflikte regeln) und auch Essenzubereitung, Tischdecken, abräumen und spülen.

Mit diesen Tätigkeiten will Montessori folgende Ziele erreichen:

- lust- und sinnvolle Ziele dem zentralen Bewegungs- und Tätigkeitsdrang des Kindes geben,
- Bewegungs- und Koordinationsschulung und Unabhängigkeit vom Erwachsenen ermöglichen,
- Selbstvertrauen und Selbstwertgefühl entwickeln und Gelegenheit zur sozialen Anerkennung ermöglichen,
- soziale Eingliederung und Verantwortungshaltung für sich und andere und damit indirekte Sozialerziehung ermöglichen und
- somit letztlich auch eine indirekte Erziehung der Arbeitshaltung verwirklichen.

Beispiele: Übung des praktischen Lebens
1. Frühstücken

„Ein Junge sitzt am Frühstückstisch und schneidet einen Apfel. Er könnte auch einfach den Apfel anbeißen – aber er will sich hier richtig eine Mahlzeit zubereiten. Er zerteilt den Apfel und löst mit dem Messer das Kerngehäuse heraus. Sicher wird er die vorbereiteten Apfelstücke auf den Teller vor sich legen und dann erst mit dem Essen beginnen.

Es wird deutlich, wie er sich auf sein Werk konzentriert und sich bemüht, seine Hände geschickt werden zu lassen. Das Kind wirkt ganz wie eine Einheit, hingegeben an die ihm selbst gestellte Aufgabe.

Es lohnt sich, dem Frühstück im Kinderhaus einmal zuzuschauen: Der Frühstückstisch bietet für höchstens 6 Kinder Platz. Frühstücken bedeutet durch diese Anordnung viel mehr als nur Nahrungsaufnahme. Die Kinder verabreden sich mit anderen zum gemeinsamen Essen, ganz so, wie es die Eltern mit Freunden auch manchmal tun.

Die Kinder bereiten den Tisch selbst für die Mahlzeit vor. Das Geschirr wird sorgfältig herbeigeholt, eine Blume schmückt die Mitte des Tisches. Man setzt sich zusammen und bildet für die Dauer des Frühstücks eine Tischgemeinschaft, in der das begleitende Gespräch von selbst in Gang kommt. Jeder spült selbst sein Geschirr und räumt es wieder weg.

Erst jetzt können andere Kinder wieder für sich den Tisch decken."

(Nach R. Haupricht)

2. Schnittblumenpflege

Material:
Schnittblumen, ein kleiner Eimer, ein Aufnehmer, Vasen verschiedener Form und Größe, auf einem Tablett ein Wachstuch als Unterlage, eine Abfallschale, eine Schere, eine Gießkanne, ein Tuch.

Ziele:
Anordnen eines Blumenstraußes.
Hinlenkung der Aufmerksamkeit auf die Lebensbedingungen der Pflanzen,
Verfeinerung des ästhetischen Sinnes,
Entwicklung und Koordination der Bewegung.

Alter:
Etwa drei Jahre.

Darbietung und Übung:
Gemeinsam mit dem Kind bereitet die Leiterin den Arbeitsplatz vor.

Kommentar:
Die Vorbereitungszeit wird verkürzt; so bleibt das Interesse des Kindes für die Übung selbst erhalten.

Sie legt die Schnittblumen auf die Unterlage und ordnet alle übrigen Materialien übersichtlich an.

Die Anordnung erleichtert dem Kind das Hantieren.

Die Leiterin bittet das Kind, die Gießkanne zur Hälfte mit Wasser zu füllen.

Kind und Leiterin wählen die für die Blumen geeignete Vase aus.

Mit einer Hand faßt die Leiterin dann die Kanne, in die andere Hand nimmt sie das gefaltete Tuch, drückt es leicht gegen die vordere Seite der Kanne, um Wassertropfen aufzufangen, und gießt das Wasser in die Vase.

Diesen Vorgang wiederholt sie so oft, bis die Vase die für die Schnittblumen geeignete Wassermenge hat.

Sie zeigt dem Kind das Wasser in der Vase.

Das Kind muß genau sehen können, daß die Blumen eine angemessene Wassermenge brauchen.

Das Wasser, das über den Vasenrand auf das Wachstuch gelaufen ist, wischt sie ab.

Sie nimmt eine Blume, entfernt die unteren Blätter und schneidet ein Stück des Stieles ab. Sie stellt die Blumen in die Vase und fährt so fort, bis alle Blumen schön geordnet sind.

Es müssen soviel Blumen vorhanden sein, daß das Kind nun selbst eine Vase füllen kann.

Hat das Kind die Übung beendet, so räumt die Leiterin mit ihm zusammen den Platz auf.

Fehlerkontrolle:
Verschüttetes Wasser, heraushängende oder zu tief eingesteckte Blumen.

Weitere Übungen:
Blumen pflegen, die schon länger in der Vase stehen.
Anordnen eines Blumengestecks.

Anwendung:
Blumenschmuck zur Festgestaltung, z.B. Schmücken des Geburtstagstisches.

(Aus: *Montessori-Material, I. 1, Handbuch für Lehrgangsteilnehmer, hrsg. von der Montessori-Vereinigung Aachen, Sitz Köln. Vergriffen. Neuauflage in Vorbereitung)*

8. Sinneserziehung

Allgemeine Bedeutung

Montessori hat das Kind immer als ein geistig aktives Wesen aufgefaßt und dabei die Sinnesorgane als „Knotenpunkte mit der Umgebung" (Entdeckung, 112f.) bzw. als „Greiforgane" der sich mit ihrer Hilfe entwickelnden Vernunft bezeichnet (a.a.O., 165). Vorrangig und entscheidend ist diese „innere Kraft" des Geistes, der die Sinneseindrücke aktiv sucht (zit. nach Schulz-Benesch, 1961/62, 36), und wenn dieser Geist den Sinneseindrücken den „Eingang nicht freigibt, dann klopft der äußere Reiz vergebens an die Tür, und dann können auch die stärksten Anreize unbemerkt vorübergehen". Anders gesagt bedeutet dies: Das Kind, das nicht hören, sehen usw. kann bzw. will, weil es vielleicht emotional oder geistig gestört bzw. geschädigt ist und sich nicht konzentrieren kann, nimmt auch durch gesunde Sinnesorgane nicht genug für die geistige Arbeit auf. Hier ist in emotionaler Hinsicht an die Untersuchungen von R. Spitz über die „anaklitische Depression" zu erinnern, nach denen sich Kinder in diesem Zustand von aller Welt abwenden und verschließen. Sinnestätigkeit bzw. Wahrnehmung ist auch gelernt und erheblich abhängig von den sozialemotionalen Beziehungen zwischen Kind und Umwelt.

Die Sinnestätigkeit ist also grundlegend für die Persönlichkeitsentwicklung. Denn nach Montessori versorgen die Sinne nicht nur den Geist mit Eindrücken und somit „Material" für seine Entwicklung und Tätigkeit, sie sind auch entscheidend bei der Entwicklung von Sittlichkeit und ästhetischem Empfinden beteiligt, daher ist „auch die ästhetische und moralische Erziehung ... eng mit der Sinnesausbildung verknüpft" (Entdeckung, 165). Aber auch „ohne eine Zusammenarbeit der Intelligenz mit der Bewegung kann es ... keine Erziehung der Sinne geben" (KK, 162).

Wir müssen also die Sinneserziehung bei Montessori in einem ganzheitlichen Funktionzusammenhang sehen.

Sinneserziehung beginnt schon in der frühen Phase des absorbierenden Geistes, in der das Kind spontan-aktiv und unbewußt Eindrücke und Bilder aus seiner Umwelt aufnimmt und zum Bestandteil seiner Psyche und seines Geistes umwandelt. Diese fundamentalen Sinneseindrücke aus der sozialen und personalen, dinglichen wie natürlichen Umgebung sind die Grundlage jeder Vorstellungsbildung von der Realität und damit auch die Grundlage der Phantasieentwicklung. Gerade im Hinblick auf die Entwicklung eines realistischen Weltbildes und der Phantasie ist es Montessori nicht gleichgültig, welche Bilder und Eindrücke das Kind in der Phase des unbewußt wirkenden absorbierenden Geistes einsaugt. Hier ist Sinnesbildung gleichzeitig Sozialerziehung, denn das Kind nimmt uns als soziale Modelle in sich auf. Sinneserziehung ist hier auch sittliche Erziehung, denn so wie wir uns dem Kinde zuwenden, wie es uns mit allen seinen Sinnen fühlt und erlebt und damit auch emotional wertet, beeinflussen wir die sittliche Entwicklung des Kindes. Soziale Grundgefühle wie Liebe und Haß, Furcht und Hoffnung, Vertrauen und Mißtrauen, geliebt oder gehaßt werden – all diese Grundgefühle entwickeln sich in den ersten 3 bis 6 Lebensjahren aus den Interaktionen und Erlebnissen, die das Kind mit uns macht. Somit ist der sinnliche Körperkontakt, die zärtliche Berührung und Ansprache wichtigster Teil der frühen Sinneserziehung.

Im weiteren gehört dazu auch die dingliche und farbliche Gestaltung des kindlichen Lebensraumes: farbige Spielzeuge über dem

Bettchen, „Sinnesmaterialien“ zum Greifen, Beißen und Hören und vor allem die Möglichkeit zur Teilhabe am Leben der Familie, also keine soziale Isolation im sog. Kinderzimmer: Das Kind muß seine bei der Geburt funktionierenden Sinne auch gebrauchen können: zusehen und – hören können, sehen, was die Eltern und Geschwister tun und sprechen, denn all das nimmt das Kind in einer nicht wiederkehrenden Geschwindigkeit auf, es aktiviert und richtet sein Sinnessystem aus auf das, was in seiner Lebenswelt wichtig, lebensnotwendig ist. Diese Sinnestätigkeit ist also ein wichtiger Teil der elementaren Anpassung des Kindes an seine Umwelt, auf der sein späteres bewußtes Verhalten aufbaut. So wie diese elementaren Sinneseindrücke die Grundlage des späteren Verhaltens sind, geht die „Entwicklung der Sinne ... der höheren geistigen Tätigkeit voraus“ (Selbsttätige Erz., 203).

Praxis der Sinneserziehung und Sinnesmaterial

Die Sinneserziehung und die Sinnesmaterialien sind ein Kernstück der Montessori-Pädagogik. Sie sollen ein „Helfer und Führer sein für die innere Arbeit des Kindes“ und ihm helfen, „innere Konstruktionen“ zu bilden (Grundlagen, 14), und sie sollen eine „Hilfe zur Ordnung“ (und) eine Hilfe für die „Entwicklung des Geistes“ sein (LG 1946, XXVII, 2f.). Damit sind die geistigen Grundfunktionen angesprochen: zu erkennen und zu unterscheiden, zu kombinieren und zu abstrahieren, Paare, Gruppen und Klassen bilden, Seriationen herstellen usw. Diese geistigen Grundfunktionen werden durch die Sinnesmaterialien angeregt und geübt.

Dazu hat Montessori für alle Sinnesfunktionen Materialien entwickelt: Materialien zur Unterscheidung von Dimensionen, Formen und Farben, Materialien verschiedener Oberflächenstrukturen und verschiedener Qualitäten, verschiedene Gewichte, Gerüche, Geschmacksrichtungen, Geräusche bzw. Töne und Wärmeabstufungen.

Mit ihnen können die einzelnen Sinnesfunktionen isoliert geschult und Konzentration ermöglicht werden.

Funktionen des Sinnesmaterials

Zu den Besonderheiten dieses Sinnesmaterials gehört die „Isolierung der Schwierigkeiten“. So werden z. B. bei den Einsatzzylindern (Unterscheidung von Dimensionen) zunächst nur die Höhen, dann die Durchmesser und dann weitere Kombinationen geübt.

Ein weiteres Merkmal des Materials ist die eingebaute „Fehlerkontrolle“, so daß das Kind selbst prüfen kann, ob es richtig gehandelt hat, und somit unabhängig vom Erwachsenen wird. Hier liegt ein Ansatz zur Entwicklung der Urteilsfähigkeit und Sachlichkeit.

Das Sinnesmaterial ist ästhetisch-motivational so gestaltet, daß es dem Kinde Freude macht, damit umzugehen. Es regt durch die Farbgebung das Kind an zu handeln. Es ist – wie Montessori sagt – ein „Motiv für die innere Aktivität“ (LG 1946, XXVII, 1), ein „Tätigkeitsmotiv“ und gibt dem Kind „Gelegenheiten zu funktionellen Übungen“ (Grundlagen, 14). Das Material beansprucht somit die gesamte Aktivität des Kindes und spricht vor allem seinen Bewegungsdrang und seine Selbsttätigkeit an. „Die Selbsttätigkeit, das Auswählen von Material, das Entwickeln von Arbeitsweisen fordert und fördert das Organisationsvermögen des Kindes. Es lernt planen, vorbereiten, einteilen, überschauen, aufeinander abstimmen, Absprachen treffen, mit anderen gemeinsam zu arbeiten, kurz: es lernt, sich differenziert, effektiv und zielgerichtet zu verhalten“ (Montessori-Material I. 1, 25).

Zu den Besonderheiten des Sinnesmaterials gehört auch, daß es in einer Einrichtung nur einmal vorhanden ist und nur gemäß seiner pädagogischen Bedeutung und Funktion verwendet werden soll. Die Materialbegrenzung ist notwendig, um den sich ordnenden Geist nicht zu überfordern und zu verwirren – dies gilt insbesondere bei lern- und geistesschwachen sowie stark konzentrationsgestörten Kindern. Trotz seiner vielfältigen Anwendungsmöglichkeiten soll das Sinnesmaterial dennoch nur spezifisch angewandt werden, damit sich im kindlichen Geist tatsächlich die materialspezifische Wirkung ergibt und das Kind darüber hinaus auch zur Sachlichkeit und Eigengesetzlichkeit der Dinge geführt wird. Damit das Kind sich auch anders beschäftigen kann, gibt es neben dem Montessori-Material durchaus das übliche Spielzeug. Maria Montessori hat selbst das Fröbel-Material angewandt und empfohlen.

Sinneserziehung und Polarisation der Aufmerksamkeit

Die Ermöglichung der *Polarisation der Aufmerksamkeit* ist ein pädagogisches Hauptziel beim Einsatz der Sinnesmaterialien. Dabei ist ein sehr systematisches pädagogisches Vorgehen notwendig, das sich in folgenden Schritten vollzieht:

„Nach langem und intensivem Umgang mit dem neu eingeführten Material werden die gewonnenen Erfahrungen und Begriffe mit Namen belegt. Die Namenslektionen erfolgen in der Form der „Dreistufenlektion“:

1. Stufe: Der Erzieher stellt die Beziehungen zwischen Gegenstand und Namen her, indem er auf den Gegenstand verweist und dabei langsam und deutlich dessen Namen nennt. So werden Sache, Begriff und Benennung fest miteinander assoziiert. Der Name wird mit einer konkreten Sache verbunden.

2. Stufe: Der Erzieher nennt einen Namen, und das Kind ordnet den entsprechenden Gegenstand zu, gibt ihn dem Erzieher, legt ihn auf den Tisch oder bringt ihn auf seinen Platz zurück usw. Durch häufiges Wechseln der Aufträge übt sich das Kind immer mehr im schnellen Zuordnen und verliert dadurch nicht sein Interesse. Die Wiederholungen müssen vielfältig und für das Kind interessant gestaltet werden unter Berücksichtigung des starken Bewegungsdranges der Kinder.

3. Stufe: Der Erzieher zeigt einen Gegenstand und fragt das Kind nach dessen Namen. Der passive Wortschatz wird dadurch zum aktiven. Das Kind besitzt nun Namen und Gegenstand. Die 3. Stufe ist gleichsam die Kontrolle der 2. Stufe. Damit hat das Kind seinen aktiven Wortschatz erweitert.

Kurz gefaßt heißt das:

1. Das ist ...! 2. Gib mir ...! 3. Was ist das?

Gute Lektionen im *rechten Augenblick* eröffnen dem Kinde neue Erkenntnisse und Fertigkeiten. Sie erweitern seine Umwelterfahrungen. Sie geben verbunden mit dem Material dem Kinde einen „Schlüssel zur Welt“, der ihm neue Dimensionen erschließt. Die am Material gewonnenen Erkenntnisse werden vom Kinde in seiner Umwelt ausprobiert und angewandt. Das Kind *normalisiert* sich, indem es seine geistig-seelischen Kräfte konzentriert, ordnet und entfaltet. Seine Beziehungen zur personalen und sachlichen Umwelt werden vertieft und verbessert, sein Ich erwacht. Es wird unabhängiger.“ (Montessori-Material I. 1, S. 25 f.)

Wenn das Kind in dieser Weise in das Material eingeführt wird, beginnt es selbständig zu arbeiten, und die Polarisation kann in dieser Phase einsetzen. Viele Kinder haben aber solche Lektionen schon bei anderen gesehen und schaffen oft diesen Prozeß allein.

Wie vollzieht sich die Polarisation der Aufmerksamkeit?

Montessori stellte dabei drei Stufen fest:

1. eine *vorbereitende Stufe*, in der das Kind eine Tätigkeit suchend umherläuft und dabei Zeichen der Erregung zeigt, bis es eine passen-

de Tätigkeit gefunden hat bzw. die sorgfältig beobachtende Erzieherin dem Kinde eine solche anbietet.
2. eine *Stufe der „großen Arbeit"*, bei der es sich in diese mit seiner ganzen Aufmerksamkeit vertieft und seine ganze Umwelt vergißt – es „löst sich gleichsam von seiner Umgebung los" (Familie, 77), und es wird mit dem Gegenstand eins.
3. eine *Stufe der Ruhe*, der „inneren Arbeit", der „Entdeckung" (Schule, 209) und „Ordnung der Vorstellungen im Bewußtsein" (a.a.O., 190f.).
Polarisation ist also ein „Bewußtseinsphänomen", das durch die Verbindung mit einem entwicklungsgemäßen Gegenstand, Bewegung, Sinnes- und Geistestätigkeit zustande kommt.

So kommt das Kind beim Umgang mit dem Rosa Turm zu der Entdeckung, daß es Dinge bzw. Dimensionen unterscheiden kann, und nicht nur dies: Vor allem kommt es zu der Entdeckung, daß es mit Hilfe seines Geistes unterscheiden kann. Es wird ihm eine geistige Funktion bewußt: Ich kann unterscheiden, und es wird diese Fähigkeit von nun an immer bewußt einsetzen können. So dienen die Sinnesmaterialien zur Übung und Bewußtwerdung seiner geistigen Fähigkeiten.

Zu allen diesen Sinnesmaterialien gehören vielfältige Übungs- und Transfermaterialien, durch die es seine entdeckte Fähigkeit vielfach erproben kann. Es wird von da an fähig sein, nicht nur die Dinge seiner Umgebung zu unterscheiden, zu ordnen usw., sondern auch seine eigenen Gefühle und Vorstellungen bewußt zu ordnen.

„Materialisierte Abstraktion"

Montessori nennt das Material auch „materialisierte Abstraktion", d.h., es ist ein Material, das dazu dient, geistige, abstrakte Prozesse und Funktionen sichtbar – handgreiflich – werden zu lassen, und gleichzeitig gibt es dem Kind die Möglichkeit, Elemente unserer Kultur, Formen, Farben, das Dezimalsystem (es gibt z.B. beim Rosa Turm, der Braunen Treppe, den Roten und Blau-Roten Stangen immer 10 Teile) usw. sich zu erschließen. Insofern ist das Sinnesmaterial „eine Darstellung der abstrakten Geistesarbeit des Menschen ..." (LG 1933, 78), d.h. eben eine Darstellung der aller menschlichen Tätigkeit zugrundliegenden geistigen Funktionen und der vom Menschen hervorgebrachten Kultur. Damit ist das Material für das Kind ein „Schlüssel" (Ksa, 160) zur Erschließung seiner psychisch-geistigen Funktionen und zur Erschließung der Welt, in der es lebt.

Sinneserziehung als mathematische Grundbildung

Montessori nennt einen Teil des kindlichen Geistes, „der sich durch Exaktheit aufbaut ..., mathematischer Geist" (KK, 165), und ihr Sinnesmaterial „materialisierte Abstraktion oder grundlegendes mathematisches Material" (KK, 166).

Mit diesem Material werden nicht nur die geistigen Handlungskompetenzen entwickelt, sondern auch die Einbildungs- und Abstraktionsfähigkeit, also die Fähigkeit, Merkmale wie Linie, Winkel, Kante, Farben, Relationen usw. einer Sache zu entnehmen bzw. zu abstrahieren.

„Nun sind aber die Abstraktionen genau begrenzt, während die Vorstellungskraft ins Unendliche eindringen kann. Die Grenzen sind um so wertvoller, je genauer sie sind. Sie stellen auf geistigem Gebiet eine Art Präzisionsorgan dar, das zur Orientierung im Raum notwendig ist ... Diese beiden Eigenschaften des Geistes (mathematische Exaktheit und Phantasie, Verf.), die über das einfache Wahrnehmen der Dinge hinausgehen, stehen beim geistigen Aufbau in Beziehung zueinander" (KK, 164), und sie sind aufeinander angewiesen: Exakte Wahrnehmung von Merkmalen, Abstrahieren von den Dingen und dann das damit geistige Operieren, gehören zusammen.

Es ist beim Sinnesmaterial offensichtlich, daß sie „zu einem großen Teil einen mathematischen Charakter haben. Ihre Formen gehen auf Grundformen zurück, wie Quadrat, Dreieck, Kreis. Schon bei den Sinnesmaterialien ist das so, und später geschieht mit entsprechendem ‚Material' der Anfang des Rechnens, zuerst im Kinderhaus und dann in der Schule, die Entdeckung des Einmaleins und des Dezimalsystems, des Wurzelziehens ebenso wie der Division, der Multiplikation ... usw. Es werden keine Regeln oder Lehrsätze gegeben und erklärt, sondern das Kind kommt aus Erfahrung zur echten Abstraktion, so daß es, auch wenn es später ‚mechanisch' rechnet, sich noch klarmachen kann, was es tut" (Helming, Montessori-Werkbrief 25, 1971, 13f.).

Das Sinnesmaterial hat also eine Doppelfunktion: Einerseits repräsentiert es konkret die abstrakten Grundlagen unserer Kultur – z.B. Dezimalsystem, Geometrie usw. –, und andererseits entspricht es im handelnden Umgang den kindlichen, besonders geistigen Entwicklungsbedürfnissen und geistigen Funktionsweisen, also zu ordnen und zu unterscheiden, zu abstrahieren und zu kombinieren usw.

Lernen durch Erleben und Handeln

Montessori forderte und entwickelte also für diesen Teil des sich exakt aufbauenden Geistes eine Vorbereitete Umgebung, in der das Kind die Grundlagen unserer Kultur und damit jedes „Kulturgut erlebt. Es muß alles in eine Beziehung zu dem inneren Bedürfnis des Kindes gebracht werden in der Art, daß es dem kindlichen Geist erreichbar ist, daß das Kind durch eigene Arbeit eindringen und sich begeistern kann. Das Interesse des Kindes hängt allein von der Möglichkeit ab, eigene Entdeckungen zu machen. Dazu geben wir dann ein *intellektuelles* Material, das die Darstellung der abstrakten Geistesarbeit des Menschen ist. Mit ihm kann das Kind gemäß seiner Natur arbeiten, es kann seinen Forschungstrieb befriedigen und Kenntnisse erwerben. Mit dem Material geben wir dem Kind die Arbeitsmöglichkeit für seine Intelligenz. Das Material ist gleichsam nur ein Anfang; die manuelle Arbeit mit ihm ordnet die Kenntnisse des Kindes, gibt Klarheit und Kenntnisse und führt zu selbständiger geistiger Tätigkeit. Das Material ermöglicht dem Kind eine geordnete geistige Entwicklung und schafft geistige Disziplin" (Grundlagen, 16). Die Ordnung und die Gesetzmäßigkeiten des Materials und der Vorbereiteten Umgebung sind Grundlagen für die selbständige Erarbeitung der Ordnung und damit eine Übung des mathematischen Geistes als ordnender Geist durch selbst-„tätige Sinneseindrücke" (a.a.O., 13).

Insofern ist der mathematische Geist nicht nur die Grundlage einer intellektuellen, sondern der gesamten psychisch-geistigen und seelischen Entwicklung, denn er hilft dem Kind, seine Gefühle und Vorstellungen, sein Erleben und Handeln immer wieder neu zu ordnen und sich zum Bewußtsein zu bringen, und ermöglicht dadurch überhaupt die Handlungs- und Urteilsfähigkeit des Menschen.

9. Rhythmisch-musikalische Erziehung

Im Zusammenhang mit der Bewegungs- und Sinneserziehung steht die rhythmisch-musikalische Erziehung, der Montessori eine besondere Aufmerksamkeit schenkte. Sie hat die musikalische Erziehung zusammen mit ihrer Freundin und Kollegin Anna Maccheroni entwickelt. Bremer, ein Montessori-Pädagoge, schreibt dazu:

„Die Grundlagen der Musikerziehung setzten in der Sinnesbildung bzw. bei der „auditiven Wahrnehmungsschulung“ an. Montessori nennt sie schlicht „Übungen zur Unterscheidung von Geräuschen“, die für das dreijährige Kind gedacht sind. Die Übungen zielen wie alle „anfängliche grundlegende Ausbildung der Sinne“ darauf, „mehr hören zu können“. Größere Schärfe erreicht das Gehör, wenn es immer „leisere“ Geräusche wahrnehmen kann. „Die Ausbildung der Sinne führt also zur Beurteilung der Minimalreize, – und je geringer das Wahrgenommene ist, desto größer wird die sensorielle Fähigkeit.“

Für diese Übungen hält Montessori zwei Serien „Geräuschbüchsen“ bereit, die mit unterschiedlich großen Steinchen oder Kernen gefüllt sind und dadurch beim Schütteln Geräusche von laut bis sehr leise zulassen. Diese Geräuschbüchsen sind Bestandteil der „Vorbereiteten Umgebung“ und können von den Kindern frei für eine Arbeit gewählt werden. Die erste bewußte Übung mit diesen Büchsen verläuft in Form einer Lektion, die eine Lehrperson dem interessierten Kind anbietet. Dabei wird das Ziel angestrebt, die beiden jeweils gleichklingenden Büchsen hörend herauszufinden. In einer zweiten Übung werden die Geräuschbüchsen einer Serie nach verschieden starken Geräuschen geordnet.

Weitere Übungen schließen sich an, bei denen es auf die Unterscheidung von Geräuschen und Tönen und von verschiedenen Klangfarben sowie auf die Abstufung von Klängen und Tönen innerhalb einer Gruppe von Instrumenten ankommt. Dabei treten zu den Geräuschbüchsen Serien von Glocken und Trommeln, die ebenfalls zu den Sinnesmaterialien der „Vorbereiteten Umgebung“ zählen und die von den Kindern für ihre freie Tätigkeit auch vor einer Lektion gewählt werden können. Alle Übungen beginnen bei stark kontrastierenden Klängen und Tönen und schreiten fort bis zu beinahe „unmerklichen Unterschieden“. Montessori erwähnt in diesem Zusammenhang auch Streich- und Blasinstrumente (Monochord, einfache Harfe, Flöten mit einem Ton); offenbar wollte sie alle vier primär schwingenden Materialien bei Instrumenten berücksichtigen, doch fand sie seinerzeit keine entsprechende Gestaltungsform für die Klangkörper.

Es ist erkennbar, daß diese Übungen nicht mehr nur in Einzelarbeit, sondern vielfach auch in Partner- und Gruppenarbeit durchzuführen sind. Der Vollständigkeit halber sei noch erwähnt, daß Montessori in den Gesamtkomplex der Schulung des Gehörsinnes auch die analytische Behandlung des Klanges der menschlichen Sprechstimme sowie als Kontrast zu Geräuschen, Tönen und Klängen – die nur aufgrund von Bewegung existieren – die Stille einbezieht, die „von der Unbeweglichkeit ausgeht“ bzw. „freiwilliger Verzicht auf Bewegung“ ist; von der Stille ausgehend sollen die Kinder „zur Wahrnehmung der durch Bewegungen verursachten Geräusche oder Klänge kommen“.

Ein besonders wichtiges musikalisches Sinnesmaterial aus dem Bereich der „Vorbereiteten Umgebung“ sind die beiden Serien mit jeweils einzelnen braunen bzw. schwarz-weißen Glocken (Abb. S. 151), die je

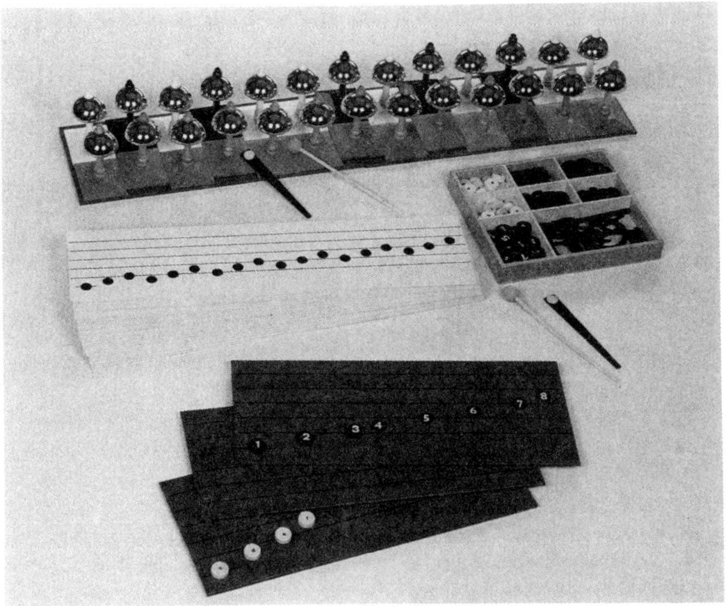

eine chromatische Tonleiter von c' bis c'' umfassen. Die schwarz-weiße Serie trägt Tonnamen, relative und absolute, die braune nicht. Erstere dient bei allen Übungen als Vergleichs- oder Kontrollserie, die braunen Glocken können gemischt und von den Kindern als Arbeitsmittel frei gewählt werden.

Folgende Übungen sind möglich:

1. Zuordnen der braunen zu den gleichklingenden schwarz-weißen Glokken (erst einzelne, dann mehrere bis zur kompletten diatonischen, später auch der chromatischen Oktave).
2. Einordnen der braunen Glocken in die Tonleiter mit Orientierung an der schwarz-weißen Serie (erst diatonisch, dann chromatisch).
3. Einordnen der braunen Glocken in die Tonleiter ohne Orientierung.

Da alle Glocken einzeln transportabel sind, können diese Übungen leicht in Gruppenarbeit durchgeführt werden, bei der die Kinder sich zu Paaren oder in Reihe mit den Glocken entsprechend zu- bzw. einordnen. Dabei kann durch Einschieben von kleinen Pausen beim Herausfinden des passenden Tones oder durch Entfernungen zwischen den Glockengruppen das Ohr zu noch größerer Leistung (Tongedächtnis) angeleitet werden. Außerdem lassen sich mit den Glocken auch andere „Reihen" bilden: Pentatonik, Kirchentonarten, Molltonleitern, freie Leitern, die eine Festlegung auf die Dur-Tonleiter verhindern; dazu müssen die Glockenserien „oben bzw. unten" ergänzt werden. Mit den Glocken können auch kleine Melodien und Lieder – auf mehrere Kinder verteilt – gespielt werden; dabei kommt es darauf an, daß jedes Kind „seinen" Ton zur rechten Zeit spielt.

Parallel zu diesen Hörübungen laufen Lektionen, in denen das Kind die Tonnamen lernt, sofern es einige Töne mit Sicherheit hörend unterscheiden kann. Zunächst werden zwei kontrastierende Töne (etwa Do und So) gewählt, die vom Lehrer und anschließend vom Kind mit der Glocke gespielt und danach mit Namen gesungen werden; später kommen weitere Töne dazu. Sobald die Kinder Buchstaben und Silben lesen können, werden die Tonnamen mit Scheiben auf die braunen Glocken gelegt. Diese Namen lernen die Kinder in der Regel schon beim Umgang mit den schwarz-weißen Glocken.

In ähnlicher Weise werden mit Hilfe der Glocken einzelne Intervalle eingeführt: Ein Intervall (etwa Do – So) wird mit den Glocken gespielt und dann auf Tonnamen von der Lehrkraft gesungen und vom Kind wiederholt.

An dieser Stelle möchte ich auf die „Dreistufenlektion" genannte Grundform der Vermittlung eingehen und sie auf die Einführung eines Intervalls (bei etwa vier- bis fünfjährigen Kindern) anwenden.

1. Stufe: Die Lehrkraft (L) spielt und singt das Intervall; das Kind (K) sieht und hört zu.
2. Stufe: L fordert das Kind auf zu spielen und zu singen. K führt aus.
3. Stufe: L spielt und singt das Intervall und fragt das Kind: „Wie klingt das Intervall (klingen die beiden Töne)?" K singt das Intervall.

Alle Übungen mit den Glocken hat Anna Maria Maccheroni (1876 bis 1964), die Freundin und Mitarbeiterin Montessoris, in ihrem Büchlein, das bezeichnenderweise den aktuellen Titel „Orecchio, Voce, Occhio, Mano" (= Mit Ohr, mit Stimme, mit Auge, mit Hand) trägt und gedruckt vorliegt, beschrieben.

Auch für das Lesen- und Schreibenlernen von Tönen und Melodien hat Montessori mehrere Materialien entwickelt: vier Holztafeln mit Liniensystem, Kästchen mit Zeichen aus Holz für Notenkopf und -hals, Notenschlüssel, Akzidentien usw. Die Kinder ordnen die Notenzeichen den Tönen der Glocken zu und umgekehrt; später arbeiten sie mit dem Notenlegematerial ohne Glocken, besitzen aber die Vorstellung der entsprechenden Töne. Die Notentafeln sind so angelegt, daß die einzelnen Lernschritte der Zuordnung von Tönen, Tonnamen und Notenpositionen im System einschließlich Violin- und Baßschlüssellage von den Kinder sicher bewältigt und kontrolliert werden können. Die Kinder stellen sich auch selbst Notenpapier her: Mittels einer Linienrolle (il tiralinee) ziehen sie Notensysteme und stempeln Schlüssel, Noten, Taktstriche usw. ein. Ein Büchlein in Großdruck von A. M. Maccheroni, „Il primo libro del bambino", hält zusätzlich zu den Hinweisen der Lehrkraft weiterhelfende Informationen bereit.

Ein anderes Musikmaterial, das ebenfalls zur „Vorbereiteten Umgebung" zählt, ist der „Traspositore Montessori". Er besteht aus 25 einzelnen Klangplatten in den Tönen von c' bis c''', die auf kleinen separaten Resonatoren befestigt sind, ähnlich den heutigen „Klingenden Stäben“, die jedoch viel später erstellt wurden. Die Klangplatten stehen auf einem länglichen Brett, dessen Fläche in schwarz-weiße Felder eingeteilt ist, deren Anordnung der Klaviertastatur mit Ganz- und Halbtonabständen entspricht. Diese Einteilung ermöglicht durch Verschieben der Klangplatten eine schnelle Anordnung anderer Tonarten. In freien Übungen und in Lektionen lernt das Kind nach und nach die Binnenstruktur der verschiedenen Tongeschlechter und Tonarten kennen und gewinnt Einsicht in den Vorgang des Transponierens und Modulierens sowie in den Aufbau des Quintenzirkels. In ihrem Heft „Costruisco la scala“, das ebenfalls gedruckt vorliegt, beschreibt A. M. Maccheroni eine Vielzahl von Tätigkeiten und Übungen mit dem Traspositore, mit weiterem Legematerial und vorbereiteten Formblättern, die dem Kind die Zusammenhänge „begreifbar“ machen.

Montessori berichtet, daß die Kinder alle Übungen mit den klingenden Materialien sehr häufig wiederholen und dadurch große Sicherheit erlangen. „Die Höchstgrenze, die ein (6- oder 7jähriges) Kind erreichen kann, ist das Erkennen und die Nennung eines isolierten Klanges.“ – „Die Sinnesübung bildet die notwendige Grundlage für die musikalische Erziehung. Das Kind, das eine solche Übung gemacht hat, ist bestens für das Verständnis der Musik, und deshalb für schnelle Fortschritte, vorbereitet.“

Ein sehr wichtiger Grundlagenbereich in der Montessori-Musikerziehung sind die Übungen im „Gehen und Bewegen nach Musik“, insbesondere deshalb, weil Montessori erkannt hat, daß die Wirkungen der Bewegung allgemein für die kindliche Entwicklung von entscheidender Bedeutung sind.

Um die allgemeine Vervollkommnung der koordinierten Bewegung im Gleichgewicht zu erreichen, gibt es in Montessori-Einrichtungen eine Übung, die man das „Gehen auf der Linie“ bezeichnet. Sobald die Kinder in der Lage sind, diese Übung mit Leichtigkeit zu vollziehen, setzen Montessori und Maccheroni Musik ein, um die Bewegungen über mehrere Zwischenstufen in die Nähe des tänzerischen Schrittes und des körperlichen Ausdrucks der Musik zu bringen. Zu den Zwischenstufen zählen: Erkennen und Nachvollziehen des Metrums, des Taktes, der Tempoveränderungen, der Phraseneinteilungen, der Rhythmusdifferenzierungen; selbständige Veränderung der Schrittlängen und Schrittkombinationen; Erfinden eigener Bewegungsformen mit Armen, Händen und mit dem Körper.

Für die Begleitung der Bewegungsübungen hat Maccheroni eine Sammlung von Stücken zum Teil aus der „großen“ Literatur zusammengestellt, die jedoch nur im Manuskript existiert. Montessori hält den Klavierspieler zu aufmerksamem und empfindsamem Spiel an: „Man muß mit dem ganzen Ausdruck spielen, den die Melodie verlangt ... Man muß mit Exaktheit und mit Gefühl spielen, also eine gute musikalische Interpretation geben, aus der sich dann der ‚musikalische Takt' ergibt (der, wie jeder weiß, nicht der mechanische Takt des Metronoms ist). Die Kinder empfinden den Rhythmus einer mit musikalischem Gefühl gespielten Musik und folgen ihm oft nicht nur mit dem Schritt, sondern auch mit den Armen und ihrer ganzen Haltung. Manchmal können auch ganz kleine Kinder rhythmischen Ausdruck äußern."

Entwicklung und Anwendung

„Der Erfolg ist außerdem damit verbunden, daß in der Umgebung des Kindes musiziert wird, so daß eine Umgebung entsteht, in der sich musikalischer Sinn und Musikverstand entwickeln lassen."

Die „Vorbereitete Umgebung" mit musikalischen Inhalten aufzufüllen, hat sich in besonderer Weise A. M. Maccheroni bemüht. In den ca. 40 Heften, von denen bisher nur drei gedruckt vorliegen, und zahlreichen mündlichen Darstellungen berichtet sie davon, was die „musikalische Umgebung" noch enthalten soll:

- Lieder zu allen Tages-, Jahres- und Festzeiten; Spiel- und Erzähllieder; Glückwunschlieder usw.;
- spontan improvisierend gesungene Rufe der Lehrkraft und der Kinder (Die Blumen brauchen Wasser! Ihr macht zuviel Lärm! Es ist Zeit zum Essen! u. a.);
- weitere Instrumente und Musikgeräte wie Gong (für bestimmte Zeichen an die Gruppe) oder Schelle, Trommeln, Triangeln, Klangstäbe, Glockenspiele, Xylophone u. ä., die bei der Begleitung von Liedern eingesetzt werden; auch eine „melodische Uhr" sowie Musik-Spieldosen u. ä.;
- mit Gesang und Bewegungen begleitete Spiele; kleine Tänze; kurze gesungene szenische Spiele der Kinder;
- verklanglichte Geschichten, Märchen mit Musik usw., die von der Lehrkraft vorgetragen oder von Kindern eingeübt werden;
- „wahre" Geschichten aus dem Leben von Komponisten mit einem entsprechenden faßlichen Musikstück oder einer Melodie. Frau Maccheroni berichtete, daß die kleinen Kinder häufig forderten: „Spiele noch einmal Mozart!" (Bach oder ein anderer Komponist könnte es auch sein).

Neben den erwähnten musikalischen Übungen sind in Montessori-Einrichtungen noch zahlreiche andere musikbezogene Tätigkeiten und Verhaltensweisen üblich, wie etwa das Musikhören oder das Instrumentalspiel in Gruppen.

Alle Musikübungen in der Montessori-Pädagogik haben das Ziel, eine Umgebung zu schaffen, aus der das Kind mittels seines „absorbierenden Geistes" die erforderlichen Impulse erhält, die die in ihm angelegten Fähigkeiten provozieren und stabilisieren." *(Bremer, 1985)*

10. Phantasieerziehung, Kreativität und Kunsterziehung

Montessori sieht in der Phantasie einen Hauptfaktor des menschlichen Geistes, ja sogar den „zweiten und größten Faktor“ des Geistes (LG 1946, XXIV, 4) neben dem Faktor der Wahrnehmung und dem „mathematischen Geist“, die dem Geist das Material liefert zur Vorstellungsbildung und der Rationalität, d.h. dem logischen Denken, das auf exakten Sinneserfahrungen gründet. Der Phantasie spricht Montessori eine konstruktive Fähigkeit zu: „Wir können keine Entdeckungen machen, ohne daß wir uns zuerst vorstellen können, was wir suchen ... Der ganze Intellekt arbeitet in der Art der Einbildungskraft. Alle Entdeckungen sind Früchte der Einbildungskraft des Menschen. Einbildungskraft ist die wirkliche Substanz unseres Geistes. Alle Theorie und aller Fortschritt kommen von der Fähigkeit des Geistes, etwas (aus der Wahrnehmung) zu rekonstruieren“ (Spannungsfeld, 63f.).

Die Phantasie befähigt den Menschen, „Dinge auf eine höhere Ebene ... der Abstraktion“ zu heben (Kindheit, 49). Das Kind operiert letztlich mit der vorgestellten und abstrahierten Wirklichkeit und kommt somit zur „Unabhängigkeit der Handlung“ und zur „Unabhängigkeit des Geistes“ (LG 1946, XXV, 7). So kann der Geist mit Hilfe der Phantasie „Über die Grenzen der sinnlichen Erfahrung hinausgehen“ (LG 1946, XXV, 2), sich von Raum und Zeit unabhängig machen und Dinge, Bilder, Theorien usw. geistig schaffen, so wie sich auf diesem Wege auch das geistige Weltbild und Selbstbild des Kindes entwickelt.

Montessori sah in diesen Fähigkeiten der Phantasie aber nicht nur die positiven Seiten, sondern auch die Risiken, wenn der Phantasie z.B. in der Phase des absorbierenden Geistes entwicklungsschädigende Eindrücke, Bilder und Erfahrungen vermittelt werden, gegen die sich das Kind nicht wehren kann.

Eine andere Gefahr sah Montessori in einer falsch bzw. unzulänglich gebildeten Phantasie durch fehlende geordnete Erfahrungen, die zum geistigen Chaos und damit zu einem ungeordneten Selbst- und Weltbild und folglich zur Handlungsunfähigkeit führen.

Montessori sah in der Phantasie die Bedingung der Erkenntnisbildung, denn die „Phantasie kann das Ganze rekonstruieren, wenn sie das wirkliche Detail kennt“ (Kindheit, 47). Erkenntnis setzt exakte Wahrnehmung und Realitätskenntnis voraus. Auf diesem Wege kann durch die Phantasie „das Bild der Wirklichkeit entstehen“ (a.a.O.).

Phantasiebildung ist also nach Montessori immer auch Geistesbildung, d.h. dem Geist zu helfen, sich nach Maßgabe seiner Funktionen und Fähigkeiten zu entwickeln, über exakte Wahrnehmungen klare Vorstellungen zu bilden, die geistigen Kategorien (Raum, Zeit, Zahl, Substanz, Kausalität) zu entwickeln und seine Funktionen zu üben: zu unterscheiden und zu ordnen, zu kombinieren und zu abstrahieren, logisch zu denken und „innere Konstruktionen zu bilden“ (LG 1946, XXV, 2), sei dies nun eine Vorstellung, ein Bild, eine Idee oder gar eine wissenschaftliche Theorie.

Phantasiebildung – indirekt

Phantasiebildung ist bei Montessori zunächst nur auf indirektem Wege möglich durch die Bildung der Wahrnehmung bzw. durch die Sinnesschulung und durch die Entwicklung der Motorik, vor allem der Hände. So kann das Kind fähiger werden zur ästhetischen Wahrnehmung, und so schafft es sich über eine funktionierende Motorik auch die Möglichkeiten der Umsetzung bzw. Darstellung seiner Vorstellungen in Zeichnungen u.a. Gestaltungen. Dazu gehört auch die Erfahrung und Übung mit verschiedenen Materialien: Knete, Papier und Sand, Fingerfarben usw.

Übungen der Wahrnehmung und Motorik, Erfahrungen mit verschiedenen Materialien und ihren Eigengesetzlichkeiten und Techniken sind also indirekte Mittel der Phantasiebildung für eventuelle spätere künstlerische Ausdrucksformen.

Das Kind nach Montessori „zum künstlerischen Ausdruck zu führen“ ist ein langer, voraussetzungsreicher Weg, denn dieses Ziel kann nur erreicht werden „durch die Entwicklung der Mechanismen“ – also der Wahrnehmung und Darstellung – „und durch die Freiheit des Geistes“ (Zeichnen, 1967, 16).

Kreativität

Damit sind wir bei einigen wichtigen Punkten der Montessori-Erziehung und der Bedingungen der Phantasiebildung i.S. der modernen Kreativitätsförderung:

- Das Prinzip der freien Wahl begünstigt Initiative und Neugier, Entscheidungsverhalten, Beobachtungs- und Entdeckungsmöglichkeiten.

- Die Individualisierung begünstigt das Lösen selbstgewählter Aufgaben, ist motivationssteigernd, führt zu selbstbelohnenden Lernprozessen (Selbstkontrolle) und fördert die Problemlösungsbereitschaft sowie die Ausdauer.
- Weiter vermindert Individualisierung kreativitätsfeindlichen Konformitätsdruck.
- Der besondere, durch pädagogische Zurückhaltung bestimmte Erziehungsstil Montessoris begünstigt Selbständigkeit und Improvisation, Probierverhalten usw., die nur durch die Sachgesetzlichkeiten des Materials und durch die Regeln des Zusammenlebens und nicht durch eine erdrückende Autorität bestimmt sind.
- Selbstgesteuerte Lernprozesse und die relative Zeitfreiheit vermindern fremdbestimmten Leistungsdruck, Sekundärmotivation und reine Erfolgsorientierung, die als Hemmnisse der Kreativität gelten.
- Nicht zuletzt ist es die systematische Ermöglichung der Polarisation der Aufmerksamkeit als eine zentrale Voraussetzung für kreatives Handeln und Problemlösen, denn ohne Konzentrationsfähigkeit können Probleme weder geistig erfaßt, bewußt untersucht, methodisch bewußt verarbeitet und gelöst werden.

Auf die entscheidenden Bedingungen für die Phantasiebildung hat Montessori wiederholt hingewiesen: Geübte Sinne, „eine Hand, die gehorcht, eine Seele, die fühlt", die Freiheit des Geistes und das Vertrauen in die Aktivität des Kindes, denn „ein Kind sucht nach allen Möglichkeiten des Ausdrucks, ... keine Sprache ist reich genug, dem sich ergießenden Leben Ausdruck zu verleihen" (Zeichnen, a.a.O.).

Zur Praxis der Kunsterziehung sei hier P. Drücke zitiert, Montessori-Pädagoge und Kunsterzieher:

„Nach dem bisher Dargelegten ist zu fragen, wie man die Kinder in der Montessorischule kunstpädagogisch fördern kann. Dazu möchte ich einige Überlegungen mitteilen und Vorschläge machen, deren Brauchbarkeit die Praxis erweisen müßte. Sie beziehen sich auf Kinderhaus, Grundschule und die darauf aufbauenden Klassen.

Bevor aber diese drei Stufen gesondert betrachtet werden, zunächst einige übergreifende Bemerkungen: Es kann nicht genügen, dem Schüler lediglich die günstigen äußeren Bedingungen für ein spontanes und originales Gestalten zu schaffen. Das mag für die Vorformen und Frühformen des Gestaltens im Kinderhaus ausreichen. Die weitere Differenzierung der Gestaltungsfähigkeit bedarf aber genauso der Anregung, Unterweisung, Übung und kritischen Betrachtung – um den Begriff Fehlerkontrolle angemessen auf den bildnerischen Sachverhalt zu beziehen –, wie jegliches geistige Wachstum in den anderen Disziplinen. Die indirekte Vorbereitung, die Frau Montessori als einzigen methodischen Vorschlag präzisiert, genügt keinesfalls, selbst wenn sie spezifischer die Gestaltungsfähigkeit fundierte, als es der Fall ist: Das Kind kann von sich aus ohne Hilfe nicht den geistigen Habitus entwickeln, der dem Erwachsenen in unserer Kultur gemäß ist.

Das leuchtet jedermann für die wissenschaftlichen Gebiete, Mathematik, Biologie usw. ein. In der Montessoripädagogik ist die entsprechende Unterweisung und Hilfe im Arbeitsmaterial versachlicht, dessen Gebrauch der Lehrer zeigt und weiterhin – wenn auch vom Schüler größtenteils unbemerkt – begleitet. Ein Arbeitsmaterial für die Entwicklung des bildnerischen Gestaltens gibt es nicht, kann es nicht geben, weil es, anders als in den intellektuellen Fächern, keinen rationalen Inhalt gibt, der tätig erfahren, erkannt und angewendet werden könnte. Hier soll vielmehr ein geistiges Vermögen entwickelt werden, das in Anschauung, Vorstellung und Gestaltsetzung im Spiel ist und das dazu noch im Kern originär sein muß.

Nicht auf den Nachvollzug einer schon vorhandenen Problemlösung, einer vorgegebenen bildnerischen Gestaltung kommt es an, sondern auf Kreation. Aus der unabdingbaren Forderung nach der Eigenständigkeit der kindlichen Äußerung, nach ihrer Kreativität, darf man nun nicht folgern, daß Unterricht und Lehre in diesem Bereich zu unterbleiben habe. Im Gegenteil: Die spontan hervorbrechende bildnerische Kreativität des kleinen Kindes muß sehr sorgfältig kultiviert werden, damit sie sich so entfaltet, daß sie späterhin dem Anspruch des Heranwachsenden und Erwachsenen genügt. Daß so viele Jugendliche unfähig zu einem ihrem sonstigen geistigen Niveau entsprechenden bildnerischen Ausdruck sind, liegt nicht etwa am Übermaß, sondern am Mangel angemessener bildnerischer Unterrichtung. Hierüber soll sich niemand täuschen.

Da es also kein eigentliches Arbeitsmaterial zur Entwicklung bildnerischer Kreativität geben kann – die Werkmaterialien und Werkzeuge sind lediglich Mittel, nicht Arbeitsmaterial im Sinne Montessoris –, da also das zu Entwickelnde nicht in ein Material eingekörpert werden kann, gibt es letztlich nur Förderung über die Person des Lehrers. Künstlerische Ausbildung beruht auf einem Lehrer-Schüler-Verhältnis, auch hier auf den unteren Stufen, eben weil sie sich auf Kreativität richtet.

Sicherlich wäre es möglich, Arbeitsmaterial zur Erlangung der verschiedensten theoretischen Kenntnisse anzubieten, etwa kunstgeschichtliche Zuordnungsübungen mit Bildkarten oder Übungen zur Farbenlehre mit Farbtäfelchen. Sie treffen aber nicht den Kern, die erschließende Begegnung mit dem Werk und die Differenzierung der ästhetischen Ausdrucksfähigkeit. Das Wissen, die Kenntnisse sind sekundär im strikten Wortsinn. Ein solches Arbeitsmaterial könnte durchaus sinnvoll sein, nur böte es keinen Ersatz für das bildnerische Handeln.

Wenn also Kunsterziehung auf den Lehrer angewiesen ist, dann hängt der Erfolg von seiner spezifischen Qualifikation ab. Die notwendigen Voraussetzungen in seiner Person – über die allgemeinpädagogischen hinaus – will ich kurz charakterisieren. Es gibt keine Kunsterziehung ohne einen Lehrer, der eine wirkliche Beziehung, Interesse und Urteilsfähigkeit zum Bereich ästhetischer Gestaltung hat. Diese Bedingung ist – nicht was das Interesse, aber was die Urteilsfähigkeit anbelangt – anspruchsvoll. Sie erscheint mir unabdingbar. Wie kein Lehrer in einem theoretischen Fach ohne logisches Urteilsvermögen unterrichten kann, so in einem künstlerischen nicht ohne ästhetisches. Diese Kompetenz wird aber nicht begrifflich, sondern anschaulich erworben. Auch der Montessorilehrer müßte selbst über eine angemessene bildnerische Ausdrucksmöglichkeit verfügen, nicht nur, um den Schülern werktechnisch helfen zu können, sondern vor allem, um den Vorgang und die Qualität bildnerischer Gestaltung von innen her zu verstehen. Anders ist er schwerlich in der Lage, das Kind zu fördern im Grundlegenden, in den Gestaltungsfragen.

Weiterhin ist die genaue Kenntnis der kindlichen Bildsprache, ihrer Entwicklung im grafischen, farbigen, plastischen Gestalten erforderlich. Diese Qualifikation ist leichter zu erwerben. Dazu kann schon die Lektüre eines Fachbuches hilfreich sein.

Am wenigsten problematisch scheint mir die Aneignung werktechnischer Kenntnisse. Über die Minimalfähigkeiten, Gebrauch von Zeichenstiften, Kreiden, Pinseln und Wasserfarben, dazu Erfahrung im Verformen von Plastilin und Ton dürfte fast jeder verfügen. Etwas kompliziertere Techniken lassen sich durch Arbeitsanweisungen und Ausprobieren erlernen.

Das bildnerische Urteilsvermögen ist tatsächlich die Grundvoraussetzung. Sie kann nicht durch geschickte Methoden oder allgemeinpädagogische Bemühung aufgewogen werden. Kenntnis der kindlichen Bildsprache und pädagogische Haltung müssen hinzutreten. Sicherlich sind für theoretische Inhalte bei den Heranwachsenden entsprechende Kenntnisse beim Lehrer erforderlich, aber, wie gesagt, ohne ein bildnerisches Urteil fehlt ihnen das Fundament.

Von den nun folgenden methodischen Überlegungen, zunächst für die Stufe der vorschulpflichtigen Kinder, darf niemand einzelne Arbeitsanweisungen erwarten. Anregung dazu bietet die Fachliteratur. Ich kann hier nur auf Grundsätzliches hinweisen.

Bei den meisten Drei- bis Vierjährigen vollzieht sich der Übergang von der sogenannten spezifischen Materialbehandlung (dem Kritzeln, Verstreichen von Farbe, Hantieren mit Knetmasse und Klötzen) zu den ersten undifferenzierten Gestaltsetzungen, die dann auch benannt werden. Im weiteren Verlauf gliedern sich diese gestalterischen Urformen weiter auf, bezeichnen – schon deutlicher erkennbar – die gegenständliche Welt, wobei die zunächst sehr große individuelle Variationsbreite dieser Gestalten zum Schulanfangsalter hin sich zwar differenziert, aber zugleich auch zu handhabbaren Bildzeichen verfestigt, die gelegentlich –

nicht gerade glücklich – als Schemata bezeichnet werden. Damit sind nicht die bekannten Klischees und Stereotypen gemeint, die anscheinend von Generation zu Generation weitergegeben werden, sondern die vom Kind selbst entwickelten Formen für Mensch, Tier, Fahrzeug, Pflanze, die nach der Phase ihrer originalen Erfindung und weiteren Erprobung allmählich eine für das Kind bewährte und einsetzbare Gestalt erhalten.

Pädagogisch kommt es zunächst darauf an, daß das Kind Gelegenheit hat, vielfältige bildnerische Materialerfahrungen zu machen, um daraus spontan die Möglichkeit der symbolischen Setzung zu entdecken und sie zu den urtümlichen Gestalten auszubauen. In der zweiten Hälfte der Kindergartenzeit scheint mir eine – allerdings sehr behutsame – bildnerische Anregung nicht nur möglich, sondern sinnvoll. Die Montessori-Kindergärtnerinnen haben im Gegensatz zu mir die nötige Erfahrung, die erforderlichen Arbeitsmittel, etwa Stifte, Kreiden, Fingerfarben, Papier, Knetgummi im Sinne der vorbereiteten Umgebung bereitzustellen. Mir scheint es in dem Stadium der spezifischen Materialbehandlung nicht sinnvoll, jedesmal einen bestimmten Gebrauch festzulegen. Das Kind muß ausprobieren können; zumeist wird es sich auch daran orientieren, wie andere mit dem Material arbeiten.

Dabei erscheint mir folgendes wichtig: Die bildnerischen Arbeitsmöglichkeiten müssen genauso begrenzt sein, wie die zum Gebrauch jedes anderen Materials. Die Erzieherin muß je nach Größe der Gruppe entscheiden, ob sie das Zeichenmaterial ein- oder dreimal oder noch häufiger zur Verfügung stellen will. Ohne diese gewisse Kostbarkeit könnte das Zeichnen schnell an Reiz verlieren, wie ich von Kindergärtnerinnen erfuhr, die sich darüber beklagten, daß ihre Schützlinge gar nicht zeichnen wollten, obwohl ihnen das Nötige jederzeit zur Verfügung stehe und sie selbst auch ständig die Kinder zum Zeichnen animierten.

Zweitens ist es wichtig, daß die Kinder auch schon beim Kritzeln, Kneten usw. zur Konzentration kommen. Das ist nicht nur in diesem Stadium nötig. Hingabe an die Sache ist Bedingung jeden ernsthaften Gestaltens. Auch deshalb scheint es mir wichtig, das Zeichnen im Kindergarten nicht zum Allerweltszeitvertreib und Pausenfüller zu mißbrauchen. Auch kleine Kinder dürfen erfahren, daß Farben, Stifte und Papier etwas Kostbares sind, ohne daß ich damit einer geizigen Zurückhaltung das Wort reden will. Es ist kein Rezept zu geben darüber, welche Merkmale eine Kinderzeichnung in diesem Alter aufzuweisen hat, wenn sie auf hingegebener und konzentrierter Arbeit beruht. Eine Hilfe bietet die Beobachtung des gestaltenden Kindes. Mit der Zeit wird dann auch der Unerfahrene ein Gespür für bildnerische Intensität erhalten. Zur Konzentration gehört natürlich auch ein bestimmtes Maß von Ungestörtheit bei der Arbeit.

Aber noch ein Drittes scheint mir wichtig: Die Unsitte, alles und jedes, was ein Kind bildnerisch produziert, mit Lob – oft sogar überschwenglich – zu begleiten, kann sehr leicht dazu führen, daß ein Kind mit jedem Krickel zum Erwachsenen gelaufen kommt, um sich bewundern zu lassen. Mir ist zwar aus eigener Erfahrung als Lernender bewußt, wie belebend und fördernd es ist, wenn der Lehrer Freude an der Hervorbringung eines Schülers hat. Sie braucht sich gar nicht im Wort auszudrükken. Nur – echt muß sie sein und berechtigt. Montessori selbst hat ja ausgeführt, wie unnötig und unfruchtbar in der Regel das sogenannte pädagogische Lob ist. Mir scheint auch für das bildnerische Gestalten die freundliche Annahme, wenn das Kind die Arbeit vorzeigt, sinnvoll, wie sie bei jeder anderen Arbeit auch erfolgt. Das schließt nicht aus, daß der Lehrer tatsächlich von dieser oder jener Zeichnung entzückt sein kann und es auch das Kind spüren läßt. Aber dafür muß ein Grund in der Qualität der Gestaltung vorliegen. Andererseits halte ich es für ebenso notwendig, eine Arbeit gleichsam unbewegt entgegenzunehmen, wenn sie sich klar als unkonzentrierte Verlegenheitsfloskel erweist. Der Erzieher wird wissen, wann und bei wem er dieses Urteil auch deutlicher zum Ausdruck bringen muß.

Mit fünf bis sechs Jahren besitzen die meisten Kinder eindeutige Bildzeichen für Mensch, Tier, Pflanze, Haus und Fahrzeug. Die Figuren sind soweit differenziert, daß sie in den einfachen Anordnungen der Raumdarstellung auf dem Bodenstrich (Streifenbild), auf der Blattfläche (Flächenbild) oder in deren verschiedenen Mischformen einen Handlungs- und Sachzusammenhang veranschaulichen. Die Kinder können also durchweg eine Situation bildlich darstellen und meinen sie nicht nur lediglich mit, wie zu Anfang des Zeichnens. Zum Beispiel war bei einem überregionalen Malwettbewerb vorschulpflichtiger Kinder mit dem Thema ‚Wie ich helfen kann' die Art der Hilfeleistung am jeweiligen Ort eindeutig erkennbar, etwa das Geschirrabtrocknen in der Küche oder das Ballspielen mit einem im Rollstuhl sitzenden Kind auf der Wiese. Bei diesem Wettbewerb sah man aber auch ein deutliches Qualitätsgefälle. Es betraf in darstellerischer Hinsicht besonders die Konzentration auf das Kennzeichnende der Schilderung, sei es der einzelnen Figuren, sei es ihrer Umgebung; in abstraktformaler Hinsicht vor allem die anschauliche Beziehung der Figuration zum Blattgrund, die Intensität der Zeichnung und des farbigen Klanges. Wie sich auch hier zeigte, ist die ästhetische Qualität nicht abhängig von der zeichnerischen Entwicklungshöhe. Bei ganz urtümlicher Gestaltung konnten die Frische, Kraft und Sicherheit der Realisation entzücken, während dagegen entwickeltere Darstellungen, die mancher gerade deshalb für besonders gelungen halten mag, nicht unbedingt davor geschützt waren, bläßlich-brav und gleichsam blutleer zu wirken.

Aus dem Dargelegten lassen sich bildnerische Ziele einsichtig machen, die nach meiner Erfahrung fast jedem Kind vor Schuleintritt erreichbar sind, wenn es nur die rechte Förderung erhält.

In darstellerischer Hinsicht könnte den Kindern bewußt werden, daß man vor allem das für das Thema Kennzeichnende deutlich ins Bild setzen muß. Um es am Gegenbeispiel zu illustrieren: Nur allzugern greifen Kinder – gleich, bei welcher Darstellungsabsicht – zunächst auf Bekanntes und Beherrschtes zurück, auf Haus, Weg, Berg und Sonne. Dann werden, etwa beim Thema ‚Nikolausbescherung', ein, zwei schematische Männchen dazugesetzt, die das eigentliche Geschehen repräsentieren sollen. Es ist offensichtlich, daß diese Kinder aufgrund der gleichen zeichnerischen Fähigkeiten zu einer individuellen und charakteristischen Lösung fähig wären, würden sie sich von vornherein auf das Eigentliche des Themas konzentrieren und dann allerdings auch die Hauptsachen so groß anlegen, daß sie weiterhin noch näher gekennzeichnet oder bereichert werden könnten. Bei einem zentimeterhohen Männchen ist das nicht mehr möglich.

Damit rückt auch schon ein abstrakt-formales Ziel ins Blickfeld: die Verwirklichung einer anschaulichen Beziehung zwischen der Größe der verschiedenen Bildzeichen (und ihrer Dichte) zum Blattgrund. Jedem Erzieher sind die zahlreichen Beispiele bekannt, bei denen wenige kleine, zerstreute Figuren sich auf der leeren Blattfläche verlieren. Daß auch farbig bei einem solchen Blatt kein Klang zustandekommen kann, bedarf keiner Erläuterung. Die Kinder sind durchaus in der Lage, diesen Mangel einzusehen. Das beweist die Tatsache, daß sie die große Leere oft mit wilden Farbstrichen ausfüllen, vom Erwachsenen, der den gleichen Mangel empfindet, noch darin bestärkt: ‚Male doch den Hintergrund!' Es ist hier nicht möglich, das Unsinnige solcher und mancher anderer laienhaften Anweisungen im einzelnen aufzuzeigen. Hier muß der Hinweis genügen, daß ein Kind dieses Alters überhaupt das Darstellungsproblem von Vorder-, Mittel- und Hintergrund nicht kennt. Alles Darzustellende wird neben- oder übereinander auf die ‚schweigende', den Raum repräsentierende Blattfläche gesetzt. Wirkliche kunstpädagogische Hilfe würde dem Kind bewußt machen, daß die Größe der Figuren bedacht werden muß, und das ist – natürlich mit Zurückhaltung und Fingerspitzengefühl – im späten Kindergartenalter möglich. Ebenfalls kann man diese Kinder (durch Vormachen z. B.) darauf hinweisen, daß eine Farbe erst durch dichtes und druckstarkes Auftragen ihre Leuchtkraft erhält.

Insgesamt aber halte ich es für das Wichtigste, die Kinder erfahren zu lassen, daß nur eine hingegebene Arbeit sich bildnerisch auszahlt.

Zusammenfassend und hoffentlich vor Mißverständnis geschützt, möchte ich die Ziele, die zu Ende der Kindergartenzeit behutsam anzugehen sind, so formulieren:

- Konzentration auf das Kennzeichnende,
- Beachtung des Figur-Grund-Verhältnisses,
- Beachtung des Farbklanges,
- Intensität der Gestaltung durch Intensität des Gestaltens.

Wie kann man das im Montessori-Kinderhaus erreichen?

Auf zweierlei Weise: Einmal durch das Bekräftigen des Gelungenen. Ich meine nicht das Lob, sondern das Aushängen der guten Arbeiten etwa in Wechselrahmen. Das soll nicht zur Hervorhebung des einzelnen dienen, sondern zur Orientierung für die Gruppe. Die Kinder müssen durch stetige Anschauung eine Vorstellung davon erhalten, was eigentlich ein gelungenes Bild ausmacht. Darum ist es auch unbedingt nötig, hier nur gute Arbeiten auszustellen. Jedem Kind – abgesehen von seltenen Ausnahmen – kann die Arbeit gelingen. Ästhetisch gut, das heißt: konzentriert, intensiv, echt, die anschaulichen Bedingungen der Gestaltung (etwa das sinnvolle Figur-Grund-Verhältnis) nicht mißachtend. Es besteht gewiß kein Zweifel darüber, daß hier nicht die Fortgeschrittenheit der zeichnerischen Differenzierung gemeint ist. Die gezeigten Arbeiten können häufig gewechselt werden, so daß kein Kind ausgeschlossen bleibt. Es gehört aber zur Sachlichkeit und Wahrhaftigkeit, nicht alles und jedes auszustellen.

Weiterhin muß die Präsentation der Sache angemessen sein. Mit dem üblichen lieblosen Anheften oder Ankleben an den freien Wandstellen offenbart der Erzieher nur seine wahre Schätzung. Es macht schon etwas Mühe, die Arbeiten mit Passepartout sorgfältig zu rahmen oder an einer eigenen Ausstellungsfläche angemessen zu plazieren. Damit erhalten sie aber auch erst den notwendigen Umraum der Stille, in dem sie vernehmlich werden können. Kein Künstler legt seine Aquarelle ohne Passepartout dem möglichen Käufer vor. Sie gingen im optischen Lärm des Ateliers sonst unter. Eine ästhetische Präsentation der ausgestellten Kinderarbeiten hat also nichts mit unangemessener Attitüde zu tun, sondern ist schlichthin sachlich. Wir lassen ja auch kein Kind ein Gedicht aufsagen, wenn alles sich unterhält und durcheinanderläuft. Wenn also die Erzieherin das kindliche Gestalten wirklich ernst nimmt, dann wird sich das in dieser kleinen, eben dargestellten Mühe zeigen. Hinter dem billigen Lob oder dem wahllosen Vollpflastern einer leeren Wandstelle mit Kinderarbeiten verbirgt sich oft nur Geringschätzung.

Die zweite Möglichkeit besteht im Gespräch mit dem Kind vor, während oder nach der Arbeit, wie es die Gelegenheit mit sich bringt. Hier ist große Behutsamkeit erforderlich. Auf keinen Fall sind Anweisungen vertretbar: ‚Male das Haus hierhin! Den Hund mußt du größer zeichnen! Hier ist noch eine leere Stelle, da kannst du Blumen hinsetzen!' Das Gespräch müßte so geführt werden, daß das Kind von sich aus entdeckt, was der Sache dienlich ist: weitere Kennzeichnung, Deutlichkeit des Wesentlichen, Beziehung zum Grund und ähnliches. Indem ich dies hinschreibe, sehe ich schon die Gefahr des plumpen Eingriffs vor mir. Meine Hinweise sollen eher die Richtung andeuten, in die ein Gespräch in dem einen oder anderen Fall gehen kann. Eine Besprechung kann auch nur dann sinnvoll sein, wenn das Kind einen darstellerischen Zusammenhang veranschaulichen kann, gegen Ende der Kinderhauszeit. Das wichtigste aber, von Beginn des Gestaltens an, ist die konzentrierte Hingabe an die Arbeit. Wenn die Erzieherin dazu die Bedingungen schafft und dem Kind allmählich selbst bewußt wird, daß es beim Gestalten zuvorderst darauf ankommt, ist im Kinderhaus der kunstpädagogische Grund gelegt.

Ein Wort noch zu den in diesem Alter sinnvollen Mitteln und Techniken. Grundsätzlich: Die Mittel müssen bestimmt, aber auch gefügig und ‚satt' sein. Wenn das Kind schon die ganze Energie aufbringen muß, um mit spröden Buntstiften oder dünnem Pinsel eine Farbfläche anzulegen, die sich einigermaßen behauptet, oder wenn die Knetmasse zu hart oder zu spröde ist, wie soll dann noch Kraft für die eigentliche Aufgabe, die Gestaltfindung, übrigbleiben? Umgekehrt würde z.B. die allzu willige Zeichenkohle durch ihre leichte Verwischbarkeit manche Kinder zur Verzweiflung bringen.

Viele Erzieherinnen im Kindergarten glauben (leider auch durch manche kunstpädagogischen Anweisungen verführt), durch ein ständig wechselndes Angebot von Techniken besonders kunsterzieherisch zu wirken. Da gibt es bei den Fünfjährigen schon Monotypie, Wachsstiftradierungen, Stempeldruck und vieles andere mehr. Bei der Absorbierung der kindlichen Energie durch das technische Drum und Dran ist es kein Wunder, daß die Ergebnisse durchweg von einer erbärmlichen Dürftigkeit sind, die lediglich durch den ästhetischen Eigenreiz der Technik kaschiert wird. Damit enthält man dem Kinde gerade seine eigentlichen, seine besten Möglichkeiten vor, nämlich kreativ im unmittelbaren zeichnerischen, malerischen, plastischen Ausdruck seiner Welt zu sein, und man hemmt so die weitere Gestaltdifferenzierung." *(P. Drücke)*

11. Kosmische Erziehung: Sachorientierung – Ganzheitsorientierung – Sittlichkeitsorientierung

Die vorbereitete Umgebung im Kinderhaus ist konkret ein in Lernsektoren aufgeteilter Raum voller geordneter Dinge: je ein Sektor für Sprachmaterial, der Übungen des praktischen Lebens, der Mathematik, Biologie (Tiere, wie z.B. ein Aquarium, ein Hase, ein Terrarium, Garten) und Naturwissenschaften, der Sinnesmaterialien, für musisch-künstlerische Tätigkeiten usw. Diese systematisch geordnete und didaktisch-kontinuierlich aufgebaute Dingwelt ist zunächst für das Kind eine Hilfe zur Ordnungsbildung, um das „Chaos seiner Seele" zu ordnen (Entdeckung, 193). Dies ist die Grundlage der Sachlichkeitsbildung. Die äußere geordnete Dingwelt und die äußere Ordnung helfen dem Kinde, seine innere Ordnung und die Ordnungsfähigkeit zu bilden. „Ordnet das Kind die Umgebung, so ist diese nach außen gerichtete Aktivität ein Zeichen für die beginnende innere Ordnung" (Grundgedanken, 34). Methodisch setzt dies voraus, daß dem Kind nach einer Probierphase mit den Materialien vom Erzieher der „Gebrauch eines jeden Stückes genau erklärt“ wurde (Ksa, 169). Der methodisch angeleitete Umgang mit dem Material führt das Kind zu einer „geistigen Ordnung“ (KK, 164), zu „Können und Wissen“ (Entdeckung, 108) und zu „Selbständigkeit und Freiheit“ im Umgang mit den Dingen (KK, 164).

Durch das Prinzip der Selbsttätigkeit und der in den meisten Materialien liegenden Fehlerkontrolle, dem Prinzip der relativen Zeitfreiheit, kann sich das Kind im handelnden Umgang mit den Dingen die Materialgesetzlichkeiten – die Sachgesetze – selbst erschließen, so wie es durch den sachgemäßen Umgang eben auch seine entsprechenden Fähigkeiten entwickelt und übt, und zwar so lange, bis es von seiner Tätigkeit gesättigt ist. „Allein die Befriedigung des inneren Bedürfnisses setzt der Tätigkeit ein Ende“ (Grundgedanken, 34). Gerade das Prinzip der selbständigen Fehlerkontrolle ist eine entscheidende Hilfe der Erziehung zur Sachlichkeit: „Die sachliche Fehlerkontrolle führt das Kind dazu, bei seinen Übungen überlegt, kritisch, mit einer an Genauigkeit immer stärker interessierten Aufmerksamkeit, mit einer verfeinerten Fähigkeit, kleine Unterschiede zu erkennen, zu verfahren. So wird das Bewußtsein des Kindes auf die Kontrolle der Fehler vorbereitet, auch wenn diese nicht mehr stofflich oder sinnlich wahrnehmbar sind“ (Entdeckung, 117). Damit reicht die Erziehung zur Sachlichkeit bis in die theoretische und moralisch-sittliche Dimension, d. h. die Bildung seiner Urteilsfähigkeit für alle Bereiche des Lebens und seiner Persönlichkeit, wo es z. B. gilt, nach den „sachlichen“ Regeln des sozialen Zusammenlebens zu unterscheiden und zu urteilen.

Montessori hat auch für diese Dimension der Sachlichkeitserziehung Lernsituationen bereitgestellt durch das Prinzip der Begrenzung des Materials. So müssen die Kinder durch das einmalige Vorhandensein des Materials lernen, soziale Regeln zu entwickeln, wer zuerst das Material nimmt, oder entscheiden, ob sie gemeinsam arbeiten, d. h., sie werden so indirekt zum sachlich-regelhaften Umgang untereinander und damit in „eine neue, eine sittliche Dimension“ geführt (Oswald, 1978, 42).

Damit überschreitet die Sachlichkeitsbildung das bloße Kennenlernen und das technisch-naturwissenschaftliche Lernen und damit eine nach Montessori verengte Weltsicht und ein Verkennen der „kosmischen Mission“ des Menschen.

Dem setzt Montessori die „kosmische Erziehung“ entgegen, die von P. Oswald aus den Schriften Montessoris herausgearbeitet wurde. Diese kosmische Erziehung ist durch drei pädagogisch-didaktische Dimensionen gekennzeichnet:

- Gegenstandsorientierung,
- Ganzheitsorientierung und
- „kosmische Erziehung“ als sittlicher Weltauftrag (Oswald, 1977, 124).

Sachorientierung

Danach entwickelt das Kind sich nur durch die Auseinandersetzung mit der Kultur, Natur und Dingwelt. „Das Kind braucht Gegenstände zum Handeln, und diese Gegenstände sind wie eine Nahrung für seinen Geist“ (Friede, 96), denn seine „psychischen Anlagen reifen nicht durch Selbstdifferenzierung zu den fertigen ... Verhaltensweisen heran, wie wir sie von Tieren kennen, sondern erst im Kontakt mit dem reichen Inhalt der Umgebung entfalten sie sich“, zitiert Oswald A. Portmann (a.a.O., 125). Dem entspricht die Auffassung Montessoris, daß das Kind „mit der Welt in Kontakt gebracht werden“ muß, nicht isoliert werden darf vom Leben und „die Umgebung in all ihren Aspekten“ kennenlernen muß: „Menschen, Tiere und allerlei Dinge, Früchte, Stoffe usw. ..“, und die „Umgebung des kleinen Kindes muß die Welt sein, die Welt, die es umgibt, alles in ihr“ (a.a.O.). Dementsprechend müssen Kinderhaus und Schule eine pädagogisch gestaltete und curricular verantwortete Welt im kleinen, ein Mikrokosmos sein und dem Kinde die „Schlüssel zur Erforschung der Umgebung“ und damit Hilfen zur Entwicklung seiner Fähigkeiten geben (a.a.O.).

Nur durch die Sachbegegnung kann sich auch die Polarisation der Aufmerksamkeit einstellen, die sich „beim kleinen Kind ... immer nur in Verbindung mit einem äußeren Gegenstand“ einstellt, beim „langen Verweilen bei jedem einzelnen Ding“, in der „Hingabe an den Gegenstand“, durch die das Kind sich öffnet für die „Wahrheit der Dinge“ (a.a.O.).

Ganzheitsorientierung

Kosmische Erziehung bedeutet, das Kind zu einer „kosmischen Sicht“ der Schöpfung zu befähigen und damit auch alle seine dazu nötigen Fähigkeiten – sie spricht ja von der „totalen Entfaltung des Lebens“ – dementsprechend ganzheitlich zu entwickeln.

Nach Montessoris Sicht sind „alle Dinge ... Teil des Universums, sind miteinander verbunden und bilden eine Einheit“, d.h. Steine,

Pflanzen und Tiere, Luft und Wasser usw. bilden – den Menschen eingeschlossen – eine Einheit und Harmonie (a.a.O., 127). Der Mensch als bewußtes Wesen hat die Aufgabe und Fähigkeit, die Gesetze des Kosmos, der Natur und Pflanzen usw. zu erkennen und zu erforschen. Es sind die Grundlagen seiner Existenz – ein Gedanke, der gerade heute in einer Phase der Umweltvergiftung und -zerstörung hochaktuell ist.

Kosmische Erziehung bedeutet, dem Kind zu helfen, diese Zusammenhänge zu erschließen und die Fülle der Details in ihrem ganzheitlichen Zusammenhang zu lehren, denn „die geringsten Details werden interessant, wenn sie als Teil des Ganzen dargestellt werden" nach dem methodischen Grundsatz: „Einzelheiten lehren bedeutet Verwirrung stiften. Die Beziehungen unter den Dingen herzustellen, bedeutet Erkenntnisse zu vermitteln" (a.a.O.). So sollten dem Kinde die Übergänge von der Physik zur Chemie, von der Biologie zur Ernährung, zwischen Tier und Pflanze, zwischen Pflanze und Erdboden usw. aufgewiesen werden. Dies kann im Kinderhaus im Garten oder an einem Terrarium exemplarisch aufgewiesen werden.

Sittlichkeitsorientierung

Des Menschen kosmische Mission ist es, „mit Hilfe seiner Intelligenz ... das Schöpfungswerk fortzusetzen", denn „wenn Gott die Wesen intelligent bewegt, so gibt Er dem Menschen die Intelligenz selbst" (a.a.O., 131), die „Natur umzuwandeln" in eine „Super-Natur", d.h. Kultur und Zivilisation (a.a.O.) aufzubauen.

Doch der Mensch ist ohne eine angeborene Sittlichkeit und kann irren, seine Aufgabe nicht erkennen oder verfehlen, und er ist so nach Montessori zum „Opfer seiner Umwelt (geworden), die er selbst geschaffen hat", d.h. abhängig von Maschinen, statt sie zu beherrschen, existentiell gefährdet durch eine Umwelt, die er selbst zerstörte (a.a.O.), und eine Zivilisation des „Kampfes zwischen dem Starken und dem Schwachen", einer Zivilisation der Ungerechtigkeit und des Krieges, des Krieges mit der Natur und unter den Menschen. Daher muß der Mensch wieder lernen, die Gesetze der „kosmischen Harmonie" zu begreifen, um „die neue Welt des Friedens aufzubauen" (a.a.O.). Das beginnt im Verhältnis zwischen dem Erwachsenen und dem Kind, von dem Montessori sagt: „Das Kind und der Erwachsene leben in einer Vereinigung, die Kampf auslöst" (Grundlagen, 6), weil der Erwachsene die Entwicklungsgesetze und Bedürfnisse des Kindes nicht hinreichend kennt.

Ein zweiter Weg zum Frieden ist nach Montessori die Gerechtigkeit, und danach muß „jeder zu der Existenz aller beitragen“ (Oswald, a.a.O., 132), und dies weltweit, um die Menschheit als „Einzige Nation“ zu verwirklichen (a.a.O.). Montessori fordert daher eine „Wissenschaft des Friedens“ zur Erforschung der Defizite vor allem auf „moralischem Gebiet“ und der Bedingungen des Friedens für eine Menschheit als „Einzige Nation“ (Friede, 103).

12. Sozialerziehung: Gehorsam – Disziplin – Verantwortung

Ausgangspunkt der Sozialerziehung ist nach Montessori die Tatsache einer angeborenen Bereitschaft – Nebula und sensibler Phasen – für den Aufbau und Erwerb sozialer Kompetenzen: das Erlernen von menschlichen Umgangsformen, die Entwicklung sozialer Gefühle und Einstellungen, die Fähigkeit zum Gebrauch der Freiheit nach Maßgabe sittlich-moralischer und sozialer Regeln, Normen und Werten und damit auch der Aufbau eines Gewissens bzw. „moralischen Bewußtseins“ (Montessori). In diesem Sinne formuliert Montessori ihr Erziehungsziel: „Unser Ziel ist die Gesundheit der Psyche; und mit dieser Gesundheit entstehen in jedem normalen Kind soziale Haltung, freiwillige Disziplin, Gehorsam und Willensstärke“ (Grundgedanken, 35).

Liebe als Erziehungsgrundlage

Grundlage für die Sozialerziehung ist die elterliche Liebe. Sie zeigt dem Kind, „wie das ideale sittliche Verhalten in der Erwachsenengesellschaft sein sollte, denn nur diese Liebe ist von Natur aus zum Opfer bereit, die Hingabe des einen Ich an ein anderes, die Selbstaufgabe im Dienst des anderen“ (KK, 29). Wo diese Voraussetzungen, wie z.B. vorbildliches Verhalten, Liebe und Zärtlichkeit nicht gegeben sind, kommt es nicht zu einer Normalisation, sondern es entstehen entwicklungsschädliche Deviationen. „Wenn man dem Kind keine Zuneigung erweist, so ist es kalt. Es braucht Sympathie und seelische Ermutigung. Es ist geistig hungrig, und wenn es kalt behandelt wird, so erstarrt es (hier ist wiederum auf R. Spitz, „Anaklitische Depression" zu verweisen!). Es kann dann nicht normal sein; es ist betäubt ... Es hängt ab von der Welt, die es empfängt, daß sie ihm gibt, was es braucht, um glücklich zu sein und einen guten Charakter zu entwickeln" (LG 1946, XV, 7).

Das Kind entwickelt seinen Charakter und seine Sozialität grundlegend in den ersten drei Lebensjahren, „indem es seine Umwelt absorbiert" (Familie, 28), d. h., es braucht die Nähe seiner Mutter und Familie und die Teilhabe am familiären Leben und nicht die Isolation in einem abgeschlossenen Kinderzimmer, die soziale Isolation und Deprivation hervorrufen kann. Das Kind braucht in diesem Alter die „liebevolle und ständige Nähe der Eltern" (KK, 96). Aber diese Eltern müssen sich bewußt werden, daß das Kind „sein eigenes ... Leben nach seiner eigenen Weise zu leben" hat (Spannungsfeld, 14), d. h., sie müssen die Bedürfnisse des Kindes nach Teilhabe am Leben, nach Bewegung, Freiheit, Beobachtung und Selbsttätigkeit mit „viel Einfühlung und viel Liebe" respektieren (Familie, 87). In der Familie erwirbt und entwickelt es das lebensnotwendige Grundgefühl der „Sicherheit", auf dem sich sein späteres „soziales Gefühl" entwickelt (Entdeckung, 328). „Die Liebe der Eltern ist die Sicherheit dieses Alters. Ihre Lebensfreude hängt davon ab, daß alle Menschen um sie herum einander lieben. Dieses Gefühl der Sicherheit, das aus der Liebe der Eltern kommt, ist auch notwendig für den Erfolg in der Schule ... Kleine Kinder brauchen das Gefühl, daß die Eltern ohne sie nicht leben können und daß, wenn sie selbst nicht lieb sind, ihre Eltern leiden ..." (Spannungsfeld, 56).

Sozialerziehung = soziale Unabhängigkeit ermöglichen

Das Kind strebt zur Unabhängigkeit vom Erwachsenen und ist doch gleichzeitig in extremem Maß vom Erwachsenen abhängig, d. h., „daß das Kind immer in Beziehung zum Erwachsenen steht, aber niemals umgekehrt. Wir können unser Leben auch ohne das Kind führen, aber das Kind braucht den Erwachsenen zum Leben" (Grundlagen, 28). Es ist allein die Aufgabe der Erwachsenen, durch ihre Liebe und pädagogische Hilfe dem Kind den Weg zur Unabhängigkeit zu ermöglichen. Daher ist es notwendig, „dem Kind eine Umgebung zu schaffen, die seiner Aktivität angepaßt ist, damit es – Herr seiner Umgebung – sich frei entwickeln kann ... Es ist notwendig, daß er sich dem Kind gegenüber beherrschen lernt" (Grundlagen, 7) und dafür alle Hindernisse aus dem Weg seines Strebens nach Unabhängigkeit beiseite räumt, d. h., der „Erwachsene muß auf seine Aktivität zugunsten des Kindes verzichten. Er muß passiv werden, damit das Kind aktiv werden kann. Er muß dem Kind die Freiheit geben, sich äußern zu können; denn es gibt kein größeres Hindernis für die Entfaltung der kindlichen Persönlichkeit als einen Erwachsenen, der mit seiner ganzen überlegenen Kraft gegen das Kind steht" (Grundlagen, 21), der ihm die Erfahrung selbständigen Handelns oft abnimmt. Dagegen meint Montessori: „Laßt ... eure drei- und vierjährigen Kinder in aller Ruhe sich allein waschen, sich anziehen, laßt sie ohne Hilfe essen ..." (Familie, 73).

Sozialerziehung im Kinderhaus – indirekt

Konkret bedeutet dies für die Sozialerziehung, daß dem Kind eine soziale Umgebung vorbereitet werden muß, in der es selbsttätig seine sozialen Kompetenzen entwickeln und aufbauen kann. Dem dient das Kinderhaus mit seinen geschlechts-, alters- und damit auch leistungsgemischten Gruppen.

Kinder bedürfen der familienergänzenden und -erweiterten Sozialerfahrung und freier Interaktions- und Kommunikationsformen, schreibt Jühlke (1980, 217), um als „unabhängige Wesen zu handeln" und ihrem natürlichen Bedürfnis zu folgen, „sich mit anderen (zu) verbinden" (Spannungsfeld, 130).

Montessori spricht von diesen Kindern als einer „Kohäsionsgesellschaft", d.h. einer Gesellschaft des sozialen Kontaktes, der gegenseitigen Hilfe, der Achtung und des Interesses für andere, ohne Neid und Wettbewerb, sondern der „Bewunderung" (LG 1946, XXXIII, 3). Hier lernt das Kind, Dinge wieder an seinen Platz zu stellen, wo es sie geholt hat, d.h., es lernt so indirekt an den anderen zu denken – es entwickelt Keime eines sozialen Bewußtseins und es entwickelt sich soziale Harmonie.

Das Prinzip der freien Wahl und der Materialbegrenzung sind wichtige indirekte Hilfen der Sozialerziehung: „Wenn also ein Kind einen Gegenstand benutzt, den ein anderes haben möchte, so muß dieses warten, bis das erste Kind damit fertig ist und den Gegenstand an seinen Platz zurückbringt. Es besteht die Regel, daß die Kinder das Material nicht von einem zum anderen weitergeben, sondern es immer auf seinen Platz zurückbringen, wenn sie damit fertig sind. Darin finden sie eine Übung der Geduld und der Achtung für andere. Sie bringen Sympathie und Verständnis auf, so daß allmählich eine wirkliche Eintracht zustandekommt, die künstlich nicht erzeugt werden könnte" (Spannungsfeld, 33).

Realistisches soziales Selbst- und Weltbild

Eine andere Aufgabe indirekter Sozialerziehung ist die Entwicklung eines realistischen sozialen Selbstbildes. Es entsteht nicht allein durch die Alters- und Leistungsmischung, sondern vor allem durch die Freiheit der Wahl – auch des eventuellen Lernpartners in freier Kooperation – und die Freiheit der Bewegung, die sich in offenen Türen zwischen den Räumen der Gruppen bzw. Klassen in den Schulen zeigt.

Montessori bringt dazu ein Beispiel aus einer Einrichtung, wo Kinderhaus und Schule eins sind: „Ein dreijähriges Kind kann beobachten, wie das neunjährige Quadratwurzeln zieht, und es kann fragen, was es macht. Wenn es durch die Antwort nicht befriedigt wird, wird es in seine Klasse zurückkehren, wo es interessantere Dinge findet; ein sechsjähriges Kind hingegen kann etwas davon verstehen und für sich etwas davon verwerten. In dieser Form der Freiheit kann man die unterschiedlichen Grenzen der Intelligenz in den verschiedenen Altersklassen beobachten. So sahen wir, wie die Kinder von acht oder neun Jahren das Quadratwurzelziehen verstanden, indem sie die Arbeit der Zwölf- bis Dreizehnjährigen verfolgten … Nicht allein das Alter führt zu einem Fortschritt, sondern auch die Freiheit, sich umzuschauen. In unseren Schulen herrscht lebhafter Verkehr. Die Kleinen sind voller Begeisterung, weil sie verstehen, was die größeren tun, und diese ihrerseits, weil sie ihr Wissen vermitteln können" (KK, 204). Kinder können so voneinander lernen und sich gegenseitig helfen. Gleichzeitig machen sie auch „Grenzerfahrungen" in dem Sinne, daß es Stärkere und Schwächere gibt, und so differenziert sich nicht nur sein soziales Bewußtsein, sondern es entwickelt so ein realistisches soziales Selbstbild, z. B. zu wissen, was es kann und daß es mit diesem Können anderen helfen kann.

Disziplin und Gehorsam

Das Kind lernt z. B. im Umgang mit den Sinnesmaterialien seine Handlungen zu ordnen und eine Sache zu Ende zu bringen und erwirbt so Disziplin, die aus dem Inneren, d. h. aus der Einsicht in eine Ordnung kommt, und es entwickelt so einen Gehorsam, der aus der freiwilligen „Zustimmung der Persönlichkeit" entspringt (Grundlagen, 17).

Gehorsamserziehung ist abhängig von der Entwicklung des Kindes und seiner Fähigkeiten und vom Willen und kann nur „durch

Übung und Arbeit entwickelt werden“ (Gehorsam, 1967). Ein 0- bis 3jähriges Kind kann deshalb nur bedingt gehorsam sein, weil es noch stark von der Horme und ihren Entwicklungsimpulsen z.B. nach Bewegung bestimmt ist. So kann das Kind noch nicht seine Absichten in Übereinstimmung mit sozialen Regeln und Normen und in Übereinstimmung mit anderen umsetzen. Wenn es gehorcht, folgt es aus Liebe und nur gelegentlich. „Es ist die Zeit, in der Gehorsam und Ungehorsam zusammen sind“ (a.a.O., 7).

Auf der nächsten Stufe erst, wenn es „festerworbene Eigenschaften“ bzw. Fertigkeiten besitzt, die es mit Hilfe seines Willens abrufen kann, beginnt es regelmäßig zu gehorchen, d.h., diese Fähigkeiten können dann auch von anderen Personen abgerufen werden (a.a.O.). Danach gelangt es auf die dritte Stufe des Gehorsams, „er richtet sich auf eine Persönlichkeit, deren Superiorität das Kind fühlt. Es ist, als ob sich das Kind dessen bewußt würde, daß der Erzieher etwas besser machen kann, als es selbst ... (und diese Person) kann mich groß machen, wie sie selbst ... Dieses Gefühl scheint dem Kind eine große und tiefe Freude zu geben. Daß es Anweisungen von diesem höheren Leben her empfangen kann, ist eine plötzliche Entdeckung, die eine neue Form der Begeisterung mitbringt, und das Kind wird ungeduldig und begierig, zu gehorchen“ (a.a.O.).

Diesem Ziel „Gehorsamserziehung“ dient auch das Prinzip der freien Wahl der Tätigkeit. Ein Kind, das wählen kann, lernt, seinen Willen zu entwickeln, denn nur die „eigene Handlung wird (eine) Willensäußerung. Ohne den Vollzug einer Handlung ist keine Willensäußerung möglich. Das Willensleben ist das Leben der Tat. Unsere Kinder leben und handeln frei und selbständig in der Gemeinschaft anderer Kinder und werden so zu willensstarken sozialen Wesen, die selbst die Anforderungen an ihr eigenes Tun immer höher schrauben“ (Grundlagen, 23), d.h., ihren Vorstellungen und Zielen in den Grenzen und nach den Regeln der Gemeinschaft Ausdruck geben und damit sich selbst gehorchen lernen. Sozialerziehung ist demnach bei Montessori primär eine indirekte Erziehung durch die vorbereitete Umgebung und vor allem durch die Übungen des praktischen Lebens.

Direkte Sozialerziehung

Eine direkte Sozialerziehung erfolgt im wesentlichen dann, wenn Kinder sich bei ihrer Arbeit – insbesondere in den Phasen der Polarisation der Aufmerksamkeit – stören, d.h., wenn sie laut werden, anderen das Material wegnehmen, andere schlagen usw. Hier muß die Erzieherin eingreifen und begrenzen, sei dies nun durch sozialen Ausschluß, Anbieten anderer Beschäftigungen oder – wie es am optimalsten ist – durch ein Gespräch mit den Kindern mit dem Ziel einer gemeinsamen Lösung des Problems als eine Art „geistiger Geburtshilfe“ zur Entwicklung gemeinsamer sozialer Regeln, an die sich alle binden. Daher ist dem Prinzip der Handlungsfreiheit auch das Prinzip der Bindung ergänzend zugeordnet: der Bindung an Ordnungen, an Aufgaben und Sachgesetze und an die sozialen Werte, Normen und Regeln. Ohne diese Bindung kann der Mensch weder ein Gewissen entwickeln noch frei sein. Er ist seinen Trieben und Impulsen ausgeliefert, also unfrei.

Daher sind „Freiheit und Disziplin“ nach Montessori „zwei Seiten derselben Medaille“ (KK, 257). Diese Disziplin und damit Freiheit zu entwickeln ist ein langer Weg, aber „unser moralisches Bewußtsein ist wie die Intelligenz fähig, sich zu vervollkommnen und zu erheben ...“ (Schule, 319), bis das Kind fähig wird, „Meister seiner selbst zu sein“ (Grundgedanken, 42).

Gewissen und damit auch Disziplin ist nach Montessori dann erreicht, wenn der Mensch „Herr seiner selbst ist und folglich über sich gebieten kann, wo es gilt, eine Lebensregel zu beachten“ (Entdeckung, 57) und damit Verantwortung für sich und andere zu tragen.

Übungen, die das soziale Leben betreffen

Diese Übungen können dem Kind zur Einsicht in die Vielfalt sozialer Umgangsformen verhelfen. Sie müssen als Gruppenübungen durchgeführt werden, weil sie nur im Zusammenspiel mit anderen Verhaltensformen entwickelt und bewußt gemacht werden können. Als geeignete Formen bieten sich Gespräch und Rollenspiel an. Begebenheiten werden aus dem Leben der Kinder in der Gruppe hervorgehoben, z. B.:

Es kommt Besuch.
Ich mache einen Besuch.
Ich verschenke etwas.
Ich möchte gerne mitspielen.

Formen des Grüßens

Ziele:
Die Aufmerksamkeit des Kindes soll auf Grußformen gelenkt werden.
Das Kind soll die Möglichkeit haben, erfahrene Grußformen selbständig sinnvoll anzuwenden.

Alter:
Etwa drei Jahre.

Gespräch und Rollenspiel:
Kinder und Leiterin führen ein Gespräch über das Grüßen. Dabei bieten sich folgende Punkte an:
Welche Grußformen kennen wir?

- Abhängigkeit von Tageszeit.
- Abhängigkeit vom Personenkreis (Eltern, Geschwister, Verwandte, Freunde, Nachbarn),
- Abhängigkeit vom Ort (Haus, Straße).

Was will man durch den Gruß zeigen?

- Daß man sich kennt,
- daß man Kontakt haben möchte,
- daß man zueinander gehört.

Die Kinder suchen eigene Grußformen.
Die Gesprächsbeiträge und Vorschläge der Kinder sollen im Rollenspiel dargestellt werden.

Durch die Vielfalt der Möglichkeiten in Sprache, Mimik und Gestik werden verschiedene Verhaltensmuster aufgezeigt.

Kommentar:
Unsere gebräuchlichen Grußformen sind sprachlich stark verkürzt, z.B. „Tag!“ – „Guten Tag!“ – „Ich wünsche dir einen guten Tag!“
Für das Kind ist es wichtig, diese Formen mit dem ursprünglichen Inhalt und den eigenen Vorstellungen zu füllen.

(Aus: *Montessori-Material I. 1)*

13. Spracherziehung – Schreiben und Lesen

Neben der mathematischen Bildung hat sich Montessori intensiv der Sprachentwicklung und der Sprachbildung und insbesondere der Schreiberziehung zugewandt. Dafür hat sie umfangreiche Materialien und Übungen entwickelt.

Sprache ist für Montessori kein Naturphänomen, sondern eine „supranatürliche Schöpfung“ (KK, 102), d.h. „der Ausdruck eines Übereinkommens, das unter einer Gruppe von Menschen besteht. Und nur die Gruppe, die sich über diese Laute geeinigt hat, kann sie verstehen“ (a.a.O., 100f.). Damit ist die Sprache ein Produkt „einer bewußten kollektiven Intelligenz“ (a.a.O., 102) und folglich eine „Basis ... des sozialen Lebens“ (a.a.O., 100).

Sie bezeichnet die Sprache als „Funktion, die dem Menschen von der Natur verliehen wurde“ (KK, 102), d.h., der Mensch hat eine angeborene Nebula für Sprache, die in der nachgeburtlichen Phase als Sensitivität für Sprache unwirksam wird und die das Kind in der Phase des „absorbierenden Geistes“ unbewußt und schnell – allein durch seine Sensitivität gelenkt – verinnerlicht oder „inkarniert“. Das Kind ist also auf eine sprechende Umgebung angewiesen, auf Ansprache, damit es Sprache als ein „Organ der Psyche“ (KK, 47) entwickeln kann.

Der Mensch schafft über den Erwerb der Sprache „sein geistiges Fleisch“ (a.a.O., 23) und macht sie zu einer „permanenten Errungenschaft“ (a.a.O., 103). Das Kind nimmt somit nicht nur die Sprache auf, sondern sie formt auch seinen Geist. Damit ist die „Sprachentwicklung ... ein Teil der Personalität selbst“ (Kindheit, 114), also mit Bewegung und Denken, Sinnen und Handeln und dem Gefühl verbunden. Dies zeigt sich schon in den ersten Wochen nach der Geburt beim Hören der mütterlichen Worte. Das Kind zeigt „ein tiefes Sammeln: eine Konzentration der Sensitivität“ (KK, 110) und der Nachahmungsbereitschaft: „Es beobachtet sie (die Mutter) intensiv, und es versucht die Bewegungen (der Lippen) nachzuahmen“ (a.a.O., 112), bevor es überhaupt die Laute und Silben in den darauffolgenden Lallmonologen bildet.

Montessori fordert von den Eltern, daß sie mit dem Kind sprechen und es an ihrem Leben teilhaben lassen, damit es den Zusammenhang von Sprache und Handlung verstehen lernt und sich auch ihren Wortschatz aneignen kann. Dabei ist auf eine sorgfältige und deutliche Sprache, vor allem Aussprache, zu achten. Dazu schreibt sie: „Man sagt, daß Mütter gesprächig sind. Auch das hilft der Entwicklung des Kindes und der (sprachlichen) Anpassung an seine Umgebung. (Denn) wenn das Kind nur die Worte hören würde, die die Mutter an es wendet, würde es wenig lernen, aber wenn es dem vollständigen Dialog der Erwachsenen zuhört, begreift es langsam den Aufbau der Sprache. Es sind nicht mehr nur die unzusammenhängenden Worte, die die Mutter ihm vorspricht, das Wort ist lebendig im Gedanken und wird klar durch die Handlungen“ (KK, 98), d.h., daß dem Kind Sprache und beobachtbare Handlung leichter verständlich wird.

Dies ist ein wesentlicher Grundsatz der Spracherziehung nach Montessori: Sprache in Verbindung mit konkreten Handlungen zu vermitteln.

Sprachentwicklung

Die Spracherziehung muß entwicklungsgemäß sein und den Sensitivitäten der Sprache folgen. Dieser Prozeß verläuft nicht kontinuierlich, sondern in „explosionsartigen Phänomenen" (KK, 105).

In der ersten Entwicklungsperiode des Sprachaufbaus werden die Nervenbahnen und neurozentralen Mechanismen vorbereitet, die die Sinnesorgane mit den Bewegungsorganen verbinden, also das Zusammenwirken von Hören und Sehen, dem auditiven Zentrum des Gehirns, dem motorischen Zentrum bis zum Sprechapparat (Zunge, Lippen, Kehlkopf usw.), die allmählich ausreifen und sich koordinieren, besonders in der Phase des Lallmonologs. Mit 2 bis 4 Monaten wendet sich das Kind der sprechenden Mutter zu und beobachtet ihre Sprechbewegungen; mit ca. 6 Monaten befindet es sich im Lallmonolog und mit ca. 10 Monaten versteht es den Sinn eines Wortes und mit ca. 12 Monaten spricht es das erste absichtliche Wort; mit ca. 1,3 Jahren bildet es nachahmend Worte und mit ca. 1,6 Jahren verwendet es Substantive und bildet kurz danach mit ca. 1,9 Jahren Einwortsätze. Es ist eine Phase, in der die Kinder oft in Zorn geraten, weil ihr Sprachmechanismus ihrem Ausdrucksbedürfnis noch nicht voll gewachsen ist. Diesen Konflikt nennt Montessori den „Kampf des Bewußtseins gegen den Mechanismus" (KK, 113). Es ist eine Phase, die ein besonderes pädagogisches Verständnis und Geduld erfordert, d. h., man muß mit dem Kind nicht nur grammatikalisch usw. deutlich sprechen, sondern ihm auch helfen, seine Gedanken zu interpretieren. Mit ca. 2 bis 2,6 Jahren kommt das Phänomen der „Explosion der Sätze" und der Fähigkeit, Gedanken und Gefühle auszudrücken und auch aufzunehmen. Damit ist die Sprachentwicklung zu einem vorläufigen Abschluß gekommen, wenn auch noch nicht vollendet. Doch die „Altersgrenze von zweieinhalb Jahren bezeichnet in der Bildung des Menschen eine Grenzlinie der Intelligenz. Danach beginnt eine neue Periode in der Gestaltung der Sprache, die ohne Explosionen in der Entwicklung fortschreitet, aber mit großer Lebendigkeit und Spontaneität" (KK, 103).

Die weitere Sprachentwicklung erstreckt sich nach Maßgabe der sensiblen Phase für Sprache im wesentlichen bis zum 5. Lebensjahr, dem „Alter der *Perzeptionen,* in dem sich die Aufmerksamkeit des Kindes spontan auf äußere Gegenstände richtet und das Gedächtnis besonders sicher ist. Dies ist auch das Alter der *Mobilität, in dem alle psychomotorischen Wege durchlässiger werden …*" (Entdeckung, 273).

Montessori sieht die Sprachentwicklung erst dann abgeschlossen, wenn sich die sog. „höhere Sprache, das Dictorium" entwickelt. Das ist dann das Resultat der Wechselwirkung Sprache und intellektueller Entwicklung (a.a.O., 274).

Sprachentwicklungshemmungen

Die mit der ganzen Persönlichkeit zusammenhängende Sprachentwicklung ist besonders in der ersten Phase störanfällig für Hemmungen. Montessori führt als Beispiel die sog. „psychische Stummheit" (Mutismus) an, die auf psychische Ursachen, Überforderung u. a. Erziehungsfehler und daraus folgende Opposition oder Schocks zurückzuführen ist (KK, 119).

In der Periode der Bildung des Wortmechanismus entstehen nach Montessori Sigmatismus (Lispeln) oder z. B. Stottern.

In der darauffolgenden Periode der Bildung des Satzmechanismus und der sprachlichen Ausdrucksgestaltung der Gedanken kann es zum Zögern bei der Satzformulierung kommen – Symptome, die Montessori auf Erziehungsfehler, mangelnde Ausbildung der Erzieher und Geduld zurückführt, denn der Erzieher muß sich „als Interpret für das Kind und seine Sprache verstehen" (KK, 122). Sprachhemmungen sind ihrer Auffassung nach wesentlich das Ergebnis von Fehlerziehung, die zu anomalen psychischen Reaktionen des Kindes und damit zu „Fehlern in der Personalität" führen (KK, 125).

Schrift

Die Schreib-Lese-Erziehung Montessoris ist bekanntgeworden durch ihre spektakulären Erfolge in ihrem ersten Kinderhaus. Sie hat ihre Voraussetzungen in den Sprachlektionen mit dem Sinnesmaterial und den anderen Tätigkeiten, in denen das Kind Sprache und einen immer umfänglicheren Wortschatz in Verbindung mit konkreten Handlungen erwirbt.

Außerdem sieht Montessori im Alter von 3 bis 6 Jahren eine Sensitivität für „Kulturtechniken" und eine Sensitivität für Feinmotorik, insbesondere bei den ca. 3jährigen.

In diesem Alter hat das Kind eine Fähigkeit zum symbolischen Denken, d.h., es interessiert sich für Zeichen und ihre Bedeutung, so wie es sich für die Worte und ihre Bedeutung interessiert.

Für Montessori ist der Erwerb der geschriebenen Sprache und der „psycho-physiologische Mechanismus" des Schreibens einfacher als der Erwerb der gesprochenen Sprache (Entdeckung, 275). Das Kind befindet sich im Alter der Perzeptionen, in dem Sinnesempfindungen und das Gedächtnis sich besonders stark ausbilden, und das Kind wird auf die Wahrnehmung von Schriftzeichen durch Sinnesübungen, methodischen Gedankenaufbau und psychische Assoziationen vorbereitet. Das günstigste Alter für die Einführung der Schrift liegt bei ca. 4 Jahren.

Durch die metallenen Einsatzfiguren wird die Feinmotorik für das Schreiben vorbereitet. Feinmotorische Übungen gibt es zwar schon indirekt bei anderen Materialien – wie z.B. den Einsatzzylindern, die alle mit einem Knöpfchen ausgestattet sind und die das Kind mit den „Schreibfingern" greift.

Bei den metallenen Einsätzen lernt es Stifthaltung und -führung, und in der Begrenzung der auszumalenden Felder übt es Kraft- und Richtungssteuerung der Hand.

Der entscheidende Schritt ist die Einführung der Sandpapier-Buchstaben (Abb. S. 179) durch die Lektion der drei Zeiten:

1. Schritt: Die Assoziation von Sinneswahrnehmung und Schriftzeichen. Zuerst zeigt die Erzieherin dem Kind den Buchstaben und spricht z.B.: „Das ist A! A! A!" Das visuelle Bild setzt sich in den Nervenbahnen fest und verbindet sich mit dem auditiven System. Dann fordert sie das Kind auf, nach einem exakten Vormachen den Buchstaben zu berühren bzw. nachzufahren, womit eine motorische Verknüpfung erfolgt.

2. Schritt ist das Wiedererkennen des Buchstabens. „Was ist A? Zeige auf A! Gibt mir A! Berühre A!", womit eine Verstärkung durch Wiederholung erfolgt.

3. Schritt: Das Kind soll sich an den Buchstaben erinnern, und die Erzieherin fragt: „Was ist das?", und das Kind antwortet entsprechend. Hiermit erfolgt eine Assoziation zwischen visuellem und motorischem Zentrum.

Mit Hilfe des beweglichen Alphabets (aus dickerem Papier) kann das Kind Worte analysieren und zusammensetzen und Dingen zuordnen.

Zwischen diesem Schritt und dem Lesenlernen können Wochen und Monate vergehen, bis das Kind nach neuen Lektionen verlangt. Dann stellt die Erzieherin Gegenstände auf den Tisch und schreibt die entsprechenden Worte auf Zetteln dazu, die das Kind mit Hilfe der Erzieherin entziffert und den Gegenständen zuordnet bzw. der Erzieherin gibt. Durch dieses Spiel werden auch andere Kinder fasziniert und beteiligt, und sie lernen oft gemeinsam, daß die Kulturtechnik Schreiben bzw. Lesen Kommunikation ermöglicht. Die Schreibübung erfolgt dann auf Tafeln mit oder ohne Linien, mit Kreide oder in Schreibheften, wofür Montessori eine Fülle von Materialien und Übungen bereitstellte (vgl. Montessori-Material I, 2, Sprache, Zelhem/NL 1968).

Literarische Erziehung ist bei Montessori ein selbstverständlicher Bestandteil der Sprachbildung. So gehört in das Kinderhaus eine Sammlung von Büchern zum Lesen, Vorlesen und Anschauen, Tonbänder usw. Auch das Betrachten und Beschreiben von Bildern im gemeinsamen Gespräch sind elementare Formen der Spracherziehung wie das Erzählen von Märchen und Geschichten. Wichtig ist auch das morgendliche Gespräch mit dem Kind, das erzählen möchte, was es erlebte, um sich dann frei seinen Tätigkeiten zuwenden zu können.

14. Religiöse Erziehung

Seit 1910 hat Montessori einen eigenständigen religionspädagogischen Ansatz und didaktisch-methodische Hilfen entwickelt.

Helene Helmig, Herausgeberin von Montessoris religionspädagogischen Schriften, charakterisiert diese wie folgt: „Die Schriften sind von lebendiger Frömmigkeit und von großer Liebe zum Kind erfüllt und von der Überzeugung seiner Bedeutung vor Gott" (Kinder 1964, 9).

In diesem Geiste entwickelte Montessori eine Didaktik und Methodik für die Hinführung zur heiligen Messe und Kommunion, für die Darstellung des Lebens Christi, und schließlich schrieb Montessori eine Anthropologie über das Verhältnis von Kind und Religion. Diese Arbeiten sind nicht allein das Resultat theoretischer Überlegungen, sondern sie beruhen auf einer „experimentellen" Grundlage, d.h. auf der Erprobung in einem Montessori-Kinderhaus in Barcelona. Die Schriften und der religionspädagogische Ansatz Montessoris betreffen die religiöse Erziehung vier- bis zehnjähriger Kinder nicht allein unter religiösem Aspekt, sondern die Erziehung des Kindes in seiner „Lebensganzheit" (Helmig). Insofern hat dieser ganzheitliche religionspädagogische Ansatz auch und gerade heute noch seine Aktualität, weil die Verbindungen von christlicher Religion und Alltagserfahrung bei unseren Kindern oft nur schwer herzustellen sind.

Montessori hat diese religionspädagogische Frage lebenslang beschäftigt. Noch am letzten Tag vor ihrem Tod am 5. Mai 1952 hat sie in einem ergreifenden Grußwort an die Gründungsversammlung einer englischen Montessori-Vereinigung geschrieben: „Niemals hat der christliche Glaube wie in diesem Augenblick die ernste Bemühung derjenigen benötigt, die ihn bekennen. Ich möchte Sie, die zu diesem Treffen versammelt sind, bitten, die große Hilfe zu bedenken, die Kinder zu der Verteidigung unseres Glaubens beitragen können. Die Kinder sind zu uns gesandt als ein Regen von Seelen, als ein Reichtum und eine Verheißung, die immer erfüllt werden kann; aber das benötigt unsere Anstrengung, beim Zustandebringen dieser Erfüllung zu helfen. Betrachten Sie nicht das Kind als einen Schwächling; denn es ist es, das die menschliche Persönlichkeit aufbaut, und ob diese Persönlichkeit christlich wird oder nicht, hängt von seiner Umgebung und von uns ab, die die Führer seiner religiösen Bildung sind. Denken Sie nicht, es sei nutzlos, das Kind zu veranlassen, an unserem religiösen Leben teilzunehmen, weil es nicht auf die Weise verstehen kann wie wir. Unter den einfachen Leuten, deren Frauen ihre Kinder im Säuglingsalter in die Kirche mitnehmen, findet man den festesten Glauben. Das unbewußte Kind saugt göttliche Kräfte ein, das verstandesmäßige Bewußtsein des Erwachsenen aber ist nur menschlich. Es liegt an Ihnen, die Sie sich des großen Vorzugs erfreuen, dem katholischen Glauben anzugehören, daß die Verantwortung für die zukünftigen Generationen intensiver empfunden wird; denn unter Ihnen sind solche, die auf die Welt verzichtet haben, um die Welt zu Gott zu bringen. Nehmen Sie also als eine Hilfe bei Ihrer Aufgabe, in aller Demut und allem Glauben, die ‚allmächtigen Kinder' (Benedikt XV); nehmen Sie die Aufgabe auf sich, daß ihr reines Licht nicht ausgelöscht werde; und schützen Sie in ihrer Entwicklung jene natürlichen Kräfte, die ihnen die führende Hand Gottes eingepflanzt hat. Möge Gott mit Ihnen sein bei dieser Zusammenkunft und Ihre Entschlüsse und Entscheidungen lenken" (Spannungsfeld 1979, 49).

Religiöse Entwicklung

In dieser Frömmigkeit und religionspädagogischen Sorge für das Kind entwickelte Montessori ein Konzept, das bei der Geburt des Kindes ansetzt und phasenweise (0 bis 6 bis 12 bis 18 Jahre) bis zum Erwachsenenalter führt.

Religion und Religiosität betrachtet Montessori als anthropologisch umfassende Phänomene, wie z.B. die Sprache: „Wir müssen bedenken, daß Religion eine universale Empfindung ist, die in jedem Menschen existiert und existiert hat seit Beginn der Welt. Es ist nicht etwas, was wir dem Kind geben müssen. Gerade so, wie in jedem Menschen eine Tendenz gegeben ist, Sprache zu entwickeln, ist eine Tendenz gegeben, Religion zu entwickeln" (Spannungsfeld, 49).

Entwicklungspsychologisch gesehen gibt es im Kinde für Religion wie für Sprache eine „Potentialität", eine anthropogene Möglichkeit, eine Offenheit, die Montessori als ein „lebendiges Gefühl" bezeichnet (a.a.O., 49).

Dieses „mit der Geburt beginnende religiöse Empfinden" (a.a.O., 60) ist nach Montessori wie ein Durst „nach einer großen Sicht" der Welt und Schöpfung. Man könnte diesen Durst als ein Streben nach Transzendenz bezeichnen, denn nach ihrer Sicht wird die „Seele des Kindes ... von Größe genährt", d. h. von der Größe Gottes und von der Größe seiner Schöpfung (a.a.O., 54). So drängt das Kind zur Entwicklung und zum Aufbau einer bewußt geordneten Weltsicht und eines ebenso geordneten Selbstbildes. Das geistige Organ, mit dem sich das Kind immer in „Kontakten" mit der Welt sein religiöses Gefühl und Bewußtsein entwickelt, ist der „absorbierende Geist". Das 0- bis 3jährige Kind eignet sich mit seiner Hilfe unbewußt, schnell und komplexartig die es umgebende Kultur, die Sprache und so auch die Religion an. Dementsprechend werden nach Montessori Kinder in diesem Alter das sie umgebende religiöse Leben und die „Religion aufnehmen wie Sprache" (a.a.O., 51). Religiöse „Unterweisung" erfolgt in diesem Alter überwiegend „indirekt" durch Teilhabe am Leben und durch Beobachtung sowie durch Miterleben an den religiösen Handlungen und Leben der Erwachsenen. Dies veranschaulichend verweist Montessori auf die Tatsache, daß „Gemeinden, welche ein starkes religiöses Gefühl haben, gewöhnlich aus armen, einfachen Leuten bestehen, die ihre Kinder vom zartesten Babyalter an überallhin mitnehmen. Wenn die Mutter zur Kirche geht, nimmt sie das Kind mit. Wenn sie betet, ist das Kind bei ihr. Das Kind sieht alles um es herum und nimmt alles in das Unbewußte auf. Diese Bilder prägen sich im Unbewußten tiefer ein. In dieser ersten Lebenszeit nimmt das Kind diese besonders lebendige Seite aus der Umgebung auf" (a.a.O., 50).

Religiöse Erziehung

So müßte eine religiöse Früherziehung eine Familie und eine Gemeinde vorfinden, wo diese lebendige Teilhabe am religiösen Alltag und somit die Weckung und Entwicklung des religiösen Empfindens möglich wäre. Daher die Forderung Montessoris: „Nehmen Sie also die kleinen Kinder mit in die Kirche, lassen Sie sie zu allen religiösen Übungen mitgehen ... kein Platz ist zu heilig für Kinder" (a.a.O., 51).

Montessori erkannte aber die Probleme moderner und gegenüber der Religion distanzierter und gleichgültiger Familien und die daraus sich ergebenden Probleme für die religiöse Erziehung. Daher warnte sie uns: „Wenn es uns an Religion fehlt, fehlt uns etwas Fundamentales für die Entwicklung des Menschen“ (zitiert nach Schulz-Benesch 1962, 122).

Um so entscheidender ist für die religiöse Erziehung das Alter des 3- bis 6jährigen im Kinderhaus. Das religiöse Gefühl und die Lebenssicherheit dieses Alters sind bestimmt von der Liebe und dem Schutz der Eltern. Aber auch diese Kinder sind nach Montessori „voller Liebe ... sie brauchen Liebe, um aufzuwachsen ... Da Liebe und Schutz die Notwendigkeiten dieses Alters sind, so muß das religiöse Gefühl Liebe und Schutz ausdrücken“ (Spannungsfeld, 56). Anders gesagt, die religiöse Erziehung in diesem Alter muß das Bedürfnis des Kindes nach Sicherheit, Liebe und Schutz ansprechen und befriedigen. Sein Geist und besonders seine Phantasie sind in dieser Phase extrem empfänglich für Symbole der Liebe und des Schutzes wie für das Symbolische überhaupt. Deshalb „liebt das kleine Kind das Bild, daß Engel um uns sind und über es wachen“, schreibt Montessori (a.a.O., 56).

Folglich sind religionspädagogische Bildungsmittel in dieser Phase symbolische Darstellungen, z.B. für Gut und Böse, Furcht und Hoffnung, Liebe und Trost usw., die durch Spiel und Bilder, Geschichten und andere Darstellungen zu vermitteln sind.

Diesem Bedürfnis nach sinnlich-anschaulicher Erfahrung der Religion müssen nach Montessori dementsprechend auch „materielle Hilfen“ (a.a.O., 50) gegeben werden: Bilder und andere Anschauungsmittel und vor allem konkrete Handlungsmöglichkeiten, wie z.B. das Gestalten des Erntedankfestes usw. Darüber hinaus muß dem Kinde auch „eine gewisse Unterweisung durch das Erzählen von Geschichten geboten“ werden (a.a.O., 47), die vor allem seine Einbildungskraft ansprechen. So empfiehlt Montessori Geschichten über die Erschaffung der Welt, über Gott und das Leben Christi. Diese Geschichten sind methodisch gesehen ein Zwischenstück, das zu „umfassenden Kenntnissen weiterführen muß“ (a.a.O., 48), weil dies die erwachende Vernunft des Kindes erfordert.

Stufen religiöser Erziehung

Bei der religiösen Erziehung nach Montessori ist ihr Grundsatz zu beachten, daß sich das religiöse Bewußtsein nach zwei Bildungsphasen entwickelt: „Eine, die wir die *Empfindungsperiode*, und die andere, die wir die *Unterweisungsperiode* nennen können“ (a.a.O., 48).

Nach diesem Phasenschema vollzieht sich auch die Hinführung zum Kirchenjahr und zur Liturgie. Schon mit 2 bis 3 Jahren kann das Kind auf der Empfindungsebene Religion aufnehmen, wenn es in einer religiösen Umgebung leben und am Gottesdienst teilhaben kann, oder wenn sein familiärer Lebensraum sich durch religiöse Bilder, das Kruzifix usw. ausdrückt. Montessori spricht auch von „vorbereiteter Umgebung“ für die religiöse Früherziehung. Denn das Kind „kann Religion leichter aufnehmen, wenn sie nicht nur in der Seele der Menschen ist, sondern auch in der Umgebung“ (LG 1946, XXXIII). Darüber hinaus setzen hier verbale Unterweisungen und Erklärungen an, und auch das Auswendiglernen kleinerer Gebete und Definitionen werden hier von Montessori gefordert (vgl. Schulz, a.a.O., 123).

Zu den Anfängen auf der Unterweisungsebene gehört auch Montessoris Idee eines sog. „Atriums“ im Kinderhaus „als ein besonderer, der religiösen Übung angepaßter Raum, der doch ganz der Vorbereitung der Teilhabe am Kult der Kirche und der Hinführung zum persönlichen Gebet dient“, schreibt Schulz-Benesch (a.a.O., 123).

Für die religionspädagogische Arbeit bei 3- bis 6jährigen ist methodisch entscheidend, daß die ganze Persönlichkeit des Kindes angesprochen und einbezogen wird; das bedeutet nicht nur die mündliche Belehrung und Erklärung, sondern daß vor allem Erlebnis- und Handlungs-, Wiederholungs- und Darstellungsmöglichkeiten berücksichtigen werden.

Praxishinweise: Bildbetrachtung in der religiösen Früherziehung

Das Bild hat in Kombination mit der sprachlichen Beschreibung und Erzählung über das Abgebildete die größte Wirksamkeit. Diese wird noch verstärkt, wenn es kleine Gedichte, Erzählungen, Märchen und Verse mit dem Bild verbinden kann. Gerade dabei zeigt sich oft ein pedantisches Übungs- bzw. lustvolles Wiederholungsbedürfnis. Immer wieder möchte das Kind sich die Bilder ansehen und die dazugehörigen Geschichten hören, und dabei darf es keine Abweichungen geben, und kein Wort wird dabei vergessen. Von einer entscheidenden Stützfunktion sind die emotionale Situation und die positive Stimmung, in denen dieses gemeinsame Erzählen und Betrachten stattfinden, denn das emotionale Gedächtnis ist schon sehr früh und bemerkenswert stabil ausgebildet. Dies gilt im positiven wie im negativen Sinne.

Zusammenfassend kann man festhalten: Ab ca. 3 Jahren kann das Bild in Verbindung mit der Sprache in einer pädagogisch positiven emotionalen Situation didaktisch eingesetzt werden. Das Kind ist fähig, Teile zu erkennen und nach Anleitung zu benennen. Es kann Teile in ihren Beziehungen zum Ganzen verstehen und damit Sinnzusammenhänge des Bildes entdecken. Das Kind erwirbt sich die Fähigkeit der Zusammenschau: Bild und Leben, Bild und Religion.

Kurze didaktische Analyse des religiösen Bildes

Bilder und Bilderbücher waren schon immer religionspädagogische Bildungsmittel, ob nun als Gesprächsvorlage, zum Anschauen oder Nacherzählen oder als Kommentar zu Texten oder zur Meditation. Die Anforderungen an das religiöse Bild bzw. an bildhafte Darstellungen religiöser Inhalte sind immer auch von der geschichtlich-sozialen Situation und dem religionspädagogischen Stand der Glaubensvermittlung abhängig. Schon immer gab es Darstellungen des sog. „lieben Gottes", des friedlichen Nazareners und Devotionalien-Bilder, moralisierende Illustrationen biblischer Geschichten und religiöse Stimmungsbilder.

Bildauswahl

Die Kriterien für die Bildauswahl liegen einmal im Entwicklungsstand des Kindes und zum anderen in dem pädagogischen Ziel des Bildeinsatzes.

Wichtig ist für die Bildauswahl der Aspekt der Verdichtung, Komplexität und Prägnanz der Bildaussage. Ein Bild für Vorschulkinder muß ein Thema prägnant auf den Punkt bringen, farblich und figurativ, für das Kind klar und übersichtlich sein. Das Format muß so groß sein, daß entweder alle Kinder möglichst alles sehen, oder, wenn für jedes Kind ein Bild vorhanden ist, es möglichst allein die Abbildung entziffern lassen. Der biblisch-religiöse Inhalt der Bildaussage muß mit den vom Kind erlebten bzw. zu erlebenden Situationen in einem klaren Zusammenhang stehen.

Der Zweck religiöser Bilder, Visualisierungen (Symbole, Grafiken, Fotos, Filme, Dias, Tageslichtfolien)

a) ist zunächst kommunikativer Art, das heißt, Mitteilung über den Glauben und seine Grundaussagen zu geben: über Gott und seine Schöpfung, seinen Sohn Jesus Christus, sein Leben und sein „Mitunsgehen";
b) religiöse Bilder müssen danach diese Inhalte dem Verständnis, dem Erleben und dem Handlungsbedürfnis und der Daseinsfreude der drei- bis sechsjährigen Kinder entsprechen;
c) die Bilder müssen Hilfe für das religiöse Gesprächs-Erleben sein.
d) Daher hilft das Bild, die religiöse Sprach- und Kommunikationsfähigkeit des Kindes zu bilden, das heißt, das Kind erhält von der Sache

gleiche bzw. ähnliche Vorstellungen und die entsprechenden Begriffe als Sprachvorlage bzw. Sprachanlaß. Das Kind macht sich durch Benennung und Identifikation im religiösen Bereich kundig.

Beispiel: Abendmahlsszene

Die *Abendmahlsszene* ist exemplarisch für menschlich und religiös bestimmtes Zusammenleben: Brechen und Teilen des Brotes, die soziale Gemeinschaft und Teilhabe aller, das Dankgebet an den Schöpfer der Gaben, des Brotes und des Weines, der gedeckte und geschmückte Tisch als Symbol für den Dienst und die Freude am Essen und Leben usw. Dieses Bild erschließt dem Kind verschiedene Dimensionen seines Daseins, knüpft am eigenen Erleben an und kann konkret nachgestaltet werden. Es eröffnet Fragen nach dem Sinn der Tisch- und Essenssitten, der Arbeitsteilung und der Arbeit anderer für uns, die das Brot, den Wein usw. herstellen. Es löst Fragen aus nach der Fruchtbarkeit des Bodens als Spender dieser Gaben usw. und unserer Verantwortung für die Reinheit der Natur, die unsere physische Existenz ermöglicht. Didaktisch gesehen erschließen wir also durch ein Abendmahlsbild

- Gott als Schöpfer der Natur und des Lebens,
- die Natur als Lebensgrundlage und unsere Verantwortung vor der Natur.
- Die Arbeit als Existenzgrundlage und Teilhabe an der Schöpfung,
- die religiöse tägliche Praxis in Gebet, Tischsitten, Kooperation und Teilen mit den anderen, Dienst am anderen;
- Dankbarkeit und Ehrfurcht als religiöses Erleben,
- auf *pragmatischer Ebene* das Nachgestalten des gedeckten Tisches,
- auf der *kognitiven Ebene* die Einsicht in die Gesamtzusammenhänge von Religion, Leben und Arbeit und
- auf der *sprachlichen Ebene* Gebet, Danklieder, Wortschatz usw.

Methodische Aspekte der Bildbetrachtung

Die Methode hängt von den *Intentionen* und den Schwerpunktsetzungen des Erziehers und dem *Bildungsstand des Kindes* ab. Voraussetzung ist eine genaue *didaktische Analyse der Bildaussagen,* wie z.B. beim Abendmahlbild. Ästhetische und künstlerisch-technische Momente der Bildgestaltung bleiben im Hintergrund und haben nur insofern Bedeutung, als sie die didaktische Wertigkeit und Aussage unterstützen, z.B. die Farbwahl für die Aussagekraft, die Figurenbewegung usw. Auch Fragen nach dem Verhältnis von Bildaufbau, Inhalt und Farbe, Technik und Perspektive, Proportionen usw. werden dem Ziel untergeordnet: Er ist unser Meister – Er ist Gott.

Die Frage nach dem *didaktischen Anlaß* des Bildeinsatzes beantwortet sich zunächst aus dem Kirchenjahr und seinen Festen usw. So ist das Martinsfest ein guter Anlaß, das Thema der christlichen Nächstenliebe anhand von Bildern zu erörtern. Anlaß kann aber auch das Erlebnis eines Kindes sein, etwa beim Teilen des Brotes oder bei einem Streit mit dem Geschwister.

Vom Anlaß der Bildbetrachtung und des -einsatzes hängt auch die *Raumgestaltung* ab. Mit Licht und Kerzen und dem evtl. Einsatz von Musik kann die situationsgerechte Atmosphäre für den Bildeinsatz erreicht werden.

Auch die Kombination *von Bild und Tonband,* Hörspiel usw. ist zu denken. Der *Ablauf des Bildeinsatzes* hat seine Eigengesetzlichkeiten im kindlichen Wahrnehmungsprozeß und seiner Aufmerksamkeitsdauer, die bei Drei- bis Sechsjährigen zwischen 5 bis 20 Minuten liegt und nicht überschritten werden sollte. Der natürliche Bewegungsdrang des Kindes verlangt, daß das Kind am besten auf dem Boden sitzt oder liegt und sich bewegen kann und nicht zwangsläufig auf dem Stuhl hocken muß. Bei fünf- bis sechsjährigen Kindern ist es eher möglich, daß sie 10 bis 15 Minuten gesammelt sitzen.

Als *Sozialform* günstig ist eine kleine Gruppe von drei bis fünf Kindern, die sich um die Erzieherin scharen und gemeinsam das Bild betrachten. Nach der Vorlage des Bildes braucht das Kind erhebliche Zeit zur Bildaufnahme und um seine Fragen zu formulieren.

Methodische Struktur

Hier entscheidet nun die Erzieherin nach einem Gesprächsschema unter folgenden Aspekten:

	Didaktischer Schwerpunkt
a) Wer und was ist da abgebildet?	Sachbegriffe
b) Was wird da gemacht?	Funktionsbegriffe
c) Warum geschieht dies oder das?	Ursachen-, Zweck-, Sinnfragen
d) Was empfindest du beim Betrachten des Bildes, der Farben, Gesichtsausdrücke usw.?	Empfindungen formulieren
e) Was haben wir alles auf dem Bild gesehen? (Ordnen des Gesprächs, der Proportionen, der Ergebnisse)	Strukturieren
f) Wie ist das bei uns zu Haus, im Kindergarten usw.?	Vergleich

g) Wie kann man das anders, schöner, besser machen?	Erörterung und konstruktive Lösungen
h) Umsetzung des Gesehenen und Besprochenen – z. B. Dramatisierung – Nachgestalten, z. B. Essenzubereitung, Tischdecken, gemeinsames Essen usw. – Umgestaltung durch Malen, Kneten, Basteln usw.	Pragmatische Dimension
i) Erkundungsgänge – Teilhabe an einer Taufe, Hochzeit, Gottesdienst usw.	Realitätsbezug

Dieses Aspektschema ist lerntheoretisch gesehen eine stufenweise Vorgehensweise, die je nach Alter und Leistungsfähigkeit verkürzt werden kann.

Es gliedert sich:

I a – d – Sach- und Sinnerschließung

II e – g – Geistige Verarbeitung, Bewußtmachung und Einordnung

III h – i – Transfer, pragmatische Umsetzung, Anbindung in die eigene Lebenssituation

Je nach Alter und Fähigkeit kann auf jeder Ebene I bis III aufgehört und damit der Bildeinsatz beendet werden.

Hinweise zur Bildbetrachtung für den Erzieher

1. Bildauswahl: Thematisch, Bildformen wie z. B. Dia, Film, Foto, Folie, Video, Zeichnung, Gemälde, Bilderbücher, Plakate usw.

2. Bildanalyse: Inhaltliche Aussagen, Ideengehalt, Darstellungsform, gesellschaftlicher Bezug und Bezug zum Kinde, Sitz im Leben, formale Gestaltung nach Proportion, Farbe, Perspektive, Struktur, Bildsymbole erklären, Funktionszusammenhänge erfassen usw.

3. Intentionen des Bildeinsatzes: Sprechanlaß, Veranschaulichung, Zusammenfassung, Meditation, Information, Dokumentation, Illustration, Verstärkung der Sprache, Handlungsanleitung, Situationserschließung, Spielvorlage, Darstellung z. B. der Liturgie, Taufe, Gottesdienst usw.

4. Einsatzpunkt und Einsatzdauer: Anfangs als Anregung, durchgehend als Bezugspunkt für Handlungen und Gespräch, abschließend als Zusammenfassung, begleitend als Beleg, Illustration usw.

5. Kombination von Bild und anderen Medien: Mit Tonträgern, mit Spielen, mit Nachgestaltungen usw.

Zeittafel zum Leben und Wirken Maria Montessoris

31. 8. 1870	Maria, Tochter eines Offiziers des Risorgimento, Alessandro Montessori und Renilde geb. Stoppani, in Chiaravalle bei Ancona geboren. Es ist das Jahr der Gründung einer konstitutionellen Monarchie in Italien.
Um 1882	(andere Quellenlage mehr für 1872) lebte die Familie Montessori in Rom. Besuch einer technischen Schule für Jungen – einer Vorstufe des heutigen Realgymnasiums – Abitur – Studium der Medizin an der Universität Rom.
1896	Staatsexamen und Promotion als erster weiblicher Doktor der Medizin in Italien – Assistenzärztin an der psychiatrischen Universitätsklinik in Rom.
1900	Wirtschaftliche und soziale Krisen bilden den Hintergrund ihrer Initiativen zugunsten der ausgebeuteten Kinder in sizilianischen Minen, die sie auf dem Londoner Frauenkongreß einbringt.
1898 – 1900	Leiterin der Scuola Ortofrenica (Schule zur Ausbildung von Heilpädagogen) – Aufenthalt im Bourneville-Institut in Paris – Studium der Werke Jean Marie Itards (1775 – 1830), Édouard Séguins (1812 – 1880) und des Taubstummenlehrers Pereira (1715 – 1780) – Praxis als Kinderärztin in Rom.
1899	Das Recht des geistig-behinderten Kindes auf Achtung innerhalb der Gesellschaft bildet den Kern ihrer Vortragsreihe auf einem Kongreß in Turin. – Das Problem der Abhängigkeit von sozialer Herkunft und Schulerfolg ist Inhalt ihrer empirischen Forschungen in dieser Zeit. – Studium der Psychologie und Philosophie an der Universität Rom.
1904 – 1908	Prof. für Anthropologie an der Universität Rom.
6. 1. 1907	Eröffnung des ersten Kinderhauses (casa dei bambini) in San Lorenzo, einem slumähnlichen Viertel Roms, auf Initiative einer gemeinnützigen Wohnbaugesellschaft zur unentgeltlichen Betreuung vernachlässigter Vorschulkinder. Mit der Übernahme dieser Institution bringt sie ihr Gedankengut für die Gestaltung der Umgebung des Kindes ein und verwendet erstmals ihr Sinnesmaterial bei normalen Kindern.
1909	Sie legt die Ergebnisse ihrer teilnehmenden Beobachtung und der darauf aufbauenden Prinzipien erstmals schriftlich nieder. Sie gibt ihre Praxis als Ärztin auf, überträgt Helferinnen die Leitung der Kinderhäuser und widmet sich von nun an der Ausbildung von Erziehern.

1913	Gründung des „Hauses der Kinder in der Kirche“ in Barcelona. – Von 1915 an Zentrum ihrer Bemühungen um die Rechte des Kindes in der modernen Gesellschaft – häufiger Aufenthalt in Spanien.
1915	Einführung der religionspädagogischen Gedanken Maria Montessoris durch A. Maccheroni anläßlich des liturgischen Kongresses auf dem Montserrat.
1926	Gründung eines Montessori-Instituts in Wien – Anerkennung durch S. Freud. (Unter dem faschistischen Regime werden ihre Schulen in Italien geschlossen – in Deutschland und Österreich werden ihre Bücher verbrannt.)
1936	Zu Beginn des Spanischen Bürgerkrieges Weggang von Barcelona.
1939	Aufenthalt in Indien – kurze Internierungszeit – Möglichkeit freier Vortragsreisen – freundschaftliche Beziehungen u. a. zu Rabindranath Tagore und seiner Schule „Heim des Friedens“.
1949	Endgültige Rückkehr nach Europa (Holland) – Vortragsreisen – Ehrungen auf internationaler Ebene.
6. 5. 1952	In Noordwijk-an-Zee in Holland gestorben.

Lit.: Standing, E. M.: Maria Montessori – Leben und Werk. Stuttgart o. J.
Kramer, R.: Maria Montessori. Leben und Werk einer großen Frau. München 1977

(Zeittafel aus: *Hildegard Holtstiege,* Modell Montessori: Grundsätze und aktuelle Geltung der Montessori-Pädagogik. Verlag Herder, Freiburg ^{6}1991)

Literaturhinweise

KK = *Montessori, M.:* Das kreative Kind, Freiburg, 8. Aufl. 1991
Bildung = *Dies.:* Über die Bildung des Menschen, Freiburg 1966
Ksa = *Dies.:* Kinder sind anders, Stuttgart, 9. Aufl. 1971
Kirche = *Dies.:* Kinder, die in der Kirche leben, Freiburg 1964
Spannungsfeld = *Dies.:* Spannungsfeld Kind – Gesellschaft – Welt, hrsg. von *G. Schulz-Benesch,* Freiburg 1979
Friede = *Dies.:* Friede und Erziehung, Freiburg 1973
LG 1946 = Montessori-Lehrgang 1946, Mitschriften, Privatbesitz des Montessori-Archives Münster
Kindheit = *Dies.:* Von der Kindheit zur Jugend, Freiburg, 2. Aufl. 1973
Entdeckung = *Dies.:* Die Entdeckung des Kindes, Freiburg, 10. Aufl. 1991
Familie = *Dies.:* Das Kind in der Familie, Stuttgart 1954 (Neuausgabe in: Dem Leben helfen, Kleine Schriften Maria Montessoris, Bd. 3, hrsg. von *G. Schulz-Benesch,* Freiburg 1992)
Schule = *Dies.:* Schule des Kindes, Freiburg, 4. Aufl. 1991
Selbsttätige Erziehung = *Dies.:* Selbsttätige Erziehung im frühen Kindesalter, Stuttgart o. J.
Gehorsam = *Dies.:* Die drei Stufen des Gehorsams, in: Montessori-Werkbrief 1967, H. 14, S. 3ff.
Dies.: Freies Zeichnen, in: Montessori-Werkbrief 1967, H. 14
Grundgedanken = Grundgedanken der Montessori-Pädagogik, hrsg. von *P. Oswald* und *G. Schulz-Benesch,* Freiburg, 10. Aufl. 1990
Grundlagen = *Dies.:* Grundlagen meiner Pädagogik, hrsg. von *B. Michael,* Heidelberg 1965
Jühlke, K.: Montessori und Freud, Diss. Münster 1980
Oswald, P.: Das Kind im Werke Montessoris, Mühlheim 1958
Ders.: Zur Gegenwartsbedeutung der Montessori-Pädagogik, in: Kath. Bildung 79. Jg. H. 1, 1978
Ders.: Kosmische Erziehung, in: *Scheid/Weidlich* (Hrsg.): Beiträge zur Montessori-Pädagogik 1977, Stuttgart 1977
Helming, H.: Weckung und Förderung des Intellektes in der vorschulischen Erziehung, in: Montessori-Werkbrief 1971, H. 25, 13ff.
Gross, W.: Was erlebt ein Kind im Mutterleib? Freiburg 1982
Schulz-Benesch, G.: Der Streit um Montessori, Freiburg 1961
Ders.: Über die Freiarbeit im Sinne Montessoris, in: Montessori-Werkbrief 22, 1984, 3, 120
Drücke, P.: Kunst und Kunsterziehung in der Montessori-Pädagogik, 2. Beiheft, 1988, hrsg. von der Montessori-Vereinigung Aachen, Sitz Köln
Bremer, H.: Mit Ohr und Stimme – mit Auge und Hand: Die Musik in der Montessori-Pädagogik, in: Montessori-Werkbrief 23,' 1985, 125ff.
Montessori-Material Teil 1, Verlag Nienhuis Montessori, Zelhem/NL 1978